DUMONT

ROMAN DIAL

VERSCHOLLEN IM DSCHUNGEL

Ein Vater auf der verzweifelten Suche nach seinem Sohn

Aus dem Amerikanischen von
Thomas Rach und Jessika Zollickhofer

DUMONT

1. Auflage 2021

Die englische Originalausgabe ist 2020 unter dem Titel »The Adventurer's Son« bei William Morrow, HarperCollins, erschienen.
Die Übersetzung wurde vermittelt durch Andrew Nurnberg Associates

Das Gedicht »Schlafend im Wald« aus »Twelve Moons« stammt von Mary Oliver und wird hier zitiert mit freundlicher Genehmigung von Little, Brown and Company.

Übersetzung: Thomas Rach, Jessika Zollickhofer
Redaktion: Regina Carstensen
Umschlaggestaltung: ZERO, München
Satz: typopoint GbR, Ostfildern
Umschlagfotos: © Brent Olson/Aurora Photos/Getty Images (Vorderseite), Autor (Rückseite), Ben Weissenbach (Klappe hinten)
Fotos Innenteil: S. 95: Todd Tumolo; alle anderen: Autor
Printed in Poland
ISBN 978-3-7701-6968-9

MIX
Papier aus verantwortungsvollen Quellen
FSC® C018236

www.dumontreise.de

Trial and error,
Failure and terror,
The truth of the matter at hand.
Death in a whisper
Is so much to weather
For the life of a wife
And her man.

Inhalt

Prolog

Familie

Auf einer Küstenwanderung in Nordkalifornien, 1989.

Meine Frau Peggy brachte unseren Sohn Cody Roman Dial am 22. Februar 1987 in Fairbanks, Alaska, zur Welt. Peggy und ich haben uns dort als Teenager kennengelernt. Die Aussicht, Berge zu erklimmen, auf Gletschern Ski zu fahren und auf wilden Flüssen zu raften, hatte mich hergelockt. Wir zogen Cody Roman und seine Schwester Jazz ganz bewusst in Alaska groß, unternahmen mit ihnen naturkundliche Reisen und erlebten zusammen die Wildnis in verschiedenen Regionen der Welt. Als Cody Roman sechs Jahre alt war, wanderten wir beide zusammen sechzig Meilen über eine einsame Insel der Aleuten. Als er neun war, besuchten wir als Familie einen abgelegenen Nationalpark im indonesischen Borneo, ein prägendes Erlebnis in einem fantastischen tropischen Regenwald. Während Unternehmungen wie Wildnistrips und Reisen in Entwicklungsländer Cody Roman von vielen anderen Kindern abhoben, baute er genauso mit Lego oder spielte Videospiele, hörte Indie-Rock, las Harry Potter und besuchte eine öffentliche Schule wie ein normales Kind aus einer Familie, die durch Natur- und Abenteuererlebnisse eng zusammengewachsen war. Als Wissenschaftler und Forscher bezog ich ihn als meinen bevorzugten und lernwilligen Partner in meine Studien ein.

Mit sechsundzwanzig verließ Cody Roman die Uni in Alaska und ging für drei Monate an die Ostküste und danach sechs Monate nach Lateinamerika. Er erkundete Vulkane, Flüsse, Ruinen, Riffe und Dschungel auf eigene Faust und mit anderen Travellern, die er unterwegs kennenlernte. Während seiner Reise blieb er mit seiner Familie und Freunden in Kontakt, indem er uns Reisepläne, Karten und Geschichten mailte. Dann, im Juli 2014, als er in Costa Rica war, kamen plötzlich keine E-Mails mehr – nachdem er uns Details über eine geplante fünftägige Wanderung ohne Begleitung und *off-trail* geschickt hatte. Alarmiert und voller Schuldgefühle, unterdrückte ich die in mir aufsteigende Panik und flog hinunter nach Costa Rica, um seine Spur aufzunehmen, bevor es zu spät wäre.

Dieses Buch ist die Geschichte unseres Lebens und der Suche nach meinem Sohn. Einige Dialoge haben tatsächlich so stattgefunden, andere habe ich aus der Erinnerung aufgeschrieben, manche sind seit Jahrzehnten mündlich überliefert, manche ausgedacht. Es war schmerzhaft für mich, dieses Buch zu schreiben: voller Nostalgie, Katharsis, Trauer, Sehnsucht und inneren Kämpfen. Aber die Geschichte ist wichtig – das Wichtigste, was ich je geschrieben habe. Ich bin es Cody Roman schuldig, sie wahrheitsgemäß zu erzählen.

TEIL I

NOT USABLE
PIEDRAS BLANCAS
57
2969
36
CERRO ANGULO
5600
FINCA ALAJUELA
NOT USABLE
KILOMETRE
2057
3025
1600
GOLFITO
GOLFITO
39
NOT USABLE
COTO
NOT USABLE
GOLFITO 2/26
GOLFO DULCE
25
NOT USABLE
PUERTO JIMENEZ
PUERTO JIMENEZ
220
GOLFO DULCE
BAHIA PAVON
207
22
1818

1
Usibelli

Der junge Roman mit seinem Onkel Brian, Rochester, Washington, 1973.

1955 verließ ein sechzehnjähriges Mädchen mit Namen Linda Eklund die vier Hektar große Farm ihrer Eltern nahe Rochester, Washington, um in Seattle zu leben, wahrscheinlich um ihrem Stiefvater zu entkommen oder vielleicht auch dem schroffen teutonischen Naturell ihrer Mutter. Mit zwanzig lernte Linda meinen Vater kennen, verliebte sich und brachte mich mit einundzwanzig zur Welt. Vier Jahre später bekam sie meine Schwester Tamara.

»War ich ein Versehen?«, fragte Tamara einmal.

»Nein. Aber dein Bruder war eins«, flachste meine Mutter. Ich wälzte den Gedanken, was es bedeutete, ein Versehen zu sein, und es versetzte mir einen kleinen Stich. Meine Mutter spürte meine Enttäuschung und fuhr fort: »Dein Vater mochte ihn aber so sehr, dass er noch eins haben wollte, und das warst dann du, Tamara Dial.« Meine Mutter hatte Tamara nach ihrer besten Freundin benannt, die ihr geholfen hatte, auf eigenen Füßen zu stehen, als sie von zu Hause weggezogen war.

Mein Vater gab mir die Namen seiner Onkel – Roman und Joseph, gebürtige Polen –, die auf ihrer Farm in Enumclaw, östlich von Seattle, Vaterersatz für ihn gewesen waren. Seinen leiblichen Vater hat mein Dad nie kennengelernt, und als erklärter Stadtmensch hat es ihn auch nie groß in die Natur gezogen. Nachdem ich Bekanntschaft mit meinen Namensgebern gemacht hatte, die sich recht distanziert und nicht sonderlich herzlich gaben, begriff ich, warum sich mein Dad mit seiner Vaterrolle so abmühte: Er wusste nicht so richtig, wie er einer sein sollte.

Wie alle Jungs war ich fasziniert von meinem Vater und fühlte mich zu ihm hingezogen wie die Motte zum Licht. Ich beobachtete ihn genau und schaute mir so viel wie möglich von ihm ab. Meine schönste Erinnerung an Bob Dial stammt vom Februar 1970, als ich neun war. Mein Dad, von Beruf ein diplomierter Bauingenieur, der Computermodelle für die Darstellung von Verkehrsströmen entwickelte, hatte einen Job im Norden Virginias angenommen. Während Tamara und meine Mutter nach Falls Church in unser neues Zuhause flogen, fuhr er mit unserem Shetland Sheepdog Brute und mir in unserem Porsche Speedster quer durchs Land.

Es war eine herrliche Fahrt, die sich entlang der Küste Oregons nach Süden schlängelte, unter Küstenmammutbäumen hindurch, über die Sierras und Rockies, dann durch die leeren Ebenen von Kansas und die flachen Wälder östlich des Mississippi. Wir unterhielten uns, während der Kontinent an uns vorüberzog, und manchmal setzte mein Vater mich auf seinen Schoß und ließ mich den silbernen Speedster auf den kurvigen Landstraßen lenken. Mit der

Tour sind liebevolle Erinnerungen an meinen Vater und ein Gefühl inniger Verbundenheit verknüpft. Später lernte ich, dass Bindungen gepflegt werden müssen, um von Dauer zu sein.

Im Mai 1970 kauften mir meine Eltern ein Ticket nach Alaska, wo ich eine Zeit lang bei den Brüdern meiner Mutter in Usibelli, einer Bergbausiedlung in der Alaska Range, verbrachte. Damals erschien mir die Reise wie ein Ersatz für die Abenteuer meiner Freunde im Sommerlager. Als Erwachsener jedoch kam mir der Gedanke, dass meine Eltern mich wegschickten, weil sie mit ihrer Ehe zu kämpfen hatten. In der Schublade meiner Mutter mit alten Fotos findet sich keines von unserer Familie nach diesem Sommer, auf dem auch mein Vater anwesend war. Tamara und ich sahen ihn nur noch an Wochenenden, an denen er uns häufig verspätet abholte. Wir saßen im Haus, warteten und waren enttäuscht darüber, dass er sich mehr für sein eigenes Leben interessierte als für unseres.

In jenem Sommer in Usibelli waren die Probleme meiner Eltern für mich nicht sichtbar. Ich war ein kleines Kind, das nur wusste, Alaska würde noch aufregender sein als die Farm seiner Großmutter. Meine Großmutter lebte eineinhalb Stunden von Seattle entfernt mit einem Dutzend Kühen, Schweinen, Hasen, einem Gemüsegarten und Brombeersträuchern. In der Umgebung auf dem Land umherzustreifen und die Natur mit ihren Tieren zu entdecken, ließ den Zoo in Seattle wie eine Angelegenheit bloßen Zuschauens erscheinen. Meine Onkel – Zinn und Brian – waren freundlich zu mir, dem Sohn ihrer großen Schwester, einem dürren, frühreifen Stadtkind ohne jeden Menschenverstand, wie sie mir geradeheraus mit einem Lachen unter die Nase rieben. Sie brachten mir Dinge über die Natur und das Leben bei, die mich keine Schule und kein Buch lehren konnten.

Nachdem er mich vom Flughafen Fairbanks abgeholt hatte, fuhr Zinn mit mir nach Süden. Ich saß auf dem Rücksitz, die Nase an die Scheibe gedrückt, und ließ die Aussicht auf mich wirken. Es war meine erste Reise nach Alaska, und ich war schon jetzt berauscht von der Mitternachtssonne und den Landschaften, die sich jenseits der Schotterstraße ohne Gebäude, Zäune oder irgendetwas anderes von Menschen Geschaffenes ausbreiteten. Drei Stunden später bog er mit seinem Ford Pick-up vom Parks Highway nach Osten Richtung Healy ab.

Zinn fuhr langsam, um wenig Staub aufzuwirbeln, während wir Waldungen mit verkrüppelten Fichten und verkümmerten Espen durchquerten, die das Vorgebirge der Alaska Range überzogen. Er steuerte den Ford über die einspurige Bockbrücke eines Schienenstrangs, der in die Bergbausiedlung Usibelli führte. Ich blickte durch die Bahnschwellen hinunter auf den aufgewühlten Nenana River, sein sich dahinwälzendes gletschergraues Wasser, hypnotisch und Furcht einflößend. Hinter der Brücke wand sich die Straße vorbei an qualmenden Klippen brennender Kohleflöze. Im Süden ragten schorfige Berge über fahler Tundra auf, die Gipfel noch vom letzten Schnee des Winters überzogen.

Meine Onkel arbeiteten für die Kohlemine Usibelli und lebten auch dort. Die verstreute Ansammlung von walzblech- und schindelverkleideten Gebäuden zwischen Sattelschleppern ließ sich nur schwerlich als Werkssiedlung der Usibelli Coal Company bezeichnen. Beide Onkel hatten lange Arbeitstage an schwerem Maschinengerät, das die Kohle aus den sanft gewellten Hügeln abtrug. Meine Mutter hatte mich zwar in die Obhut der beiden gegeben, doch es war klar, dass Brian und Zinn anderes zu tun hatten. Ich musste mich allein beschäftigen. Zum Glück gab es unter der großzügigen Vernachlässigung durch meine Onkel jede Menge für mich zu entdecken.

Brian hatte am selben Tag wie ich Geburtstag und war genau neun Jahre älter. Er besaß nicht nur die Statur eines Kindes, sondern auch dessen Herz, hatte strahlend blaue Augen unter Brauen, die sich stets amüsiert zusammenzuziehen schienen, und manchmal stotterte er, doch verstärkten seine abgehackten Äußerungen nur das, was er loswerden wollte. Vielleicht weil er das Küken in seiner Familie und ich jünger war – immerhin aber alt genug, um als Bruder durchzugehen –, stellte er mich seinen Freunden stolz als »mein kleiner Neffe« vor. Wie Zinn nannte er mich häufig »Rome«.

»Hey, Rome!«, grinste Brian, während Zinn meine Taschen am ersten Abend in Usibelli in ein Zimmer in Brians Baracke trug. »Du kannst hier schlafen. Zinn und ich müssen morgen arbeiten, aber wir werden versuchen, am Wochenende einen Ausflug mit Zinns Kawasaki zu machen.« Zinn, der seine Frau Faye, den drei Jahre alten Sohn und die noch kleinere Tochter nach Usibelli gebracht hatte, wohnte in dem Haus nebenan. Faye sollte ein Auge auf mich haben, tat es aber nur selten.

Brian gab mir einen Crashkurs, um in der tagsüber leeren Baracke zu überleben, wenn alle weg waren und Kohle abtrugen. »Das da ist der Backofen. Und hier« – er öffnete den Kühlschrank – »sind die Kartoffelkroketten. Schalt einfach den Ofen ein, leg die Kroketten aufs Blech und lass sie so lange drin, bis sie duften. Iss, worauf du Lust hast, aber b-b-brenn die Bude nicht ab!«, instruierte er mich mit einem Lachen. »Außerdem«, sagte er und wurde ernst, »wenn du die Siedlung verlassen willst, nimm Moose mit. Bis heute Abend, Rome!« Damit machte er sich auf den Weg zur Arbeit, und ich ging mit Moose auf Erkundungstour.

Moose war der Hund der Siedlung. Zinn behauptete, Moose wäre halb ein Wolf, und ich glaubte ihm. Sein Fell war dicht, dichter als bei jedem anderen Hund, den ich jemals gestreichelt hatte, und er war groß, mit langen, schlaksigen Beinen und mächtigen Pfoten an einem Körper, der ansonsten einem Deutschen Schäferhund glich. Er wedelte mit seinem Schwanz und sah mich mit einem Hundegrinsen an, während ich über seinen Rücken rubbelte.

Im Alaska von 1970 gab es keine Computer oder Fernseher. Stattdessen hatte ich Bücher und einen Fernkurs in Taxidermie, ein Sportgewehr, das mir meine Onkel zu getreuen Händen gaben, und ein Kawasaki-Geländemotorrad, das zu groß für mich war. Der vordere Bremshebel des Motorrads war entzweigebrochen, das Ergebnis eines missglückten Kickstarts. Um es anzuwerfen, musste ich meinen schmächtigen Körper in die Höhe katapultieren, beide Beine in der Luft, dann mit dem rechten Fuß den Kickstarter zwecks Zündung durchdrücken, den ersten Gang einlegen, und das alles rechtzeitig, bevor das Motorrad umfiel. Das Timing ging nicht immer auf. Wenn doch, dann kundschaftete ich die Straßen rund um die Siedlung aus und fand es aufregend, allein herumzukurven, bis es mir dann doch irgendwann langweilig wurde.

Spannender aber waren die Ausflüge zu Fuß, abseits irgendwelcher Wege, mit Moose als Kundschafter vorneweg. Wir schlugen uns durch Dickichte aus Weiden und Erlen, sprangen über Felsen, wateten durch Bäche und erforschten zwei nahe Geisterstädte, Suntrana und Lignite, deren Kohlevorkommen erschöpft waren, aber der Geruch von Diesel hing noch in der Luft. Waldfrösche saßen in Tundratümpeln, Elstern im dichten Gebüsch, Rothörnchen in den Nadelbäumen. Ich hatte Naturführer von Peterson dabei, um die Vögel und Säugetiere zu bestimmen. Die Bücher nährten meinen Traum, später einmal Wissenschaftler zu werden, und die Natur um Usibelli gab meinem Traum eine Gestalt.

Im Frühherbst nahm mich Zinn mit auf eine Bogenjagd nach Elchen abseits des Stampede Trail. Mitternachtssonne gab es nicht mehr, und nachts wurde es bis auf das Polarlicht, das über uns schimmerte, stockfinster. Wir brachen früh auf, um einen Elch aufzuspüren, und meine Zehen tauten erst auf, als auch der Frost von den roten Blättern der Weideröschen abschmolz. Ich versuchte, mich so geräuschlos wie möglich zu bewegen, aber Zinn drehte sich zu mir um. »Du bist ganz schön laut, weißt du das?« Er griente und bleckte dabei seine großen falschen Zähne. Seine echten waren ihm bei einem Kampf mit seinem besten Freund ausgeschlagen worden.

Ich konzentrierte mich doppelt darauf, nicht auf irgendwelche Zweige zu treten, nicht an Büschen zu rascheln und überhaupt den Mund zu halten. Ich lief dicht hinter Zinn, der sein acht Pfund schweres Jagdgewehr geschultert hatte, das wir, wie er sagte, vielleicht für Bären brauchen würden. Zinn machte ein braunes Etwas aus, an das wir uns leise heranpirschten, bis er mich anwies zu warten, während er weiterging. Geduldig saß ich da und streichelte über das Gewehr. Von Zinn zur Vorsicht ermahnt, beobachtete ich durch das Zielfernrohr krabbelnde Käfer und fallende Blätter.

Wie aus dem Nichts tauchte Zinn wieder aus dem Gebüsch auf. »Es ist eine Elchkuh«, flüsterte er, wissend, dass ein Bulle noch in der Nähe sein konnte. Wir durften nur Elchbullen ins Visier nehmen, also setzten wir die Jagd fort, bis der intensive, schwere Geruch von Cranberry-Sträuchern den Wald erfüllte. »Elche legen sich um die Tageszeit hin, weil es ihnen zu heiß ist. Wir werden kein Glück haben. Fahren wir zurück nach Usibelli.« Zinns Lehrstunden gründeten auf seinen ländlichen Wurzeln und einer Schiffstour um die Welt mit der U. S. Navy.

Später in jenem Herbst erlegte Zinn nahe dem abgelegenen Cody Pass einen Karibubullen ohne mich. Er brachte das süßlich schmeckende Fleisch und das noch von einem kurzen Fell, der sogenannten Basthaut, überzogene Geweih. Wie Haut besitzt die Basthaut Blutgefäße, die das Geweih versorgen und es wachsen lassen. Ist die volle Größe erreicht, reibt der Elchbulle den Flaum ab, um Elchkühen und anderen Bullen seinen hellen Kopfschmuck zu präsentieren oder um sich das Recht zur Paarung zu erstreiten.

Zinn bat mich, das Geweih zu präparieren. Laut den Unterlagen meines Taxidermiekurses würde eine Spülung mit Benzin das Blut aus der Basthaut auswaschen. Ich tauchte das pelzige Gehörn in Benzin, trug Trockenkonservierungsmittel zwischen Schädelplatte und Haut auf und montierte das Ganze auf eine Platte. Für meinen Rückflug packten wir das Geweih zusammen mit einem großen Raben, den ich bearbeitet hatte, in eine Kiste: zwei unbezahlbare Souvenirs eines Sommers, in dem ich tun konnte, was ich wollte, und lernte, was Unabhängigkeit und Verantwortung bedeutet.

Im folgenden Sommer in Virginia fuhren wir mit dem Vater eines Freundes in die Appalachen. Wir wollten den Old Rag besteigen, eine kahle Granitkuppe im Nationalpark Shenandoah. »Da sind sie«, verkündete der Vater, als die Anhöhen in Sichtweite kamen, »die Blue Ridge Mountains!«

»Das sind keine Berge!«, sagte ich, dessen Wertschätzung für Landschaft durch Alaska für immer ruiniert war. »Das sind nur Hügel. Da liegt ja noch nicht mal Schnee drauf!«

Bemerkungen dieser Art schufen mir nicht viele Freunde. »Hör auf, so anzugeben, Roman!«, sagten sie. Doch ihre Kritik tat angesichts mangelnder Freiheiten und Abenteuer hier im Osten meiner Begeisterung für Alaska keinen Abbruch. Was ich in Alaska erlebt hatte, stattete mich mit dem Selbstvertrauen aus, alles ausprobieren zu können, und gab mir die Kraft, das Zerwürfnis meiner Eltern durchzustehen, das mit ihrer Trennung 1970 begann und vier Jahre später, als ich dreizehn war, mit ihrer Scheidung endete.

Meine Mutter heiratete danach einen sanftmütigen Anwalt aus Virginia namens Lew Griffith. Auch wenn wir ihn nie »Dad« nannten, gab Lew für meine Schwester und mich eine fabelhafte Vaterfigur ab. Meine Mutter und er päppelten meine vorpubertäre Faszination für Dreiecksnattern und lungenlose Salamander, dampfende Geysire und Torfmoore. Sie unterstützten sogar meine Vorschläge für die Familienurlaube, bei denen ich die Ziele wählte und die Routen plante.

Gut vorbereitet dank Karten des Automobilclubs und Artikeln aus *National Geographic,* entwarf ich weitgespannte naturkundliche Reisen. Mit meiner Mutter oder Lew hinter dem Steuer des Familien-Kombis unternahmen wir Autofahrten auf der Jagd nach farbenprächtigen Amphibien in die Appalachen und auf der Suche nach insektenfressenden Pflanzen zu den Sümpfen des Südens. Wir streiften nachts auf dem Sommerasphalt durch die Wüsten Arizonas und hielten Ausschau nach Reptilien. Meine Mutter machte aus der Autofahrt mit Tamara und mir zur Farm meiner Großmutter sogar eine Tour durch die Nationalparks quer durchs Land.

Tamara blieb meistens am Motelpool oder bei meiner Mutter und Lew, während ich allein oder mit meinem besten Freund Mike Cooper, der auf diesen Ausflügen häufig mit dabei war, loszog, um nach Tieren zu suchen. Tamara, die sich mehr für Hunde und Pferde interessierte, scheute den Schmutz, die Insekten und Spinnweben, die wir Nachwuchswissenschaftler bereitwillig in Kauf nahmen.

Damals in den Sechziger- und Siebzigerjahren, in jener idyllischen Ära zwischen ländlich-agrarischem Amerika, als Kinder noch auf dem Feld arbeiteten, und dem heutigen vorstädtisch-urbanen Amerika, in dem Kinder ihre Freizeit vorzugsweise drinnen verbringen, konnte man sich als Junge noch allein wegstehlen, um irgendwo zu spielen. Vororte wie Holmes Run Acres, wo wir in Falls Church wohnten, grenzten häufig direkt an natürliche Ökosysteme. Der Chiles Tract, die größte unbebaute Fläche innerhalb des Beltway von Washington, D. C., lag nur zwei Straßen von unserem Haus entfernt. Ich verbrachte Stunden in seinen Wäldern, an den Bächen und Sümpfen, und lernte, mich im Wald zurechtzufinden.

Mike Cooper und ich befüllten dunstbeschlagene Terrarien in unseren Zimmern mit Stängellosem Frauenschuh und leuchtend grünen Torfmoosen, die wir im Chiles Tract fanden. In unseren blubbernden Aquarien tummelten sich Grünliche Wassermolche aus den Sümpfen und Tropfenschildkröten aus dem Bach. Nachdem eine getürmte Schlange ihren Weg in die Unterwäscheschublade meiner Mutter gefunden hatte wurde ich höflich, aber regelmäßig ermahnt, die Tür zu meinem Zimmer geschlossen zu halten.

Unsere Mutter schätzte Bildung und schickte Tamara und mich auf eine kleine progressive private Grundschule in der Nähe, in der einfühlsame Naturkunde- und Englischlehrer meine Begeisterung für Wissenschaft und Natur in Aufsätze und Forschungsprojekte für ihren Unterricht kanalisierten. Mit fortschreitender Pubertät jedoch verlagerte sich mein Interesse weg von der Reptilienpflege hin zum Wesen von Mädchen.

In meinem letzten Jahr an der Highschool nahmen meine Aktivitäten in Abenteuersportarten deutlich mehr Raum ein als meine naturkundlichen Studien. Das Felsklettern mit seinem Reiz der körperlichen Herausforderung hoch über dem Boden begeisterte mich am meisten und ich schloss mich zwei Teenagern an, die auf hohem Niveau kletterten: Dieter Klose und Savvy Sanders. Nach Abschluss der Schule machten wir drei uns in Dieters weißem Econoline Kleinbus auf nach Colorado. Mich zog es noch weiter, per Anhalter und Güterzug erkundete ich den Westen und nahm am Ende des Sommers die Fähre nach Alaska.

Angesichts meiner guten Noten und meinem großen Interesse an Abenteuersport redeten meine Eltern und Nachbarn mir zu, mich für Princeton und Dartmouth zu bewerben. Aber ich konnte nicht. Drei Sommer in Alaska hatten meine Genussfähigkeit stumpf werden lassen, dadurch dass ich das Beste gleich als Erstes gesehen hatte, wie schon Henry Gannett, Teilnehmer der Harriman Alaska Expedition 1899, gewarnt hatte. Es gab nur noch einen Ort für mich.

Zum vermutlichen Entsetzen meiner Eltern, obwohl sie nie versuchten, mich davon abzubringen, bewarb ich mich an einem weit entfernten College, das auf dem Umschlag seines Verzeichnisses den Mount Huntington der Alaska Range zeigte – an der UAF, der University of Alaska Fairbanks –, um Naturwissenschaften zu studieren – ich wurde ein Mathematiker, der sich für Biologie und Ökologie interessierte –, um das Abenteuer fortzusetzen und um ein weiteres Mal das zu tun, was immer ich wollte.

Als ich mit sechzehn in den Norden ging, war ich zu naiv, um das Ansehen zu würdigen, das mir ein Studium an einer Ivy-League-Universität bringen würde. Doch selbst heute, da ich dies als nahezu Sechzigjähriger niederschreibe, bereue ich meinen Weggang damals nach Alaska nicht im geringsten.

2
Cody Roman Dial

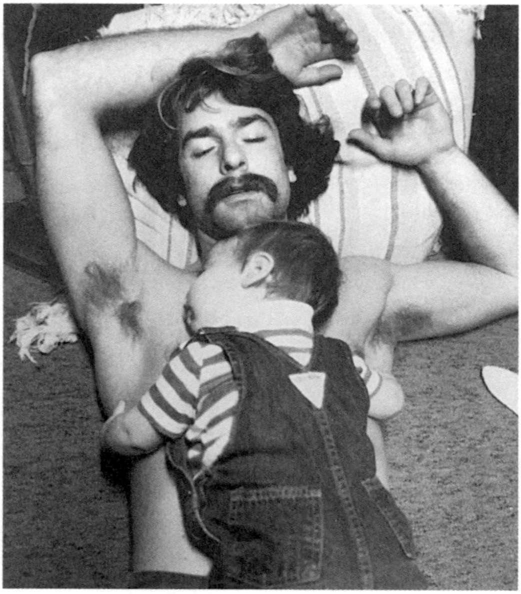

Gemeinsames Nickerchen, November 1987.

Peggy Mayne lernte ich in einem Fitnessstudio in Fairbanks kennen, als sie achtzehn war. Sie, schmal und mit langen blonden Haaren, schaute mir beim Klettern zu. Dabei war sie, wie es schien, eher an mir als am Klettern interessiert. Sie hatte noch nie in der Wildnis gezeltet oder einen Berg bestiegen, liebte es aber, diese Abenteuer mit mir zu teilen. Die gefährlicheren Touren unternahm ich allerdings mit Kletterern, die genauso verrückte Gipfelstürmer waren wie ich. Doch nachdem mich der McGinnis Peak, rund hundert Meilen von

Fairbanks entfernt und 1270 Meter hoch, mit seinen Gletschermassen fast umgebracht hatte, fragte ich Peggy, ob sie meine Frau werden wolle. Im Beisein von Familie und Freunden heirateten wir 1985 auf einer großen, weiten Fläche hinter einem Blockhaus am Miller Hill. Es folgten unsere Flitterwochen auf Maui, danach zogen wir in ein Haus, eine Straße von Maureen und Steve, Freunden von uns, entfernt. Es war ein schönes Gefühl, verheiratet zu sein und mit dem Alpinismus abgeschlossen zu haben, auch wenn die Wildnis Alaskas mich nicht ganz losließ.

Im Mai des folgenden Jahres, nach meinem Uni-Abschluss, brachen Peggy und ich auf, um westlich der Trans-Alaska-Pipeline das Mittelstück einer tausend Meilen langen Traverse in der Brooks Range auf Langlaufskiern in Angriff zu nehmen. Wir zogen Schlitten beladen mit einem Zelt, Packraft und Paddel, außerdem Verpflegung und Ausrüstung für vier Wochen und hofften, den Wechsel vom Frühjahr zum Sommer genießen zu können. Zwischen Mai und August wird es in der Brooks Range nie dunkel.

Nur fünf Meilen von der Straße entfernt, sorgte die Nachmittagssonne für eine miserable Schneedecke, die zu weich war, um darauf Ski zu fahren, geschweige denn, darauf zu gehen. Wir kletterten zum Rand des Canyons, schlugen unser Lager auf und warteten, dass es abkühlen und der Schnee wieder härter werden würde. »Lass uns einfach hierbleiben«, schlug Peggy vor, als die erste Nacht über dem Gefrierpunkt blieb.

Wir bauten das Zelt Richtung Osten mit Blick über das Tal des Kuyuktuvuk Creek unter uns auf. Dann warteten wir, hingen in unserem Lager fest, das Zelt so heiß wie ein Gewächshaus, während ein sonniger Tag dem nächsten folgte. Wir zogen uns aus, um es etwas kühler zu haben, und genossen – im Prinzip ja noch jungvermählt – die zweiten Flitterwochen. Zum Ausharren im Zelt verdammt, klagte Peggy: »Ich habe noch nie so viele Süßigkeiten auf einem Ausflug gegessen. Wir essen dreimal am Tag Schokolade und liegen nur im Zelt herum!«

»Was ist verkehrt daran?«, fragte ich in der Überzeugung, dass es sicherlich besser sei, als ein Trip, bei dem uns das Essen ausging, oder auf einem eiskalten Gipfel zu biwakieren.

Während ich zufrieden damit war, den ganzen Tag nackt und verschwitzt herumzuhängen und nachts unter der Decke zu schmusen, wollte Peggy mehr Bewegung. Der Schnee im Tal war nach wie vor zu matschig, um die Reise fortzusetzen, aber die Hänge oberhalb des Lagers froren im Dämmerlicht zu einer begehbaren Kruste. Unter dem glimmenden Schein der Mitternachtssonne hinter dem nördlichen Wall der Brooks Range verbrachten wir die Woche damit, nachts die Berge zu erkunden. Wir kletterten ein paar hundert Meter auf einen geeigneten Bergkamm und rutschten dann auf unseren Hintern in einer Art lebendigem Leiterspiel wieder abwärts. Mit einem Eispickel zwischen uns lenkte Peggy ihre Fahrt über den steilen Schnee. Ich suchte meinen Halt zum selben Zweck an langen, stabilen Felsbrocken.

Einmal, als wir nach einer Nacht in den Bergen ins Zelt zurückgekehrt waren, wachte Peggy auf, sah nach draußen und richtete ihren Blick in den Himmel. Es war drei Uhr nachmittags. »Bäh«, sagte sie, »noch immer grau.« Die Wolken bedeuteten eine weitere laue Nacht und zu weichen Schnee, um weiterzuziehen. »Wir sind Gefangene.«

»Gefangene der Liebe«, erinnerte ich sie und zog sie zurück ins Zelt.

Vertrieben von den matschigen Verhältnissen im Mai, kehrten wir im Juli zum Wandern und Packrafting an den Kuyuktuvuk Creek zurück. Auf der Hälfte der 350 Meilen langen Tour entdeckten wir, dass Peggy schwanger war. Um ihre Morgenübelkeit mit etwas Frischem abzumildern, fingen wir Äschen, eine Art arktische Forelle. Peggy war ängstlich im Wasser, und ich nahm ihre Hand, wenn wir durch Bäche und Flüsse wateten. Sie sang, während ich uns in unserem Packraft voranpaddelte. Jeden Tag verbrachten wir zusammen, jede Nacht wärmten wir uns gegenseitig unter unserem einen Schlafsack, den wir wie eine Decke über uns ausgebreitet hatten. Nicht einfach, aber es klappte. Und dann erlebten wir einen denkwürdigen Moment tiefer Urangst: Ein Grizzly, den ich die ganze Zeit zittrig im Visier meines Jagdgewehrs hatte, stellte uns nach und blieb erst ein paar Meter vor uns stehen, als er endlich unseren Geruch witterte. Der Monat in der Brooks Range schweißte uns enger zusammen, als wir es je zuvor mit jemandem erlebt hatten.

Jahre später nahmen Peggy und ich am Wilderness Classic in der Brooks Range teil. Die Strecke führte den Kuyuktuvuk Creek entlang. In einem Briefing vor dem Rennen erzählte ein Park Ranger vor versammelten Teilnehmern, dass in der Sprache der lokalen Nunamiut der Name *Kuyuktuvuk* so viel bedeute wie »Ort, um viele Male zu lieben«.

Peggy lächelte und warf mir einen Blick zu. »Woher wusste er das?«

Neun Monate nach unseren Flitterwochen am Kuyuktuvuk und an dem Tag, als ein Kälteeinbruch in Fairbanks zu Ende ging, setzten kurz vor Mitternacht bei Peggy die Wehen ein. »Roman, es ist so weit. Das Baby kommt.«

»Nein, das sind Braxton-Hicks-Kontraktionen«, zitierte ich mein Wissen über falsche Wehen. »Schlaf weiter.« Ich drehte mich wieder um.

Sie kicherte. »Nein, die sind echt. Ich kann es spüren. Lass uns fahren!« Wir standen auf, und ihre Fruchtblase platzte noch im Schlafzimmer. Wir hetzten in unserem kleinen roten Toyota zum Fairbanks Hospital. Es war der 22. Februar 1987.

Wie viele Erstmütter quälte sich Peggy die ganze Nacht, das verschwitzte Haar klebte an ihrer Stirn. Machtlos konnte ich nur ihre Hand halten, während sie meine im Rhythmus ihrer Kontraktionen drückte und quetschte. Als unser neugeborener Junge, ganz rot vom Blut und mit Schleim verschmiert, mit dem Kopf voran schließlich herausglitt, wurde ich fast ohnmächtig. Peggy war ohne Zweifel zäher, als ich es jemals würde sein können.

Sie hielt ihn und gurrte glücklich und erschöpft wie ich, mit dem Unterschied, dass ich beim Wunder der Geburt nur Zuschauer war: Die damit verbundenen Mühen hatte sie durchlitten. Ich war zufrieden, dass unser Erstgeborenes ein Junge war, und freute mich darauf, eine Vater-Sohn-Beziehung aufzubauen und diese auf eine Weise zu pflegen, wie es mein eigener Vater versäumt hatte. Peggy sagte, sie wolle »einen zweiten Roman«, und so kam er zu seinem zweiten Vornamen. Seinen eigentlichen Vornamen entlieh ich dem Cody Pass, dem wilderen Alaska, das ich mir als Kind jenseits von Usibelli vorgestellt hatte. Cody Roman, folgerte ich, wäre das, was jenseits von mir läge.

Den folgenden Winter verbrachten wir in dem Haus mit nur einem Schlafzimmer und sahen dem Säugling Cody dabei zu, wie er sich in ein Kleinkind verwandelte. Zuerst balancierte er auf zwei Füßen die Wände entlang und sah uns staunend an, als er merkte, dass seine Beine ihn stützten. Es fühlte sich gut an, wie seine winzige Hand fest meinen Zeigefinger umklammerte, während ich ihn durch das Haus führte.

Eines Tages saß er in seinem roten Pullover und eingepackt in Windeln mit mir auf dem Boden und blickte erwartungsvoll zu mir auf. Er war jetzt zehn Monate alt. Seit einer Woche hangelte er sich, immer schön abgestützt, die Wände unseres Hauses entlang. Ich lächelte ihm zu. »Steh auf«, ermunterte ich ihn. »Steh auf.« Verwirrt blickte er mich an. »Steh auf!«, wiederholte ich kraftvoller.

Und dann, völlig überraschend, schlingerte er in einer einzigen Bewegung nach vorne auf alle viere, drückte sich mit den Händen ab und stellte sich ohne Hilfe aufrecht hin. Er wankte, lächelte, und ich lächelte zurück.

»Peggy!«, rief ich, »Peggy! Cody hat sich gerade hingestellt! *Ganz allein!*« Peggy kam herbeigerannt, und wir sahen ihm bei seinen ersten Schritten zu, während er seine neu entdeckte Freiheit lächelnd genoss.

Baby Cody hatte einen guten Schlaf und tapste entschlossen seine Umgebung ab. Von klein auf legte er eine lange Aufmerksamkeitsspanne und größte Neugier an den Tag. Manchmal hatte ich ihn in einer Rucksacktrage auf dem Fahrrad oder zu Fuß dabei. Manchmal lag er auf meiner Brust, und wir beide schliefen ein. Manchmal weinte er, und nichts, was ich unternahm, konnte ihn trösten: egal ob ich die Stoffwindeln wechselte oder ihn fütterte, ihn schaukelte oder anstupste, alberne Gesichter oder komische Geräusche machte. Niemand außer Peggy konnte ihn dann beruhigen.

Fallende Ölpreise ließen Alaskas Wirtschaft im Frühjahr 1987 einbrechen, und in jeder Straße in Fairbanks tauchten »Zu verkaufen«-Schilder auf. Als aus einem Jobangebot als Mathematiklehrer in Barrow am Ende nichts wurde, rief ich meinen alten Freund Matt an, der nach seinem UAF-Studium in Bergbauwesen nach Nome gegangen war, um für Alaska Gold zu arbeiten. Das größte Goldförderunternehmen in Alaska konnte mir eine Stelle als Arbeiter anbieten. Peggy und Cody würden in Fairbanks bleiben, während ich mich in den Westen aufmachte, um Geld zu verdienen.

Matt, gleichzeitig Hundeschlittenführer beim Iditarod-Rennen und Ingenieur, bot mir seine »Hundehütte« als Bleibe an, wenn ich mich dafür um seine Tiere kümmerte. Jeden Morgen, nachdem seine bellenden weißen Schlittenhunde gefüttert waren, fuhr ich mit meinem Mountainbike zu den vereisten Feldern, wo ein Team von eigenbrötlerischen Arbeitern den Permafrostboden auftaute, um das Gold zu fördern. Alaska Gold hatte zwei Goldbagger in Betrieb, gigantische Schwimmbagger aus den Vierzigerjahren, die in Tümpeln gruben. An ihrem vorderen Ende befand sich ein Förderband mit tonnenschweren Kübeln, die durch die Tundra schlürften und den Aushub in riesige Waschschleusen transportierten, wo die Nuggets und der Goldstaub vom Erz gespült wurden. Ich arbeitete am Bagger Nummer 6. Meine Aufgabe war es, Wasserschläuche mit fünf Zentimeter dicken Stahlrohren zu verbinden, die fünfundzwanzig Meter tief in den Permafrostboden versenkt waren, und dann mit schwerem Werkzeug die Rohre zu drehen und zu winden, um das anhaftende Eis abzubrechen.

Ich schickte fast meinen gesamten Lohn nach Hause und war froh, 16 Dollar die Stunde zu bekommen. Doch das Leben in der Hundehütte, fernab von Peggy und dem kleinen Cody, war einsam. In jenem Frühling sollte das zehnjährige Klassentreffen meiner

Highschool stattfinden. Die Einladung erinnerte mich daran, dass meine wissenschaftliche Karriere auf einem Nebengleis gelandet war. Ein Jahrzehnt war vergangen, und noch immer arbeitete ich Seite an Seite mit Kindern, die gerade erst ihre Highschool beendet hatten. Es war Zeit, erwachsen zu werden und einen Doktortitel zu erlangen.

Nach einer ganzen Saison in Nome boten mir die Besuche an weiterführenden Universitäten wie Princeton und Stanford mit ihren betriebsamen Campusgeländen ein Kontrastprogramm der Kulturen, nicht nur zur Abgeschiedenheit Alaskas. Princeton stieß mich ab, protzig wie es sich gab, wohingegen die Atmosphäre in Stanford spannend war. Die Nähe der Bay Area zu Mountainbike-Trails, Mammutbaumwäldern und felsiger Küste reizte mich – fast ebenso sehr wie Stanfords naturverbundene Studentenschaft und die bunt gemischte Fakultät.

Der Professor in Stanford, Jonathan Roughgarden, war ein hochgewachsener, schlaksiger Mann, der seinen Schopf brauner Haare akkurat auf die Seite gekämmt hatte. Geistvoll, mit eulenhaftem, dem Harvard-Absolventen geziemenden Blick, strahlte Roughgarden vor freudiger Erregung, während er mit seinen Händen abstrakte Ideen verständlich gestikulierte. Die National Science Foundation hatte seinen Vorschlag zur Entwicklung mathematischer Modelle von Nahrungsnetzen auf Grundlage von Feldforschungen an karibischen Echsen finanziert. Das Projekt erforderte einen Studenten wie mich, der sportlich war und quantitative Auswertungsmethoden beherrschte. Aus meiner Sicht würden Roughgarden und die Feldforschungsarbeit des Projekts meine Ausbildung zum modernen Ökologen vervollständigen.

Einen Doktortitel von Stanford zu haben, würde zudem sicher auch nicht schaden.

3

Der Wendekreis des Krebses und des Steinbocks

Cody und Jazz, Culebra, 1991.

Das Postgraduiertenprogramm begann im Herbst 1988. Peggy, die mit unserem zweiten Kind schwanger war und gerade ihren Abschluss in Grundschulpädagogik machte, blieb mit dem achtzehn Monate alten Cody in Alaska. Mitten im Winter flog ich nach Hause und fuhr unseren Subaru nach Kalifornien. Peggy und Cody folgten bald darauf, im Gepäck hatten sie tiefgefrorenes Elch- und Karibufleisch, Teil unserer Strategie, im Silicon Valley von einem Doktorandenstipendium zu leben.

Ein paar Wochen später schmissen wir ein Grillfest für unsere neuen kalifornischen Freunde. Ziemlich am Anfang der Party und wohl mit ausgelöst von der Putzaktion vor dem Fest setzten bei Peggy die Wehen ein. Wir übertrugen die Gastgeberaufgabe an ein befreundetes Paar aus Alaska und machten uns auf den Weg ins Krankenhaus von Mountain View. Kurz nach Mitternacht am 22. Januar 1989 brachte Peggy ohne Probleme unsere Tochter zur Welt. Wir tauften sie auf den Namen Jasper Linda, der zweite Vorname zu Ehren meiner Mutter und der erste zu Ehren der kraftvollen Schönheit der kanadischen Rocky Mountains.

Jazzy war ein süßes, hübsches Baby. Sie war winzig, das Lächeln ihres klitzekleinen Mundes entzückend, und ihre lebhafte Persönlichkeit passte zu ihrem Namen und zu der Tatsache, dass sie sich auf einer Party bemerkbar gemacht hatte. Wie zu erwarten war Peggy eine aufmerksame, liebevolle Mutter für die beiden.

Postgraduiertenprogramme sind im Grunde schlecht bezahlte Lehrverhältnisse unter einem Chef, der ständig unbezahlte Überstunden erwartet. Das machte es mir unmöglich, mich als Vater voll einzubringen. Peggy war den ganzen Tag allein zu Hause, ohne andere junge Frauen in ihrer Nähe. Während sie sich um ein Baby und ein Kleinkind kümmerte, fühlte sie sich isoliert. Deshalb nahm sie einen Billigjob in einem Frauenfitnesscenter an, wo sie Kinderturnen unterrichtete und Cody und Jazzy zur Arbeit mitnehmen konnte. Sie wollte deren Erziehung nicht anderen überlassen.

»Roman, es ist unsinnig für mich, im Fitnesscenter zu arbeiten. Die Kinder werden dort dauernd krank. Und wenn ich mir einen anderen Job suche, geht das ganze Geld für die Kinderbetreuung drauf. Ich möchte lieber zu Hause bleiben und sie selbst erziehen.« Da Cody und Jazzy für Peggy an erster Stelle standen, verzichtete sie auf die Gesellschaft von Arbeitskollegen, damit die Kinder gesund blieben. Wir waren uns einig, dass emotionaler Reichtum mehr wert ist als Geld, deshalb konzentrierte sie sich auf ihre Rolle als Hausfrau und Mutter, ein Arrangement, mit dem schließlich alle glücklich waren.

Mein erstes Jahr in Stanford verbrachte ich damit, ein brauchbares Doktorthema zu formulieren; es umzusetzen nahm drei weitere Jahre in Anspruch. Roughgardens NSF-Forschungsprojekt beschrieb die karibischen Anolis (Saumfingerechsen) als ideale Tiere, um die komplexen Nahrungsnetze in tropischen Regenwäldern zu studieren. Die kleinen, bunten und aktiven Lebewesen sind in den Baumkronen hoch über dem Dschungelboden reich vertreten. Damals betrachteten Wissenschaftler die Baumkronen als eine unzugängliche, unerforschte Landschaft, direkt über ihren Köpfen, aber unerreichbar.

Die meisten Baumkronenstudien beschrieben das Leben in einem einzelnen Baum von einem Aussichtsturm oder einer Astgabel aus, erfasst durch ein Fernglas. Unsere Forschung bezog Experimente in Bäumen in zwanzig bis dreißig Metern Höhe mit ein. Die Versuchsanordnung sah vor, die Anolis von einzelnen Bäumen zu entfernen und fast ein Jahr lang nicht zurückzulassen. Da Anolis in Baumkronen leben, aber aus Eiern im Waldboden schlüpfen, wollten wir die Echsen, nachdem wir sie eingefangen hatten, von den Baumkronen fernhalten und die Baumstämme mit Plastikbändern markieren. Als Nächstes wollten wir die Anzahl an Insekten und die Anzahl an Blättern, die von Insekten in Bäumen ohne Echsen gefressen wurden, mit den entsprechenden Zahlen in Baumkronen, in denen Echsen lebten, vergleichen. Auf diese Weise konnten Roughgarden und ich die vielfältigen Einflüsse eines zahlreich vertretenen Räubers auf seine Umwelt messen. Das war die Idee des Experiments: in ein Ökosystem eingreifen und dessen Reaktion untersuchen. Um es umzusetzen, würden wir Arbeiten am Seil, Mut und jede Menge Schweiß und Muskelkraft brauchen. Es schien genau das Richtige für mich.

Bevor wir nach Puerto Rico zogen, flog ich hinunter, um nach einer Wohnung zu suchen, und nahm den dreijährigen Cody mit. Das entlastete Peggy, die den Umzug vorbereitete. Und mir bescherte es meinen ersten echten Vater-und-Sohn-Trip. Zusammen erkundeten wir eine Welt, die für uns beide neu war: den tropischen Regenwald. Wir untersuchten riesige Landschnecken auf Regenwald-Palmen, beobachteten leuchtend grüne Eidechsen, die auf Baumwurzeln Liegestütze machten, und warfen Insekten in die Netze von handtellergroßen Seidenspinnen (Nephila). Cody zeigte die Kindern angeborene Faszination für alles Lebendige – Biophilie, ein Relikt aus der Vergangenheit, als das kindliche Interesse an der Umwelt über Tod und Leben entscheiden konnte. Manche Menschen lässt sie nie los.

Als Familie hatten wir oft kalifornische Gezeitentümpel besucht. Cody war begeistert von der unglaublichen Vielfalt an Wirbellosen, die er dort fand: Seesterne, Seeanemonen und Flohkrebse, um nur einige zu nennen. Der Dschungel in Puerto Rico bot eine ähnliche Vielfalt, bloß an Landlebewesen statt an solchen im Gezeitenbereich. Wie jeder Dreijährige stellte Cody mir unentwegt Fragen, die mit »warum« begannen: Warum verlieren Eidechsen ihren Schwanz? Warum singen Vögel? Warum sind Blumen bunt? Ich bemühte mich redlich, seine unersättliche Neugier auf dieser Reise, die unsere gemeinsamen Erkundungen auf fünf Kontinenten und über zwei Jahrzehnte einleitete, zu befriedigen.

Bald darauf trafen Peggy und Jazz ein. Wir zogen in eine Wohnanlage einen Block vom Luquillo Beach entfernt. Da wir kein Auto hatten, fuhren wir Rad und zogen die Kinder in einem Fahrradanhänger. Jeden Morgen nach einem Becher puerto-ricanischen Kaffee radelte ich mit meinem Mountainbike fünf Meilen und 300 Meter hinauf in die Luquillo Mountains, um in den Baumkronen zu arbeiten. Mein alter Kletterpartner Carl Tobin, ebenfalls ein Doktorand der Ökologie, kam am Anfang für einen Monat dazu. Im Januar 1991 brachten wir horizontale Stege und vertikale Seilsicherungssysteme an den Bäumen an, indem wir eine Mischung aus Bergsteiger- und Baumklettertechnik anwendeten, die ich von Mike Cooper, meinem besten Freund aus Kindheitstagen, gelernt hatte.

Mike hatte nach dem College einen Baumpflegebetrieb gegründet. Im Herbst, bevor ich nach Puerto Rico aufbrach, um mit dem Projekt zu beginnen, zeigte er mir im Vorgarten meiner Eltern, wie man große Weißeichen und Tulpenbäume hinauf- und hinunterkletterte. Sowohl beim Bergsteigen als auch beim Klettern auf Bäume benutzt man Gurte und Seile, aber sie unterscheiden sich in ihrer Anwendung und im Design. Baumpfleger hängen in Gurten an dick ummantelten Seilen, die man um Äste zieht. Ihre Baumklettertechniken fußen eher auf Seilkletterkünsten und geschickten Knoten als auf Ausrüstung. Und während Baumpfleger sich gegen Bezahlung im Baum bewegen, streben Bergsteiger wegen des Nervenkitzels direkt in die Höhe.

Mikes Seiltricks erlaubten es Carl und mir, uns in jeder einzelnen Baumkrone zu bewegen. Da wir die gesamte Baumkrone erreichten, konnten wir jede Eidechse, die wir sahen, mit unseren Farbspritzpistolen markieren. Es machte Spaß, die Tiere für unsere Statistik mit Tropfen blauer, pinker und gelber Farbe aus bis zu sechs Meter Entfernung zu bespritzen, um die Anolis-Anzahl zu schätzen. Am ersten Tag benutzten wir blaue Farbe, am zweiten Tag pinke, am dritten gelbe. Dann hielten wir fest, wie viele Eidechsen wir von jeder Farbe jeden Tag in jedem Baum sahen. Tiere mit einer Farbe hatten wir nur einmal gesehen, Tiere mit zwei Farben zweimal, mit drei Farben dreimal. Als Nächstes wandten wir ein statistisches Modell an, um zu berechnen, wie viele Eidechsen wir nicht erfasst hatten, basierend auf der Wahrscheinlichkeit der Farbmarkierungen, die wir beobachtet hatten. Wenn wir die beobachteten und die vermuteten, also nicht erwischten Eidechsen addierten, hatten wir eine Schätzung der gesamten Eidechsen in einem Baum. Wir verfassten sogar einen Fachaufsatz über unsere Klettertechniken, die damals unter den Baumkronenforschern noch unbekannt waren. Unter anderem illustrierten wir, wie man von einem Baum zum anderen gelangte, was eine mehrtägige Walddurchquerung auf Baumkronenebene ermöglichte, ohne den Boden zu berühren – eine Art »Baumkronenwanderung«.

Unten in Luquillo verbrachten Peggy und die Kinder die meisten Tage am Strand. Sie spielten im warmen Wasser und sammelten Muscheln, liefen den ganzen Tag barfuß in der Sonne herum und waren dadurch braun gebrannt und hellblond. Cody verfolgte mit Begeisterung durch eine Kindertaucherbrille bunte Rifffische. Er stand vornübergebeugt im seichten Wasser und hielt die Luft an, während er die Meereswelt zu seinen Füßen betrachtete. Ein paar Meter entfernt sammelte Jazz am Strand dreißig Zentimeter lange tropische Samenhülsen, die von sanften Wellen an Land gespült wurden.

Besuche bei meiner Forschungsstation brachten Cody auf die Idee, in unserem Garten mit niedrigen Büschen und Zierpflanzen seine eigene Forschungsstation einzurichten. Er markierte die Ecken mit Bändern, dann fing er die Anolis, die dort lebten, und ließ sie anschließend wieder frei.

Als ich von meinem Tag im Dschungel zurückkam, rannte er auf mich zu und rief: »Dad, ich hab eine Karte von meiner Forschungsstation gemacht!« Er hatte beobachtet, wie ich über der Karte meiner Forschungsstation gebrütet hatte, und dann mühevoll mit Buntstiften seine eigene erstellt.

»Willst du sie sehen?«

»Na klar!«, sagte ich erfreut und beeindruckt, dass mein vierjähriger Sohn seine eigene Karte gezeichnet hatte.

»Also, hier sind die Ecken. Die sind orange markiert.« Er zeigte auf krumme orangefarbene Xe. »Und das ist, wo ich im Gebüsch einen *Cristatellus* gefangen hab.« Er wanderte mit seinem Finger zu einem grünen Gekritzel, das anzeigte, wo er den braunen Anolis mit der orangefarbenen Kehlfahne gefangen hatte, ein Tier, das er bei seinem wissenschaftlichen Namen *Anolis cristatellus* kannte.

»Und da drüben beim Zaun lebt ein Grasanolis. Ich hab ihn gefangen, und Jazzy durfte ihn auch mal halten. Sie war vorsichtig, Dad«, versicherte er mir. Beide Kinder wussten, wie man die zarten Tiere festhalten sollte – an einer Zehe, während die Echse auf ihrer Faust sitzt. »Und hier« – er zeigte mit dem Finger auf zwei parallele Linien – »hier lebt die Ameive. Sie ist groß!« Anders als die schlanken Anolis, die auf Bäumen oder in Büschen leben, ist die großköpfige Ameive mit ihren gestreiften Seiten ein Bodenbewohner, der auf der

Jagd nach Insekten durchs Laub schleicht wie ein Tiger, der Wild erbeuten will: stehen bleiben, spähen, weiter heranpirschen.

Als Roughgarden von Codys Forschungsstation und Karte hörte, warnte er: »Pass bloß auf, sonst wird er noch ein Biologe, Roman.« Das wäre nicht schlecht, dachte ich erfreut und stellte mir vor, wie wir später zusammen forschen würden.

Als ich eines Abends das *Wall Street Journal* las, stieß ich auf unschlagbar günstige Flüge. Für denselben Preis, den wir für einen einfachen Flug von San Francisco nach Fairbanks zahlen würden, konnten wir von San Francisco nach Australien und zurück fliegen. »Lass uns das machen!«, rief Peggy, die nicht arbeitende Frau eines armen Doktoranden. Als Rabattgutscheinsammlerin und preisbewusste Käuferin ist sie immer auf der Suche nach Schnäppchen. »Das ist wie ein Ticket nach Alaska bezahlen – wo wir sowieso hinmüssen – und gratis nach Australien fliegen!« Mit den Vielfliegerpunkten, die wir für den Hin- und Rückflug nach Australien sammeln würden, könnten wir von Kalifornien nach Fairbanks fliegen, wohin wir jedes Jahr fuhren, um unseren Wohnsitz in Alaska zu behalten. Als Einwohner von Alaska hatten wir Anspruch auf bestimmte Leistungen wie zinslose Studentenkredite und den Permanent Fund des Bundesstaats, eine jährliche Dividendenausschüttung an jeden Einwohner – statt einer Einkommensteuer.

Nach Abschluss meiner Forschungen in Puerto Rico stiegen wir in eine Maschine nach San Francisco, ließen die Kletterseile und gesammelten Daten in Stanford und reisten weiter nach Sydney. Von dort flogen wir ans andere Ende Australiens nach Perth am Indischen Ozean. In Perth mieteten wir ein Auto, um nach Norden in die Tropen Westaustraliens zu fahren. Die meisten Eltern würden zögern, sich für eine einmonatige, 1500 Meilen lange Tour mit ihren vier- und zweijährigen Kindern in einen Kleinwagen zu setzen. Aber wir hatten fast ein Jahr lang kein Auto gehabt. Allein die neuartige Erfahrung einer Autofahrt hielt die Kinder bei Laune. Außerdem gab es fast stündlich etwas Neues und Aufregendes in »Oz«, wie die Australier ihre Heimat umgangssprachlich nennen, zu entdecken.

Die Westküste von Oz sah aus wie die von Kalifornien und Baja California zwischen Santa Cruz und Cabo San Lucas, aber ohne die Landspitzen, Klippen und den Verkehr. Nördlich von Perth ging der hohe Eukalyptuswald in australischen Chaparral über, dann in Savanne, Wüste und schließlich tropischen Wald. Als wir den Wendekreis des Steinbocks überquerten, zwölf Zeitzonen von unserer alten Wohnung in Puerto Rico nahe dem Wendekreis des Krebses, hatten wir genau die halbe Welt umrundet.

Wir fuhren tiefer ins Outback mit seiner roten Erde und Schwärmen von lästigen Buschfliegen, geradewegs durch die Great Sandy Desert. Die Dünen dieser großen Sandwüste liefen am Eighty Mile Beach in den Indischen Ozean aus. Hier sammelten wir wunderschöne bunte Muscheln, wie wir sie noch nie zuvor gesehen hatten. Cody und ich fanden einen kleinen, halb im Sand begrabenen toten Grindwal. Jazz klaubte haufenweise getrocknete Seesterne und Herzseeigel auf. Zwischen Perth und Broome beobachteten wir Emus und Trauerschwäne, inspizierten überfahrene Kängurus, die schwerer waren als ein Mensch und deren mittlerer Zeh so lang war wie meine Hand; wir berührten neugierige Delfine, schnorchelten über Korallen im Ningaloo Reef und ritten sogar auf Kamelen über einen tropischen Strand.

Jeden Abend zelteten wir im Outback, wo am Himmel lauter uns unbekannte Sterne leuchteten. Nach Einbruch der Dunkelheit fuhren wir herum, um nachtaktive Tiere zu beobachten. In manchen Nächten sprangen Kängurus über das Pflaster wie Basketbälle auf einem leeren Spielfeld. In anderen Nächten sahen wir ein Meter achtzig lange Schwarzkopfpythons oder fingen Fuchsgesicht-Lidgeckos. Einmal stießen wir sogar auf einen Ameisenfresser namens Echidna, auch Ameisenigel genannt, ein einzigartiges eierlegendes Säugetier, so groß wie eine Melone, aber sehr langsam und mit Stacheln. Wir beleuchteten jeden Fang mit unseren Stirnlampen, fotografierten ihn und ließen ihn in sicherem Abstand zur Straße wieder ziehen.

Am nächsten Morgen bauten wir unser Zelt ab und fuhren weiter, um noch mehr Wunder der Natur zu entdecken: einen Blauzungenskink, der so groß wie eine Gila-Krustenechse aus Arizona war und ebenso giftig aussah, mit einer langen, königsblauen Zunge, die er zur Abschreckung herausstreckte; einen Dornteufel, die australische Version der amerikanischen Krötenechse; einen Flossenfuß, der so lang wie mein Arm und dessen Schwanz so lang war wie sein übriger Körper. Wir kletterten in *slot canyons*, schmale, tiefe Schluchten, die von Springfluten aus dem Eisenerz gewaschen worden waren, und schwammen durch ihre erfrischenden Wasserbecken unter Würgefeigen, deren Wurzeln sich an die roten Felswände krallten. Bei Sonnenuntergang, während wir trockene Mulga-Zweige ins knisternde Lagerfeuer warfen, beobachteten wir Schwärme von Hunderten Galahs – krähengroße Rosakakadus –, die über unser einsames Wüstencamp flogen. Unweigerlich erinnerte ich mich daran, wie Peggy und ich uns zehn Jahre zuvor abends im Bett vorgestellt hatten, wie wir später unsere Kinder erziehen würden: Wir lebten diesen Traum hier und jetzt in Oz.

Als wir Fitzroy Crossing in Australiens abgelegener Region Kimberley erreichten, waren wir verwildert, die Kinder tropisch braun und voll rotem Staub, die Haare ausgeblichen. Wir kehrten um und fuhren in drei Tagen die 1500 Meilen zurück nach Perth, dann flogen wir nach Hause. Zurück auf dem Stanford-Campus, luden wir unsere Freunde zu Diashows von unserer Reise ein, dabei hörten Peggy und ich mit unseren Freunden gebannt zu, wie der vierjährige Cody ausführlich von unserer Reise berichtete. Wir freuten uns auf weitere solche wunderbaren gemeinsamen Reiseabenteuer.

In jenem Herbst begann ich damit, die Forschungsergebnisse zu analysieren und meine Dissertation zu schreiben. Die Erwartungen unter meinen Doktorandenkollegen waren hoch – eine Gruppe, zu der ein späterer Gewinner des MacArthur-Stipendiums, auch als »Genie-Preis« bekannt, und zukünftige Stanford- und Harvard-Professoren gehörten. Der Leistungsdruck war enorm. Trotzdem fand ich die Aufgabe, meine Daten zu analysieren, um die Funktionsweise eines tropischen Ökosystems zu erkennen, genauso aufregend wie ohne Seil einen gefrorenen Wasserfall zu erklimmen. Wissenschaft, ohne die abstrafende und kleinliche Begutachtung durch Fachkollegen, elektrisiert mich auch nach dreißig Jahren noch.

Im Februar 1992, dem Jahr, in dem Cody fünf wurde, rief ein Freund an, um uns von einer Dozentenstelle in Ökologie an der Alaska Pacific University zu erzählen. Nach Begutachtung meiner Bewerbung lud die Berufungskommission mich ein. Mein Vorstellungsgespräch in Alaska im April war etwas ernüchternd: Die braunen Rasen und schmutzigen Straßenränder von Anchorage, an denen sich der ganze Müll des Winters angesammelt zu haben schien, waren schrecklich. Die APU selbst wirkte mit den Gebäuden aus den Sechzigerjahren und wenigen Studenten wie eine Geisterstadt.

Aber Peggy und ich hatten immer schon geplant, uns in Alaska niederzulassen, das wir als unsere Heimat betrachteten, wo Verwandte und alte Freunde lebten. Als die Berufungskommission mir die Stelle anbot, waren wir begeistert. Die APU bezahlte zwar nicht üppig, aber wir würden Cody und Jazz in der gesündesten Gegend Amerikas großziehen können, mit gesundem Essen, sauberer Luft und klarem Wasser. Und am besten von allem: Wir konnten mit unseren Kindern die Wildnis Alaskas gleich vor der Stadtgrenze von Anchorage erkunden. Ich nahm die Stelle an, und so fuhren wir am Ende des Sommers von Stanford nach Norden.

Nach meinem ersten Jahr an der APU und während unseres ersten kompletten Sommers zurück zu Hause brach ich mit unserem Sohn auf, um Umnak zu ergründen, eine abgelegene Insel der Aleuten mit Geysiren, Gletschern und Nebel. Genau für diese Art von Erlebnis waren wir zurückgezogen, und ich konnte es kaum abwarten, loszulegen.

4
Umnak

Cody mit sechs Jahren 1993.

Im Spätsommer 1993 stiegen der sechsjährige Cody und ich Hand in Hand aus einem Jet und hinein in windzerzauste Dunstfetzen und forsche Regenböen. Die feuchte Luft roch nach gestrandetem Seetang und Diesel. Runde, von hohem grünem Gras überzogene Hügel und abgebrochene Klippen rahmten eine Bucht mit metallblechernen Lagerhäusern und Booten jeglicher Größe. Wir waren in Dutch Harbor gelandet, auf einer Insel der Aleuten, weit südlich des Festlands von Alaska. Es fühlte sich warm an für Mitte August, zumal im

Rest des Bundesstaats der Herbst schon um die Ecke lauerte. Dutch wirkte eigentlich zu klein, um der reichste Fischereihafen auf dem Globus zu sein, in den Krabbenfänger, Trawler und andere Schiffe ihren Fang für die Seafood-Märkte der Welt anlieferten.

Unter den 300 Inseln der Aleuten hatte ich mich für Umnak entscheiden, gleich westlich von Dutch Harbor, wegen seiner Geysire und seiner Geschichte. An einem Ende liegen die Ruinen von Fort Glenn, einer geheimen US-amerikanischen Militärbasis aus dem Zweiten Weltkrieg, am anderen schmiegt sich das Aleutendorf Nikolski in eine Bucht. Zwischen diesen beiden Stätten menschlicher Besiedlung erstreckt sich eine Wildnis aus sattgrünen Hügeln, schwarzen Felsen und Vulkanen mit so unaussprechlichen Namen wie Vsevidof und Recheshnoi. Hauptgrund aber waren die Geysire auf Umnak, die einzigen nördlich von Yellowstone, ein geologisches Wunder, das ich gemeinsam mit meinem Sohn erleben wollte.

Mein Plan war, die sechzig Meilen von Fort Glenn nach Nikolski zu Fuß zurückzulegen. Ich hatte meine Hausaufgaben gemacht und die Geysire auf einer Karte mit geothermalen Merkmalen Alaskas lokalisiert, um dann einen befreundeten Geologen, Roman Motyka, anzurufen und um weitere Informationen zu bitten. Motyka schickte mir seine veröffentlichten Artikel, in denen er Umnaks thermale Besonderheiten wissenschaftlich und im Detail beschrieben hatte. Er sagte, eine einzelne Familie würde noch in Fort Glenn leben und sich um die wild lebenden Rinder der Insel kümmern. Motyka erzählte mir außerdem von einem Guide mit Namen Scott Kerr, der sich in Nikolski niedergelassen hatte. Nachdem ich ein halbes Dutzend Leute gesprochen hatte, die schon mal auf Umnak gewesen waren, und über Karten der Insel gebrütet hatte, skizzierte ich eine Route, die für einen angehenden Erstklässler geeignet war.

Vom Flugfeld von Fort Glenn sollte es nach Westen entlang der Pazifikküste gehen, dann über die Insel zum Geysir-Becken an der Beringsee und entlang der Sockel von Recheshnoi und Vsevidof am Pazifik wieder zurück. An der zerklüfteten Küste mit schwarzen

Stränden würde es Gezeitenbecken geben, Codys liebste Umgebung für Erkundungen und Entdeckungen. Die Insel war außerdem frei von Alaskas risikoreichsten Störfaktoren: Auf Umnak gab es weder Bären noch große Gletscherflüsse.

Gefahren waren aber durchaus zu berücksichtigen. Bedingt durch die Lage zwischen der eisigen Beringsee und dem warmen Pazifik werden die Aleuten vom schlimmsten Wetter der Welt heimgesucht. Der stets windumtoste, häufig verregnete, meist nebelverhangene Archipel gilt als Geburtsstätte von Stürmen. Während im Winter kaum Minusgrade herrschen, sind die Sommer kühl und wolkig. Wie auf Bergen oberhalb der Baumgrenze wachsen auf den Aleuten Bäume oder Sträucher nicht über Kniehöhe hinaus.

Das Wetter auf Umnak bereitete mir Bauchschmerzen wegen der sehr realen Gefahr der Unterkühlung, insbesondere für einen kleinen Jungen. Unterwäsche, Fleecehose und -pullover und darüber ein Gore-Tex-Overall würden ihn gegen den unablässigen feuchten Wind schützen, seine orange Regenhose und -jacke zusätzlich vor dem peitschenden Regen. Ich würde ihn mit seinen Lieblingssnacks versorgen, die ich immer griffbereit hätte, und ihn jeden Abend rasch in trockene Sachen schlüpfen lassen, damit er mollig warm einschlief. Unser bergtaugliches kuppelförmiges Zelt würde uns Schutz vor stürmischem Wind und Regen bieten. Und mit *Wilbur und Charlotte* im Gepäck, das ich vor dem Einschlafen vorlesen würde, könnten wir ein Stück Zuhause mit in die Wildnis bringen.

Der umfängliche Schutz vor den Wetterunbilden Umnaks war das Wichtigste, doch die Abgeschiedenheit zwischen Nikolski und Fort Glenn selbst war ein Risiko. Abgeschiedenheit war uns nicht fremd. Wir waren tagelang durch den australischen Outback gefahren und hatten nur vereinzelt andere Autos gesehen. Als Familie hatten wir zwei- oder dreitägige Rucksacktouren ins Hinterland unternommen, bei denen wir auch schon mal Grizzlybären begegneten oder Gletscherflüsse durchqueren mussten. Ohne Bären und große Flüsse wäre es einfacher, für Codys Sicherheit zu sorgen, dennoch würden wir die Route sorgfältig und mit Bedacht wählen müssen, um Zwischenfälle zu vermeiden.

Peggy bestärkte uns, die Reise zu machen. Sie wusste aus erster Hand, wie Zeit, die man gemeinsam in der Wildnis verbringt, Bindungen und Beziehungen festigt. Und sie wusste auch, dass ich verständnisvoll auf Codys Bedürfnisse und Ängste eingehen würde – auf ihn aufpassen und vor Unheil bewahren würde. Doch sie brachte auch ihre Sorge zum Ausdruck: »Was, wenn dir etwas zustößt?«

Ich wich ihrer Frage aus: »Peggy, was soll passieren? Ich werde vorsichtig sein.«

»Du hast gesagt, es gäbe dort wild lebendes Vieh. Ich möchte nicht, dass ihr schutzlos seid, wenn ein Bulle auf die Idee kommt, euch anzugreifen. Du solltest eine Waffe mitnehmen.« Ich packte eine 44er Magnum ein.

Die Verpflichtung, sowohl Cody als auch mich gegen Unterkühlung, vor Ertrinken, Tierangriffen und Verletzungen zu schützen, verstand sich von selbst. Jenseits aller Sicherheit wollte ich aber, dass diese Reise der Beginn von vielen gemeinsamen Abenteuern in der Wildnis sein sollte. Es sollte für Cody ein Erlebnis werden, das Lust auf mehr machte. Wie die meisten Eltern übernahmen Peggy und ich die positiven Aspekte der Kindererziehung unserer eigenen Eltern, versuchten Negatives zu vermeiden und machten den Rest wie alle anderen. Wenn ich wollte, dass Cody mich auf zukünftigen Touren in die Wildnis begleitete, musste ich zu allererst darauf achten, was ihn interessierte.

Vom Flughafen Dutch Harbor nahmen Cody und ich ein Taxi und trafen uns mit George Ripley, dem Organisator des ersten Wilderness Classic von Peggy und mir. In Georges Haus, geschützt vor Wind und Regen, sprachen wir über unsere Reise. Unser Pilot, Tom Madsen, flog eine große Gruppe von japanischen Bergsteigern einschließlich ihrem Kamerateam schon den ganzen Sommer über entlang der Bergkette hin und her. Es waren immer mehrere Flüge notwendig, um auf eine bestimmte Insel zu kommen, und am nächsten Morgen würde ein Platz verfügbar sein. Madsen wollte uns auf dem

Weg zu den Islands of Four Mountains, nur wenig südlich von Nikolski, am Fort Glenn absetzen.

Am nächsten Tag im Hangar half der aleutische Guide Scott Kerr dem japanischen Team beim Einladen. Wir hatten telefoniert, uns aber noch nicht persönlich kennengelernt. Er wendete sich von einem Berg an Ausrüstung ab, um mir die Hand zu schütteln und ein dünnes, fünfzehn Zentimeter langes Aluminiumrohr zu reichen.

»Was ist das?«, fragte ich.

»Eine Schiene für gebrochene Zeltstangen. Ich war mit den Japanern über einen Monat unterwegs, und sie haben fünf Vulkane von Unimak bis Umnak bestiegen. Aber ich sage Ihnen, das Wetter da draußen kann ziemlich heftig sein. Der Wind hat Stangen in drei ihrer Zelte zerbrochen. Nehmen Sie sie, falls der Wind Ihre zerstört.«

Cody und ich folgten den Japanern in Madsens braune zweimotorige Beechcraft und verkrochen uns auf einem hinteren Platz. Ein im Rumpf zusammengepferchter Stapel Seesäcke und Kisten drückten gegen Schulter und Kopf. Cody saß auf meinem Schoß, der Sicherheitsgurt war über uns beide geschnallt.

Madsen zog die Maschine von der Rollbahn mit einem Ruck hoch in den Wind und steuerte Umnak an. In den nächsten Tagen entwickele sich ein stürmisches Tiefdruckgebiet, warnte er, danach solle es fünf Tage aufklaren. Die Aussicht auf gutes Wetter erleichterte mich. Nach dem kurzen, unruhigen Flug kreisten wir um das Flugfeld von Fort Glenn. Die Ruinen des alten Militärstützpunkts breiteten sich über die Küstentundra nahe der Caldera des Okmok aus. Madson zog eine enge Kurve im Wind, ging tiefer und landete auf der eine Meile langen, unbefestigten Rollbahn. Cody und ich stiegen eilig aus. Madsen würgte unser dreißig Kilo schweres Gepäckstück hinter den Sitzen heraus.

Der Wind blies kräftiger als in Dutch. Keines der ursprünglichen Gebäude von Fort Glenn war unversehrt, ausgenommen jene, deren vier Ecken mit Kabeln im Tundraboden verankert waren. Den Rest – Wände, Dächer, Fußböden – hatte der auf Umnak beständig nagende Wind demontiert und verstreut.

Ein stämmiger Mann in seinen Fünfzigern kam zusammen mit seiner Frau und einem erwachsenen Sohn auf Gelände-Trikes herangerauscht. Madsen tauschte Post und Grüße mit den einzigen Bewohnern von Fort Glenn aus und hastete zurück, um seine japanischen Passagiere zu ihrem nächsten Ziel zu bringen.

Während das Flugzeug zum Start wieder davonrollte, trat ich einen Schritt vor. »Hallo, ich bin Roman Dial.«

Ich hoffte, der Typ kannte meinen Namen, vielleicht aus einem Artikel über das Wilderness Classic in der Zeitung von Anchorage oder dem Magazin *Alaska*. Ein bestimmter Bekanntheitsgrad kann nützlich sein, absonderliche Pläne Fremden gegenüber vernünftig erscheinen lassen, sein skeptischer Blick jedoch ließ keinen Zweifel daran, dass er sich fragte, was um alles in der Welt ein Mann mit einem kleinen Jungen auf einer abgeschiedenen Aleuteninsel wollte.

»Ich heiße Gene Maynard. Das sind meine Frau, Rene, und mein Sohn, Cloud.« Ich schüttelte der Familie die Hand, während sich Gene hinunter zu Cody beugte.

»Und wie heißt du, kleiner Mann?«

»Ich bin Roman Zwei«, antwortete er grinsend.

Wie bitte?, dachte ich überrascht. Bis zu diesem Moment hatte er sich immer Cody genannt. Ich setzte ein breites Lächeln auf, schluckte ein Kichern hinunter und wischte mir eine durch den Wind verirrte Träne aus dem Gesicht.

»Roman und Roman«, lachte Maynard. »Was es nicht alles gibt. Kommt mit ins Haus, Roman Eins und Roman Zwei.«

Ab diesem Zeitpunkt stellte sich Cody Roman Dial nur noch mit »Roman« vor, einem Namen, mit dem auch Peggy, Jazzy und ich ihn fortan ansprachen. Für die weibliche Verwandtschaft – Großmütter, Tanten, Cousinen – blieb er weiter Cody, während mein Vater ihn liebevoll R2 nannte, um uns auseinanderzuhalten. Zu Hause sprach Peggy »ihre zwei Romans« mit einem feinen, aber deutlichen Unterschied im Tonfall an.

»Meine Herren, was habt ihr denn da alles drin?«, keuchte Gene und hievte meinen Rucksack auf sein Trike. »Steigt auf.«

Gene fuhr uns zu seiner Ranch, einem von drei intakten Gebäuden von Fort Glenn. Die beiden anderen daneben waren seine Schuppen. Fast vier Zentimeter dicke Kabel sicherten sein Haus im Boden. Drinnen war es klein und unaufgeräumt, wie in den meisten Hütten und Häusern in der Wildnis Alaskas fernab der Straßen – und wie übrigens auch auf der Farm meiner Großmutter.

»Also.« Er sah mir direkt in die Augen. »Was macht ihr hier draußen? Ein bisschen wandern?«

»Ich denke schon, ja.« Gene und seine Familie wären die Ersten, die wir um Hilfe bitten konnten, sollte etwas schiefgehen. Er musste Bescheid wissen. »Ich will zu Fuß nach Nikolski. Mit meinem Sohn.«

»Nikolski? Das sind fast sechzig Meilen. Sind Sie sicher, dass Sie das tun wollen?« Er sah hinunter zu Cody Roman. »Das ist eine harte Tour. Ich kenne niemanden, der den ganzen Weg geschafft hat.«

Die Skepsis in seiner Stimme klang allzu vertraut: wie Bootsfahrer in Alaska, wenn es um Packrafts ging. Einmal wettete ein Bergsteiger mit mir und meinem olympisch gestählten Partner um 1000 US-Dollar, dass wir mindestens eine Woche bräuchten, um die Hayes Range der Länge nach auf Skiern abzufahren. Wir schafften es in drei Tagen.

Ich lenkte das Gespräch in eine andere Richtung. »Was ist mit Ihnen? Was machen Sie hier draußen?«

»Oh, wir sind im Viehgeschäft. Nach dem Zweiten Weltkrieg hat man ein paar tausend Rinder hergebracht. Wir müssen nur das Fleisch wieder von der Insel kriegen.« Sein Blick wurde finster, während eine Windböe am Haus rüttelte. »Das ist der schwierige Teil daran.«

»Seit wann machen Sie das denn schon?«

»Rund sechs Jahre. Wir denken aber drüber nach, wieder auszusteigen.«

Er nahm den Faden erneut auf. »Ein paar Cowboys wollten Pferde runter nach Nikolski bringen, kamen aber nicht durch den Fluss. Mussten wieder umkehren.«

»Flussdurchquerung, ja? Ich hab schon ein paar Flüsse durchquert«, sagte ich und fühlte den Drang, auf meine diversen Qualifikationen hinzuweisen, ihm zu erzählen, dass ich den Skilak durchschwommen oder Mountainbikes geschultert und durch Flüsse getragen hatte, die allesamt mächtiger gewesen waren als auch nur irgendeiner zwischen Umnak und Adak. Aber ich kannte dieses Spiel gut, vor allem als Verlierer. Je mehr Erfahrung ich für mich geltend machen, je verzweifelter es sich um das Buhlen nach Anerkennung anhören würde, umso mehr würde er auf seinen Vorsprung als Einheimischer bestehen. Ich hielt meinen Mund.

Gene räusperte sich.

»Ich hol die Jungs mal – Sie sollten trotzdem mit ihnen reden. Gene öffnete die Tür, um hinauszugehen, und der Wind fegte herein wie ein losgelassener Wachhund. Rene schob mit ihrer Schulter die Tür hinter ihm zu.

Während wir warteten, betrachtete ich das gerahmte Foto eines Rodeoreiters mit ausgestrecktem Arm und wehendem Halstuch. Die Aufnahme zeigte den Cowboy mitten in der Bewegung vor vollbesetzen Stadionrängen. Die Hufe des Pferds schienen zwei Meter über dem Boden zu schweben. »Das ist Gene«, klärte Rene auf. »Er ist bei Rodeos geritten.« Gene Maynard hielt einen Großteil der Sechziger- und Siebzigerjahre einen Meistertitel im Wildpferdreiten mit Sattel.

Gene kam mit zwei Männern zurück, die in etwa mein Alter hatten. Sie klangen nach Kanadiern.

»Sie sind also die beiden, die nach Nikolski geritten sind?«, fragte ich aufmunternd, um mehr über den Trip zu erfahren.

»Schon, aber wir haben es nicht geschafft. Der Fluss war zu tief.« Sie kniffen die Lippen zusammen. »Sie sind sicher, dass Sie das versuchen wollen, mit dem Kleinen?« Die beiden waren schlank, sogar fit, hatten aber nichts von den trainierten Wildnisfreaks, die beim Classic mitmachten und Fluss um Fluss durchquerten. *Wussten sie überhaupt, wie ein Fluss zu lesen war, wie man eine gute Stelle fand oder einen günstigen Zeitpunkt bestimmte?*

»Welcher Fluss war es denn?«, drang ich in sie ein und breitete meine Karte aus, um herauszufinden, wie gut sie sich auf Umnak auskannten.

»Kurz vor der Amos Bay. Wenn man nicht rüberkommt, ist es ein langer Weg hierher zurück. Wie viel Proviant haben Sie dabei?«

»Für acht Tage, zehn, wenn wir ihn strecken. Welcher Fluss genau?« Die Information würde nützlich sein.

Sie blickten auf die Karte. Einer von ihnen strich mit dem Finger über den südöstlichen Hang des Recheshnoi, wo dessen größter Gletscher einen vier Meilen langen Fluss zum Meer speiste. »Hier.«

Ein paar Tage Dauerregen oder ein sonniger Nachmittag konnten einen solchen Fluss zu einem unpassierbaren Strom anschwellen lassen. »Hm, an der Küste?«

»Ja.«

»Na gut, wenn wir hinkommen und er ist zu hoch, werden wir campen. Auf einen niedrigeren Wasserstand am Morgen warten oder darauf, dass der Regen nachlässt, sollte es regnen. In ein paar Tagen soll das Wetter ja besser werden.«

»Wie alt ist Ihr Junge?«

»Ich bin sechs«, meldete sich Cody Roman zu Wort.

Jetzt wandten sie sich ihm zu.

»Und, was denkst du?«

»Dass es windig ist, denke ich«, antwortete der Knirps ernsthaft.

Die Flussdurchquerung stand nur stellvertretend für ihre unausgesprochene Sorge, dieselbe, die auch Peggy hatte, dieselbe, die auch ich hatte. *Was, wenn mir etwas zustößt und mein kleiner Junge plötzlich allein dasteht? Wie verantwortungsbewusst ist das?*

5
Weltraumkapitän

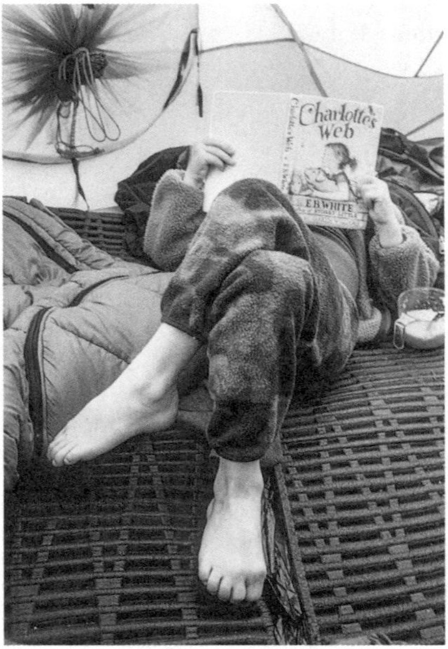

Campen im Umnak Geyser Basin, 1993.

Sanft grüne Tundra erstreckte sich bis zum Fuß des Okmok, wo Wolken schwarze Lavatürme umhüllten wie Waschlappen defekte Rohrleitungen. Die Blumen ähnelten jenen auf den Hügeln über Anchorage – Castilleja, Eisenhut und Glockenblumen –, nur schienen sie wie aufgepumpt, als ob der Wind der Aleuten sie aufgeblasen hätte.

Wir schlugen unser Lager früh auf, bevor der Regen uns durchnässte, und zogen uns in unser geräumiges Zelt zurück. Über zehn

Jahre war es auf Gletschern, in Wüsten und an tropischen Stränden so stark der Sonne ausgesetzt gewesen, dass der blaue Zeltstoff grau geworden war. Nach den Fragen der Cowboys und Scott Kerrs Geschichte von den gebrochenen Zeltstangen schien mir unser Zuhause nicht hinreichend vor schlechtem Wetter geschützt zu sein.

Madsens vorhergesagter Sturm zog mit Einbruch der Dunkelheit auf. Die Böen kamen in mächtigen Wellen mit ununterbrochenem Regen. Windstöße, dreimal so heftig wie ein Hurrikan, rasten auf Okmok zu, sie grummelten wie eine Lokomotive, bevor sie einschlugen. Jede Bö knallte auf unser Zelt und ließ es einfallen, sodass der nasse Stoff mir ins Gesicht klatschte. Aber nach jedem Windstoß richtete es sich wundersamerweise wieder auf.

Ich lag in meinem Schlafsack in der Dunkelheit, mit vor Schreck geweiteten Augen und panischer Angst, dass eine Zeltstange brechen und den Nylonstoff einreißen könnte, sodass wir der Gefahr einer Unterkühlung ausgesetzt wären. *Warum zum Teufel hatte ich Roman hierhergebracht? Was für ein Vater war ich eigentlich?*

Doch irgendwie verschlief Roman den Sturm, und das Zelt blieb heil.

Am nächsten Tag gab der klare Himmel den Blick auf eine eigentümliche Landschaft aus grün geriffelten Bergkuppen und schroffen schwarzen Felsen frei. Das hohe Gras reichte Roman bis zum Bauch, es bewegte sich in Wogen, die über die Hügel der Umgebung wanderten. Eingepackt in seinen Patagonia-Anzug, die Kapuze über seine Mütze gezogen, marschierte er voran, seine roten Fausthandschuhe im Takt zu seinen Schritten schwenkend.

Wir kamen an einer Herde von vierzig scheckigen Rentieren vorbei, die auf einer niedrigen Randstufe herumliefen, und stiegen dann hinab, um in der Hot Springs Cove an einem Strand des Beringmeers zu campen. Das Gras kroch über schwarze Sanddünen. Wasserfälle stürzten von hohen Klippen herab, aber der Wind blies ihren Sprühregen gegen das Gesetz der Schwerkraft nach oben.

Roman wollte ein Lagerfeuer. Es würde schwierig sein, es zu entzünden, aber was für ein Outdoor-Vater wäre ich, wenn ich es nicht wenigstens versuchte? Mit trockenem Gras, Treibholz und Hartnäckigkeit entfachten wir hinter den Dünen ein Lagerfeuer und wärmten uns dicht aneinandergedrängt daran. Mein Sohn stocherte mit einem Stock im brennenden Treibholz und hielt die Flammen am Leben.

»Was ist Feuer, Dad?«, fragte er. Ich überlegte einen Moment, um es einfach, aber wahrheitsgemäß zu erklären. »Bäume machen Holz, indem sie Luft und Wasser mit Sonnenschein verbinden. Wenn das Holz brennt, kommt der Sonnenschein als Feuer wieder heraus, und Wasser und Luft gehen in Rauch auf.«

Er suchte in meinem Gesichtsausdruck nach einem Hinweis, ob ich ihn verschaukelte, dann wandte er sich ab, um die Holzkohle zu untersuchen.

»Macht ein Feuer deshalb Licht? Ist das der Sonnenschein?«

»Genau. Und das Wasser kommt als Dampf heraus. Deshalb ist der Rauch grau.«

Die Nacht war ruhig und klar, der Morgen heiß. Wir trockneten unsere Ausrüstung und entspannten uns auf dem warmen, schwarzen Sand.

Am dritten Wandertag klagte Roman nicht mehr über wunde Füße oder müde Beine. Eingemummt in seine Fleecekleidung und den Anzug lief er neben mir her, suchte nach Erdbeeren, Blaubeeren und süßen Ackerbeeren, die er sich in den Mund steckte. Er hob interessante Steine und hohle Grashalme auf, die er Strohhalme nannte, und pfiff darauf. Ich empfand elterliche Freude dabei, ihm einfach zuzusehen, wie er sich kindlich kreativ mit der Natur beschäftigte.

Das gute Wetter hielt an – es war windig, aber nicht kalt oder nass.

Der Weg aus der Hot Springs Cove war steil, aber Roman bewältigte ihn trotzdem gut. Unsere Familienausflüge auf sanfte Berge nahe Anchorage hatten ihn auf solche Kletterpartien vorbereitet. Als wir auf der anderen Seite wieder hinabstiegen, konnten wir nahe dem Geyser Bight Creek Dampf aufsteigen sehen.

»Sieh dir das an, Roman!«, rief ich, seinen neuen Namen ausprobierend.

Das Geysirfeld, ein Yellowstone im Kleinformat, hatte für einen Sechsjährigen genau die richtige Größe. Kniehohe Geysire sprudelten als heiße Miniatur-Wasserfälle über Kalkablagerungen in den Bach. Fumarolen dampften, Schlammtöpfe blubberten. Selbst hier, fünf Meilen von beiden Küsten entfernt, konnten wir die Brandung des Ozeans hören. Über dem sumpfigen Tal thronte der Recheshnoi mit seinen kleinen Gletschern und weiten Schneefeldern.

In einer heißen Quelle – auf dem Grund in der Mitte tiefblau, darum herum ein Regenbogen aus Grün, Gelb und Orange – lagen Rentierknochen.

»Was ist mit dem Rentier passiert, Dad?«

»Wahrscheinlich ist es im Winter zu dicht herangekommen und reingefallen«, vermutete ich und erinnerte mich an Bisonknochen im Yellowstone.

»Warum ist es zu dicht herangegangen? Um warm zu bleiben?«

»Vielleicht, oder vielleicht lag überall sonst zu hoch Schnee.«

Ich erzählte Roman, dass die Menschen heißen Quellen und Geysiren Namen gaben. Daraufhin taufte er die heiße Quelle »Caribou Stew« (Karibu-Eintopf) und warf, den Reim singend, einen Stein hinein. Zwischen den geothermalen Erscheinungen erstreckten sich Feuchtwiesen im Tal. Wir zelteten auf einer flachen, porösen Kuppe, wo das vom Thermalgebiet erwärmte Wasser durch den Zeltboden sickerte.

»Fühl mal, Roman«, forderte ich ihn auf, meine Hand auf den Zeltboden gepresst.

Seine Augen leuchteten. »Das ist ja ganz warm.«

In unseren trockenen Schlafsachen rückten wir auf unseren überlappenden Schaumstoffmatten nah zusammen. Ich las drei Kapitel aus *Wilbur und Charlotte* vor. Roman betrachtete die Illustrationen von Garth Williams und suchte im Text nach Wörtern, die er schon kannte. Aneinandergekuschelt sahen wir uns gemeinsam das Buch an.

Am vierten Tag gingen wir Hand in Hand einen sprudelnden Bach hinauf, der sich über erstarrte schwarze Lava ergoss. Roman stellte Fragen, die Sechsjährige stellen, um ihre immer größer werdende Welt zu begreifen. Er verglich die Welt mit Legosteinen und schwelgte in Erinnerungen, an Jazz und an Peggy. Offenbar konnte ein Elternteil den anderen, aber nicht die Schwester ersetzen. Er erzählte von Freunden aus der Schule, wie Vincent Brady, der sein lebenslanger Freund wurde, und darüber, was sie zusammen gemacht hatten.

Als wir uns einem Pass näherten, der zurück auf die Pazifikseite führte, wurde die Landschaft mondartig. Wir waren beide fasziniert von der Fremdartigkeit dieses Ortes mit seinen zerklüfteten schwarzen Felsen, Sand und Kies, dem völligen Fehlen von Pflanzenwuchs. Der Anblick regte unsere Fantasie an, und wir schlüpften in ein Rollenspiel, in dem wir Entdeckungsreisende auf einem anderen Stern waren.

»Käpt'n, wo sind wir?«, fragte ich, von der Ödnis inspiriert.

»Auf einem anderen Planeten«, antwortete Roman, der den Faden sofort aufnahm.

»Achtung, Käpt'n«, fuhr ich fort und spornte ihn an. »Hier gibt es möglicherweise Ungeheuer.«

»Wer bist du?«, fragte er.

»Ich bin dein Unteroffizier. Du erteilst mir Befehle.«

Überall auf dem fremden Planeten lauerten Gefahren. Mein Rucksack enthielt den Sauerstoff, den wir uns teilten, als der Vorrat des Kapitäns im Kampf gegen Außerirdische knapp wurde. Asteroiden regneten auf uns herab, aber unsere in Raumfahrtanzüge umfunktionierten Windjacken schützten uns im außerirdischen Universum. Roman führte uns durch das Gelände, das wir in unserem Spiel erkundeten.

Zwei Stunden fern der Erde vergingen schnell und halfen uns über das schwierige Terrain.

Nachdem wir den Pass überquert hatten, stolperten wir über einen langen Abschnitt schottrigen *'a'a*, das hawaiianische Wort für scharf gezackten, brockigen Lavastein. Immer wenn der Weg besonders anstrengend war, schlüpfte Roman in seine Weltraumkapitänsrolle und bewältigte ihn dank seiner Fantasie. Irgendwann tauchten wieder kleine Stellen mit Pflanzenbewuchs auf, dann grüne Teppiche von Heide und Zwergweiden. Wir gingen an schmalen Wasserläufen entlang, die sich durch Felder niedrig wachsender Wildblumen schlängelten. Hier und da gab es auch Flachhöhlen am Fuße von Lavaklippen.

Ein bisschen ängstlich spähte Cody Roman in einen Bach, der verschwand, da er unterirdisch weiterlief.

»Ganz schön cool, nicht?«, meinte ich.

»Nee, gefällt mir nicht. Ist gefährlich«, erwiderte der Weltraumkapitän. »Komm, Unteroffizier!«

Als wir die Pazifikstrände erreichten, war ich erleichtert. Meine größte Sorge war, mich zu verletzen. Auf dem *'a'a* hinzufallen und mir ein Bein zu brechen, schien durchaus möglich, da ich das zweiundzwanzig Kilogramm schwere Gewicht von Proviant, Campingausrüstung und Klamotten für uns beide schleppte. Damit der Trip für Roman nicht zu anstrengend wurde, trug er keinen Rucksack.

Manchmal, wenn Roman die Füße wehtaten, nahm ich ihn auf meine Schultern und verdoppelte damit meine Last. An diesem Tag kam es nicht oft vor, weil der Kapitän überwiegend damit beschäftigt war, die Gegend zu erforschen und gegen Außerirdische zu kämpfen. Es war unser bislang längster und härtester Tag gewesen. Die Abendsonne warf lange Schatten und ein warmes Leuchten über den Recheshnoi.

Der nächste Tag begann sonnig und windstill, dafür wimmelte es von Mücken! Wir sahen auch warum: Es gab jede Menge Rinder. Wir wanderten die Küste entlang, um den einsamen Bullen aus dem Weg zu gehen, die mit ihren Hufen den Staub aufwirbelten und ihn mit ihren langen spitzen Hörnern auf ihren Rücken warfen. Ich hielt meinen Revolver griffbereit.

Seelöwen brüllten und Papageientaucher stürzten in die Brandung. Am Ufer vergnügte Roman sich damit, die grünen Tentakeln der Seeanemonen mit kleinen Lebewesen zu füttern, die er fing und denen er Namen wie »Muldenhüpfer« und »Hampelmänner« gab. Er wollte einen Lachs fangen, aber wir sahen keine in den Bächen, auch nicht in dem knietiefen, gletschergespeisten Fluss, vor dem die Cowboys zurückgeschreckt waren. Wir zelteten in dessen Nähe, um ihn gleich am nächsten Morgen, wenn er am wenigsten Wasser führte, zu durchqueren. Die Cowboys mussten nach starken Regenfällen hier gewesen sein. Ich durchquerte ihn zunächst mit meinem Rucksack; danach trug ich Roman hinüber. Es war ganz einfach.

Entlang der Küste wanderten wir über Lavariffe, die bei Ebbe freigelegt wurden und voller Leben waren. Meerasseln – uralte, wie Trilobiten aussehende Verwandte der Krabben in der Größe meines Daumens – krochen so langsam über braunen Tang, dass sie sich kaum zu bewegen schienen. Jahre später untersuchte Roman in der Graduiertenschule die Genetik dieser Lebewesen – vielleicht ein Hinweis darauf, wie stark unser erster »großer Trip« ihn beeindruckt hatte.

Wir zelteten fünfzehn Meilen von Nikolski. Am Morgen zog Nebel auf, der ganz Umnak umhüllte. Wir brachen unser Lager an unserem letzten und längsten Wandertag bei Wind und Regen ab. Ich holte den Kompass hervor und zeigte Roman, wie man ihn las. »Drück den Kompass an deine Brust und halt ihn gerade«, erklärte ich ihm, während ich ihm die Kordel um den Hals legte. »Jetzt dreh dich, bis die rote Kompassnadel auf dem Orientierungspfeil liegt, und dann halte sie dort, indem du geradeaus gehst.«

Der Tag blieb grau und trübe, man konnte keine fünfzig Meter weit sehen. Der Wind peitschte uns zusammen mit den Kordeln unserer Regenjackenkapuzen ins Gesicht. Cody Roman dachte sich Namen für die Hügel aus, die wir erklommen, Namen, die ich nicht in meinem Tagebuch notierte, weil abends so wenig Zeit zum Schreiben blieb. Seine Füße schmerzten ihn bei schlechtem Wetter mehr als bei gutem, deshalb trug ich ihn länger. »Junge, kannst du ein bisschen laufen?«, fragte ich schließlich, »mir tut der Rücken weh.«

»Klar, Dad.« Er rutschte von meinen Schultern, wodurch meine Last sich halbierte, nahm meine Hand, und so liefen wir nebeneinander her. Ein oder zwei Stunden später ging er mit dem Kompass voran, hielt an und fragte: »Dad, kannst du mich tragen? Mir tun die Füße weh.«

»Klar, Rome, lass uns aber erst mal eine Pause einlegen.« Unter den Regensachen war unsere Kleidung klebrig vom Schweiß. Wir ließen uns auf meinen Rucksack fallen. Während wir ausruhten, durch hohes Gras vor dem Wind geschützt, kaute er auf einem Streifen Trockenfleisch, dann wickelte er einen gelben Starburst-Bonbon aus, sein Lieblingsbonbon.

Als wir endlich Nikolski erreichten, schlug das Wetter um. Wie auf einer japanischen Bilderrolle ragten die Islands of Four Mountains – grüne, perfekte Kegel, gebändert von Schnee – aus einem dunklen Meer. Walknochen und Ruderboote lagen vor den Häusern von Nikolskis drei Dutzend Einwohnern. Orangefarbene Schwimmer zum Angeln hingen unter den Dachvorsprüngen ihrer verwitterten Holzhäuser. Hundert Meter vom Strand weg zeugten ausgeblichene Baumstämme von der Stärke und Reichweite der Winterstürme – der nächste Wald war tausend Meilen entfernt.

Wir suchten Scott Kerr auf, den Guide, der uns die Zeltstangenschiene gegeben hatte. In seinem warmen kleinen Haus fühlten wir uns endlich vor den Elementen geschützt.

Im ländlichen Alaska verbreiten sich Nachrichten schnell, besonders solche über einen sechsjährigen Jungen, der rund sechzig Meilen gewandert war. Ein wettergegerbter alter Aleute in einer Carhartt-Jacke namens Simeon Peter Pletnikoff schaute bei Scott vorbei. Im Zweiten Weltkrieg waren fast alle Aleuten oder Unangan, wie sie sich selbst bezeichnen, von der US-Regierung zwangsevakuiert worden. »Aleut Pete« war erlaubt worden zu bleiben und mitzukämpfen, weil er so ein fähiger Naturbursche war, der sich auf den Aleuten bestens auskannte. Als Angehöriger einer bunt zusammengewürfelten Truppe, bekannt als Castner's Cutthroats, kämpfte er gegen die japanischen Soldaten, die die Inselkette besetzt hatten.

Aleut Pete setzte sich und legte die Hände um seinen Kaffeebecher. Die Nickelbrille auf seinen hohen Wangenknochen ließ ihn gütig und weise aussehen. Er zog die Augenbrauen hoch und meinte lächelnd: »Na, du bist aber ein starker kleiner Kerl! Nicht viele Leute, die keine Unangan sind, haben Umnak durchquert. Hattest du Angst?«

»Manchmal«, gab Roman zu, »zum Beispiel als der Wind unser Zelt umgehaun hat. Oder als die Stiere mit den Hufen im Boden gescharrt haben. Oder als die Geysire zu hoch geschossen sind. Aber guck mal, was ich gefunden hab!« Roman öffnete die Hand und zeigte ihm einen orangefarbenen Achat. »Ein Vulkan hat den gemacht!«

In der anderen Hand hielt er einen glänzend schwarzen Stein, glatt und rund wie eine Kugel. »Und den hier auch. Ich hab ihn am Fluss gefunden, wo wir gezeltet haben. Und mein Dad hat im Tang eine Glaskugel gefunden! Und riesige Seepocken vom Rücken eines Wals!«

Aleut Pete lehnte sich zurück, gerührt von der Begeisterung des Jungen. Dann langte er in seine Jackentasche und holte eine Glaskugel von einem japanischen Fischerboot und einen Seelöwenzahn hervor. »Die sind für dich, kleiner Wandersmann. Zur Erinnerung an Umnak.«

Nach dem Besuch von Aleut Pete führte Kerr uns zu der verlassenen Schule von Nikolski und ließ uns hinein. Wir verteilten unsere Sachen auf dem Teppichboden und waren dankbar, nicht in einem feuchten, flatternden Zelt schlafen zu müssen. Ich hoffte, dass unser Flug planmäßig von Dutch abhob, damit Roman direkt zu seiner Schwester und Mutter heimkehren konnte. Stattdessen mussten wir jedoch, wie es in der Wildnis Alaskas häufig vorkommt, warten, bis das Wetter aufklarte. Wir warteten eine Woche.

In der ersten Nacht in der Schule, als wir es uns in unseren Schlafsäcken gemütlich gemacht hatten, freute ich mich darüber, wie mein kleiner Sohn sich in der vergangenen Woche geschlagen hatte. Der neugierige und fantasievolle Sechsjährige hatte sich nicht beschwert, eine ganze Woche lang jeden Tag von morgens bis abends zu laufen. »Roman, du bist ein guter Wanderer«, lobte ich ihn, »und auch ein starker. Jazzy und Mom werden sehr beeindruckt sein.«

Wir waren im Schnitt eine Meile pro Stunde gelaufen, acht Stunden am Tag, an den letzten beiden Tagen sogar zwölf und fünfzehn Meilen. Aber die Zahlen spielten keine Rolle. Wir waren uns nähergekommen. Roman hatte mehr über die Natur und über sich selbst gelernt, wie man mit Unannehmlichkeiten, Wind und Regen umgeht, wenn man tagelang wandert. Ich hatte gelernt, mich auf das Tempo meines Sohnes einzustellen, auf ihn Rücksicht zu nehmen und Opfer für ihn zu bringen.

Es war vielleicht zu früh, aber ich fragte trotzdem. »Roman, haben dir diese sechs Tage gefallen? Willst du so was noch mal machen?«

»Ja, Dad, es war okay. Aber lass uns nächstes Mal Mom und Jazzy mitnehmen.«

»Okay. Machen wir«, versprach ich und lächelte beim Gedanken an ein Familienabenteuer.

»Können wir jetzt *Wilbur und Charlotte* zu Ende lesen?«, fragte Roman.

Wir rückten zusammen, um die letzten Kapitel zu lesen, und schliefen zufrieden ein, Reisepartner fürs Leben.

6
Borneo

Tierbeobachtung aus der Nähe: Flugdrache, Borneo, Malaysia, 1995.

In der Hitze und Feuchtigkeit der äquatorialen Nacht lagen Peggy und ich nackt da, unfähig einander zu berühren. Draußen vor unserer offenen Hütte pfiffen ununterbrochen Baumfrösche, während Heuschrecken zirpten und Zikaden sirrten, eine Kakofonie, durchbrochen vom Kreischen und Heulen aus pechschwarzer Dunkelheit. Wir achteten darauf, nicht gegen das dünne, zeltartige Moskitonetz zu drücken, das uns vor den stechenden Insekten Borneos und den Krankheiten, die sie vielleicht übertragen konnten, schützte. Die

Kinder, inzwischen sechs und acht, schlummerten unter ihrem eigenen Moskitonetz in einem Bett neben unserem.

Wir waren im Nationalpark Bako auf Asiens größter Insel Borneo gelandet. Bako war als Einstimmung auf den Nationalpark Gunung Palung oder »GP« gedacht, in dem wir einen Monat verbringen wollten. GP ist eine indonesische Wildnis aus Regenwäldern, Bergen, Sümpfen und Flüssen – und ohne Straßen. Die einzigen Bauten damals, 1995, bestanden aus einer kleinen Ansammlung wellblechgedeckter, offener Hütten tief im Dschungel, die nur im Einbaum-Kanu zu erreichen waren. Die primitive Forschungsstation Cabang Panti diente als Basislager für ein, zwei Wissenschaftler, die dort arbeiteten.

Ein Netz an Pfaden und eine unglaubliche Natur, die noch nicht von *National Geographic* entdeckt worden war, bot einen in der Welt vielleicht einzigartigen Eindruck des tropischen Regenwalds. Ich war das Jahr zuvor im GP gewesen und hatte ihn als neuer Mensch verlassen.

»Indonesien ist um einiges ursprünglicher als das hier«, sagte ich zu Peggy. »Niemand spricht Englisch. Es gibt Malaria, Dengue, Hakenwürmer. Ich weiß nicht, ob wir wirklich fahren sollten. Ich mache mir Sorgen um die Kinder.«

Peggy wandte sich mir zu. »Jetzt haben wir es bis hierher geschafft. Es ist nicht mehr weit. Auf deinen Bildern vom letzten Jahr sah alles toll aus. Wir werden auf die Kinder aufpassen. Außerdem kennst du dich aus und weißt, wohin wir gehen und wie wir dahin kommen können. Ich denke, wir sollten es machen.«

Tropische Regenwälder in Asien, Afrika und Südamerika faszinieren Wissenschaftler und Laien gleichermaßen seit Langem mit ihrer aufregenden, überwältigenden Vielfalt an Leben. Die Biodiversität und der Artenreichtum an höher entwickelten Tieren in Borneos tropischem Regenwald am Äquator sind so groß wie nirgendwo sonst auf der Welt. Wie am Amazonas gibt es eine atemberaubende Bandbreite an fantastischen kleinen, ja winzigen Kreaturen, die sich auf jedem Quadratzentimeter der üppigen grünen Pflanzenwelt tummeln. Borneos Regenwälder wachsen jedoch doppelt so hoch wie jene in Südamerika: Die Dipterocarpaceen, Flügelfruchtgewächse, werden so hoch wie Mammutbäume. Auch die größte Blume der Welt, die Rafflesia, die einen Durchmesser von einem Meter erreicht und nach faulendem Fleisch stinkt, gedeiht dort. Lianen – holzige Ranken, so dick wie Kiefernstämme – hängen von Bäumen, die durch hohe Brettwurzeln Halt im Boden finden. Bauchige, fleischfressende Kannenpflanzen sind in spektakulärer Mannigfaltigkeit vertreten. Einige von ihnen sind darauf spezialisiert, Vogelkot zu fangen, andere locken Ratten und Frösche in ihre tödlichen Fallen, und wieder andere mit prosaischerem Geschmack ernähren sich von Ameisen und Fliegen.

Im Unterschied zum südamerikanischen Dschungel, wo es nur wenige große Tierspezies gibt, leben auf Borneo Zwergelefanten, kleine Sumatra-Nashörner und sogar Wildrinder, genannt Banteng, und wie am Amazonas große und kleinere Katzenarten. Doch während die Tropen der Neuen Welt nur den bekannten Weißwedelhirsch vorweisen können, sind es auf Borneo fünf Arten, angefangen beim Hirschferkel, das kaum größer als ein Hase ist, bis zum elchgroßen Sambarhirsch. Der eigentümliche Muntjakhirsch mit seinen aus dem Maul ragenden Eckzähnen bellt gar wie ein Hund. Neben acht Affenarten sind auch niedere Primaten hier zu Hause, darunter der faustgroße Koboldmaki, der mit seinen fremdartig wirkenden, überdimensionierten Händen Insekten fängt, und der nachtaktive Plumplori, ein kleines bärenartiges Tier, das sich von Früchten ernährt. Am bekanntesten sind Borneos Kleine und Große Menschenaffen: der akrobatische Gibbon und der siebzig Kilo schwere Orang-Utan. Weniger berühmt sind die vielen Arten von »fliegenden« Hörnchen, Gleitfliegern, Flugdrachen, Flugfröschen und sogar fliegenden Schlangen, die sich alle gleitend von Baum zu Baum bewegen. Diese Wunder und noch weitere leben auf einer Insel, die halb so groß ist wie Alaska. Eine Reise nach Borneo ist eine Reise auf einen anderen Planeten.

Das erste Mal kam ich nach Borneo auf Einladung von Tim Laman, damals im Graduiertenstudium in Harvard. Wir hatten uns auf einer internationalen Konferenz zur Baumkronenforschung kennengelernt und uns dank unseres gemeinsamen Interesses an Wissenschaft, Abenteuer und dokumentarischer Fotografie auf Anhieb gut verstanden. Tim, ein großer, schnauzbärtiger Rotschopf, forschte an Würgefeigen in den Baumkronen Borneos, und als er vorschlug, an seinem Forschungsstandort im GP zusammen die Würgefeigen zu erklettern, ergriff ich die Gelegenheit. Er faxte mir die Kopie einer ausgeblichenen Wegbeschreibung. Zehn Tage benötigte ich, um im Dezember von Anchorage mit Station in einem malariaverseuchten Dorf namens Teluk Melano nach Cabang Panti zu gelangen. In Melano heuerte ich zwei Einheimische an, die mich in einem Sampan in den GP zu Tim paddelten. Wir, zwei junge Baumkronenforscher am Beginn ihrer Karrieren, kletterten auf Bäume, machten Fotos und protokollierten unsere Beobachtungen in den Wäldern, Bergen und Sümpfen. Jeden Tag erwachten wir zu den fröhlichen Guten-Morgen-Ständchen der Gibbon-Familien. Wir sahen Orang-Utans zu, die an ihren handgleichen Füßen kopfüber herunterhingen und stundenlang wild wachsende Durians verspeisten, dann probierten wir selbst die köstliche Frucht. Und natürlich klaubten wir Hunderte Landegel von unserer Kleidung ab, manchmal auch – blutgefüllt – von unserer Haut. Obwohl sie lästig waren, hielten uns die Blutsauger nicht davon ab, Tag für Tag auf der Suche nach neuen Entdeckungen loszuziehen.

Diese Reise und die Zeit, die ich mit Tim verbrachte, war das überwältigendste Tropenerlebnis, das ich je hatte. Der gesamte Wald trug Früchte – Hunderte Arten von Bäumen, Lianen und Krautgewächsen – während eines seltenen und unregelmäßigen Mastjahrs und barg mehr Spezies an Wirbeltieren und wirbellosen Kreaturen, als ich je an einem Ort gesehen hatte. Einer der Höhepunkte war eine Nacht, fünfzig Meter hoch in einem Früchte tragenden Zweiflügelfruchtbaum, meine Hängematte über einen krähennestartigen, drei Meter breiten Orchideenepiphyten gespannt, der sich um den Stamm wand. Dutzende handgroße Blüten wurden von daumengroßen Hummeln bestäubt. In dieser Nacht fiel Tau, aber kein Regen. In der Morgendämmerung schmolz die aufgehende Sonne den durchsichtigen Dunst dahin, der an den Regenwaldriesen haftete. Aufgeweckt vom löwengleichen Brüllen eines großen Orang-Utan-Männchens, wurde mir klar, dass auch Peggy und die Kinder Borneo erleben mussten.

Wie erwartet, waren sie von der Natur dieser Insel fasziniert. Ein Nasenaffe von der Größe und Farbe eines Rehkitzes zupfte in der Krone einer eichenartigen Mangrove an Blättern. Unter ihm krabbelte ein Schlammspringer über den Morast, das Maul in seinem bauchigen Kopf zum »Landtauchgang« gefüllt mit Wasser. Buchstäblich wie ein Fisch auf dem Trockenen hievte der Schlammspringer seinen Körper mithilfe seiner Flossen nach vorne und wirkte dabei wie ein primitiver Tetrapode aus dem Perm. Zu Hause durchstreifte ein zweieinhalb Meter langer Waran wie eine Dinosaurierschlange unsere Hütte und erzüngelte mit seiner langen, blauen und gespaltenen Zunge die Luft, nur Schritte von den Tischen und Stühlen, wo wir an verregneten Nachmittagen nach dem Mittagessen Yatzy spielten.

Pflichtbewusst notierten die Kinder derlei wundersame Ereignisse in ihre Tagebücher. Roman hatte in Singapur den Anfang gemacht, als er lauthals vermerkte: »Kaugummi ist illegal!« In Kuching, der Hauptstadt des malaysischen Bundesstaats Sarawak, probierte er Durian und Mangostane, den König und die Königin der Früchte in Alfred Russel Wallaces *Der Malayische Archipel*. Seine abweichenden Reaktionen fasste er in winziger Schrift zusammen:

> *Hab eine Mangostane gegessen und was Schlimmeres als Rosenkohl probiert! Eine Durian! Igitt! Die Mangostane sieht aus wie eine riesige Blaubeere. Man muss sie aufquetschen, um an das Fleisch zu kommen! Es ist die beste Frucht, die ich je probiert habe. Es war wie eine Orange oder ein gelbes Starburst mit scharfem Geschmack.*

Neben besonderen Geschmackserlebnissen und Sehenswürdigkeiten sammelten wir auch neue Eindrücke in der Tier- und Pflanzenwelt. Am Rand eines Stadtparks entdeckte Jazzy in einem Baum einen Flugdrachen. Wie die Anolis, die wir aus Puerto Rico kannten, ist der Flugdrache eine Baumechse, die ihre bunte Kehlfalte aufblasen kann, um Revierrivalen herauszufordern. Anders als Anolis jedoch – und einem Drachen ähnlicher – besitzen Flugdrachen Flügel und können durch die Luft *gleiten*. Ich hob einen Klumpen Erde auf und warf damit nach der braunen Echse, die daraufhin zu Boden fiel.

Ich eilte zu der Stelle, um das benommene, aber unverletzte Tier aufzuheben. Zu viert inspizierten wir eine zarte, feingliedrige Echse, auf deren Rücken sich die Farbe und das Muster einer flechtenüberzogenen Baumrinde abzeichneten. Hinter einer stumpfen Nase saßen aufmerksame Augen, die uns ruhig, aber misstrauisch beobachteten. Sanft breiteten wir die Flügel aus, die sich auf beiden Seiten des Echsenkörpers über sechs Rippen erstreckten und an ihren Unterseiten hellblau und schwarz gefleckt waren. Die dünne Flugmembran, die das Gleiten ermöglichte, spannte sich so breit, wie die Echse lang war, und füllte den Raum zwischen Vorder- und Hinterbeinen aus. Wir waren wie verzaubert, ein solch exotisches und kurioses Tier in Händen zu halten: einen Flugdrachen.

Als Experiment zum Thema Tierverhalten wollten wir ihn nun auch fliegen sehen. Sachte warf ich den Flugdrachen drei Meter in die Luft. Am höchsten Punkt öffnete er seine Membran und glitt sechs Meter weiter sicher auf die Rasenfläche herunter.

Wir blickten uns an. »Wow!«, riefen beide Kinder und rannten zu der Echse, die im Gras hockte.

Roman nahm sie auf und warf sie erneut hoch. Am Scheitelpunkt breitete die Echse ihre Flügel aus und landete wie ein Papierflugzeug abermals auf dem Rasen.

Roman jauchzte vor Vergnügen und drehte sich zu mir. Seine Zähne blitzten in einem hingerissenen Lächeln: »Cool!«

»Dad«, sagte Jazzy, »das ist gemein! Lasst ihn gehen.«

»Dann komm, Jazzy, lass du ihn gehen. Du hast ihn gefunden. Wirf ihn einfach hoch in die Richtung seines Baums, dann kann er nach Hause fliegen.«

Auch Jazzy warf ihn sachte in die Luft, diesmal auf den Baum zu, wo sie ihn entdeckt hatte. Der Flugdrache glitt in einem Bogen auf den Stamm zu, zog dann im Anflug die Nase hoch, hing einen Moment in der Luft und landete dann abrupt, um sofort auf die Rückseite des Stamms zu flitzen und sich vor der Menschenfamilie zu verstecken, die ihm ohne Zweifel einen Schrecken eingejagt hatte.

Später klaubten wir noch harmlose Ameisen auf, die so groß wie Jazzys Daumen waren, und eine brummende Zikade, so groß wie ihre winzige Faust, ihr Saugrüssel so lang wie ihr kleiner Finger. Wir fingen Fische, die wir bislang nur aus Süßwasseraquarien kannten, und ließen sie wieder frei, fütterten Kannenpflanzen mit Käfern, ließen uns von einer neonblauen Winkerkrabbe zwicken, brachen eine Myrmecodia auf, eine Ameisenknolle, und beobachteten, wie die sie schützenden Ameisen aufgeregt hin und her rannten, probierten ein Dutzend unbekannte Früchte und Gerichte aus drei Ländern. Die unangenehme Hitze, die Feuchtigkeit und die an manchen Stellen üblen Gerüche wurden durch die neuen Entdeckungen, Düfte und Geräusche mehr als wettgemacht.

Begierig auf mehr, drangen wir tiefer ins Herz Borneos vor.

7
Gunung Palung

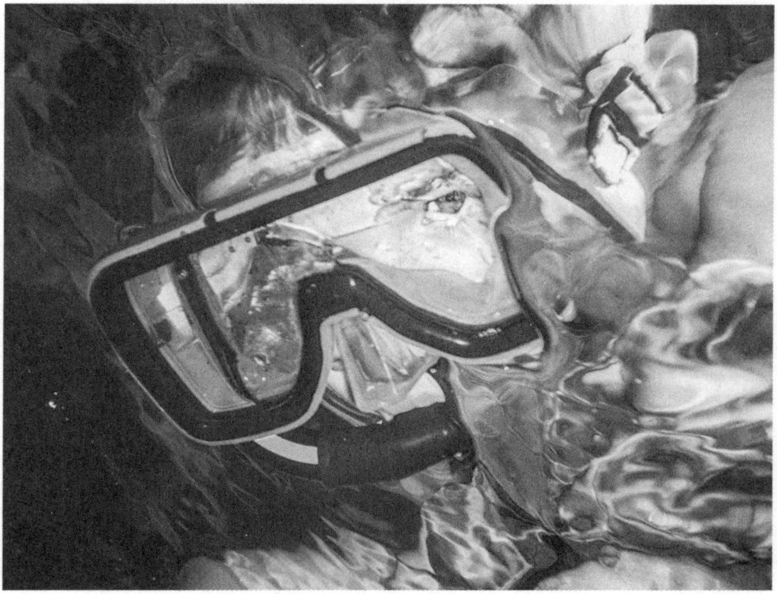

Cody Roman beim Schnorcheln in Gunung Palung, 1996.

Einen Tag, nachdem Peggy mich überzeugt hatte, wir sollten weiter nach GP fahren, kamen wir in Kalimantan an. Es gab keine Autos und wenige Motorräder; die meistbenutzten Gefährte waren Fahrräder. Bis zu drei Leute befanden sich auf einem einzigen Rad, aber die überwiegende Mehrzahl der Menschen war zu Fuß in Flip-Flops oder barfuß unterwegs. Wir stellten fest, dass wir als Familie vorwiegend freundlich aufgenommen wurden, die Leute waren hilfsbereit und kontaktfreudig. Aber niemand sprach hier auf dem Land, wo die

Menschen in einfachen palmgedeckten Pfahlbauten lebten, Englisch.

Nachdem wir das hundert Meilen breite Delta des Kapuas im Flussboot überquert hatten, warteten wir an einer Piste auf einen Minibus. Unsere Kinder saßen geduldig auf unseren Reisetaschen. Als der Minibus kam, versammelten sich bestimmt fünfzig Leute um die Kinder. Weiße waren hier selten, erst recht weiße Kinder. Zuerst gefiel den beiden die Aufmerksamkeit, aber bald hatten sie genug. Die Leute konnten es schlichtweg nicht lassen, die blonden, blauäugigen Kinder anzufassen.

Als wir Teluk Melano erreichten, stiegen wir in einem Gästehaus am Fluss ab. Die Anopheles-Mücken, die Malaria übertragen, tauchen nach Einbruch der Dunkelheit auf und bleiben bis zum Morgengrauen – deshalb rieben wir uns abends mit Insektenschutzmittel ein und zogen langärmelige Oberteile an, dann kletterten wir für die nächsten zwölf Stunden unter unsere Moskitonetze. Peggy spürte jede Mücke auf, die hineingelangte, und tötete sie. Ich nahm jede Woche Medikamente gegen Malaria ein und konnte daher, wenn nötig, unter dem Moskitonetz hervorkommen. Die Kinder und Peggy hingegen wollten die Tabletten nicht schlucken, sie fürchteten die neurologischen Nebenwirkungen der Prophylaxe. Und sobald wir die Wildnis von GP erreicht hätten, wäre das Risiko, sich eine Tropenkrankheit zuzuziehen, gering, da die Moskitos normalerweise nur Parasiten von infizierten Menschen in sich tragen. Ländliche Gebiete sind am gefährlichsten; Wildnis und Städte weniger.

Es gab kein fließendes Wasser in Melano. Stattdessen nahmen wir *mandis*, indem wir uns mit kaltem Wasser aus einer Regentonne übergossen, um uns den Schweiß von unseren klebrigen Körpern zu waschen. Am Äquator ist das *mandi* die beste Art, sich in der drückenden Hitze zu erfrischen.

Vom fernen Harvard aus hatte Tim unsere Fahrt bis zu dem kleinen Dorf am Waldrand, flussabwärts von Cabang Panti, organisiert. Dort, in der letzten Siedlung vor der Parkgrenze, langten zwei sehnige Männer auf den Grund des Flusses und zogen ein versunkenes

Sampan heraus. Peggy sah mich mit großen Augen an, ihr Lächeln war verschwunden.

»Sie lassen es unter Wasser liegen, um zu verhindern, dass das Holz bricht. Das Boot wird schwimmen«, beruhigte ich sie.

Während die Bootsmänner das Wasser aus dem langen schmalen Einbaum leerten, zogen unsere Kinder die übliche Schar Neugieriger an. Die Dorfbewohner teilten aber ihre roten Rambutans mit uns, eine süße, stachelige Frucht, die Roman und Jazz liebten. Wir packten unser Gepäck in einen Lastenkahn mit zwei weiteren Bootsmännern, stiegen zu unseren Ruderern und zogen ab. Es schaukelte im Boot, auch bot der Kahn kaum Freiraum, die Sitze waren aus Hartholz. Da wir zu große Angst hatten, ins Wasser zu fallen, falls wir uns bewegten, saßen wir stundenlang still, sodass wir unsere Hintern kaum noch spürten.

Anfangs wand sich der Fluss an dornigen, palmartigen Schraubenbäumen vorbei, deren verzweigte Stelzwurzeln aus dem tiefen schwarzen Wasser ragten. Wir waren hier nicht allein. Knorrige Männer mit Lendenschurzen und zerschlissenen weißen Shirts stakten Flöße aus Baumstämmen, die mit Rattan zusammengebunden waren.

Die Abholzung in Borneo erreichte ihren Höhepunkt Ende der Neunzigerjahre. Während unserer Besuche in den folgenden fünfzehn Jahren verschwanden die scheinbar endlosen Wälder Borneos, so wie hundert Jahre zuvor der Büffel im amerikanischen Westen fast ausgestorben war. Statt zu sehen, wie Rinder Büffel ersetzten, beobachteten wir, wie Ölpalmplantagen den Regenwald austauschten.

Selbst der Nationalparkstatus des GP mit seiner renommierten Forschungsstation in Cabang Panti und die Medienaufmerksamkeit durch *National Geographic* konnten das Vordringen der Holzfäller nicht verhindern. In den Nullerjahren, als die größten Wälder außerhalb der Parkgebiete von Kalimantan verschwunden waren, bezahlten indonesische Militärführer Einheimische mit Kettensägen dafür, dass sie die riesigen Flügelfruchtbäume des GP fällten und verkauften. Dokumentarfilmer, die nach Cabang Panti kamen, um über die Orang-Utans zu berichten, waren gezwungen, die Holzfäller zu bestechen, damit diese während der Filmarbeiten die Kettensägen ruhen ließen.

Aber 1995 waren im Urwald noch keine Motor- und Kettensägen zu hören. GP war noch ein unberührtes Paradies. Wir tranken ohne Bedenken das Wasser aus dem Fluss, das kühl, sauber und frisch aus dem Gunung Palung, dem Berg, nach dem der Park benannt war, strömte. Das Nebeneinander von schroffen Bergen und flachem Regen- und Torfwald bescherte der Gegend eine außergewöhnlich reiche Fauna, besonders Borneos Nasenaffen, Gibbons und Orang-Utans.

Während wir in unserem überlasteten Sampan flussaufwärts fuhren, sangen die Kinder Lieder, sehr zur Freude der Bootsmänner, die mit kurzen Schlägen unermüdlich gegen die Strömung paddelten. Über Mittag beschwerten sich Peggy und Roman, dass es sich gar nicht wie Borneo anfühlte. Aber als das Blätterdach des Waldes sich endgültig über unseren Köpfen schloss, kamen wir an einem Gibbon-Trio vorbei, gut sichtbar, keinen Meter entfernt in einem Gewirr von Zweigen und Lianen.

Die langarmigen kleinen Affen waren so nah, dass wir kein Fernglas brauchten, um ihre flinken Turnübungen zu beobachten. Sie schwangen sich schnell durch die niedrigen Wipfel, hingen lässig an ihren übergroßen Fingern, während sie die Beine baumeln ließen wie zappelige Kinder an einem Klettergerüst. Roman und Jazz waren überzeugt, dass sie Saltos geschlagen hatten.

Stunden später verengte sich der Fluss auf anderthalb Meter. »Fühlt es sich jetzt wie Borneo an?«, fragte ich.

»Ja!«, antworteten Peggy und Roman, während wir durch einen dunklen Wald fuhren, wo Baumwurzeln wie schmutzige Wischmopps im Wasser lagen und lange Farnblätter über ausladende Äste hingen. Mitunter ragten gefallene Bäume ins Wasser und zwangen uns, auszusteigen und das Gepäck zu tragen, während die Bootsmänner das Boot unter den Ästen hindurchschoben. »Die Bäume sind so groß und alt, dass sie weise aussehen«, bemerkte der junge Roman, während er durch einen Wald kraxelte, der noch nie eine Axt oder Säge gesehen hatte.

Nach acht Stunden erreichten wir Cabang Panti. Als Roman aus dem Boot sprang, entdeckte er sogleich einen schwarz glänzenden, dreißig Zentimeter langen Tausendfüßer. Er sah aus, als stammte er aus dem Karbon vor 300 Millionen Jahren.

»Dad, kann ich ihn anfassen?«

Dieselbe Frage hatte ich Tim ein Jahr zuvor gestellt, ich wiederholte also dessen Antwort: »Ja, er ist harmlos.«

Als das ellenlange Tier über Romans Arm kroch, bewegten sich seine vielen Beine in einer faszinierenden Welle, die ihn kitzelte. Mit zusammengekniffenen Augen erkannte er: »Guck mal, er hat an jedem Segment zwei Beinpaare!«

Das Lager war fünfzehn Minuten vom Anleger entfernt. Um es zu bauen, waren keine Bäume gefällt worden, deshalb betrug die Luftfeuchtigkeit fast hundert Prozent, vierundzwanzig Stunden am Tag. Konstante Wärme, Feuchtigkeit und Schatten hinterließen auf allem Schimmel, was nicht wenigstens ein paar Minuten täglich in der Sonne gelüftet oder vor der Feuchtigkeit geschützt wurde. Direkt nach dem Aufstehen packten wir unsere Betttücher in wasserdichte Taschen – die Art, die man auch auf Wildwasserfahrten benutzt –, um unsere Decken und Kleider trocken zu halten, damit wir in der folgenden Nacht gut schlafen konnten.

In der ersten Nacht war Peggy von unserer Unterkunft entsetzt gewesen. Wir gelangten kurz vor Einbruch der Dunkelheit zu der Hütte am Flussufer mit moderigen Matratzen und morschem Holzboden. Die Bedingungen bedrückten sie und Jazzy, aber Roman faszinierten die über zwei Zentimeter großen Ameisen, die handtellergroßen Spinnen und andere Insekten, die die heruntergekommene Behausung übernommen hatten. Wir zogen am nächsten Tag in eine sauberere, trockenere Hütte um, sodass Peggy die Unannehmlichkeiten der vorherigen Nacht schnell vergaß.

Auf unserer ersten Wanderung im GP entdeckte Roman eine Orang-Utan-Mutter mit Baby, die hoch oben in einem Baum Feigen aßen. Wir reichten eine Stunde lang das Fernglas herum, bis sie uns mit ihrem »Kussschmatzen« warnte und wir uns verzogen. Zurück in unserem Lager beobachteten wir ein ein Meter langes Riesenhörnchen, wie es in einer Baumkrone herumsprang. Und etwas weiter huschte ein buckeliges Kleinkantschil über den Weg. Der winzige Paarhufer erinnerte mit seiner Statur und seinen Bewegungen an ein Marschkaninchen. Wir sahen uns seine Spuren im matschigen Boden an: paarhufige Abdrücke in der Größe meines Daumennagels.

Später kletterte Roman in eine dreißig Meter hohe Würgefeige. Der Wirtsbaum war abgestorben und inzwischen verrottet, sodass die Würgefeige als natürliche Rundleiter übrig geblieben war. In zwei Meter Höhe auf der Feigenleiter entdeckte Roman einen Ruderfrosch. Als er seinen Arm ausstreckte, um den rötlichen Frosch zu fangen, hüpfte der weg und segelte mit weit gespreizten Zehen davon, sodass seine riesigen Flughäute zum Vorschein kamen. Er flog sogar in einem Bogen zurück, um unter Roman wieder zu landen.

»Boahh!«, rief Roman überrascht. »Dad! War das ein *fliegender Frosch?*«

»Ja! Tolle Entdeckung, Rome! Ich habe noch nie so einen gesehen!«

Auf einem Ausflug zu einem nahe gelegenen Wasserfall entdeckte Roman einen anderen einzigartigen Frosch, einen Winkerfrosch, einen Rock Skipper. Dieser Frosch, der nur auf Borneo vorkommt, hockt auf schlammigen Felsvorsprüngen, nachdem er wie ein flacher Kiesel, der über einen ruhigen Teich geworfen wird, über das Wasser gehüpft ist. Irgendwie fing der Junge einen. Aufgeregt zeigte er mir dessen smaragdgrüne Haut und die himmelblauen Haftscheiben seiner Zehen. Anschließend kletterte Roman zu einem tiefer gelegenen Wasserloch hinunter, und ich folgte ihm.

Über einem niedrigen Wasserfall lief er absichtlich über glitschige Steine. Ich verstand seine Begeisterung, hatte aber auch Angst um ihn. Wenn er stürzte, konnte er sich etwas brechen, sich die Haut abschürfen oder schneiden, was zu einer schlimmen Infektion führen konnte. Ich wollte ihn warnen und rufen: »Sei vorsichtig!« Stattdessen lobte ich ihn für seine guten Kletterkünste. Alle Eltern kennen dieses Schwanken zwischen Sorge und Stolz, wenn ein Kind nach Unabhängigkeit strebt.

Die sechsjährige Jazzy erwies sich als sportliches Naturtalent mit einem gesunden Risikobewusstsein. Es war eine Freude, ihr zuzusehen: Dieses flachsblonde Mädchen sprang behände von Fels zu Fels. Wenn wir unsere Hilfe anboten, sagte sie: »Brauch ich eigentlich nicht, aber für alle Fälle« und legte bei rutschigen, abschüssigen Stellen ihre kleine Hand in unsere.

Die Gefahren der Natur – Bären im Wald, umgeknickte Bäume im Dschungel, Lawinen in Schneeregionen, Stromschnellen im Wildwasser – sind bei allen Eltern, die mit ihren Kindern im Freien unterwegs sind, Anlass zu Befürchtungen. Wir waren da keine Ausnahme. Auf einer Wanderung im Regen sahen wir einmal, wie ein riesiger Ast von hoch oben auf den Boden krachte. Der Anblick, das Geräusch und der Schaden waren erschreckend. Wir untersuchten den von Orchideen und Farnen bedeckten Ast, der einen Durchmesser von rund dreißig Zentimetern hatte. Es schien am sichersten, weitere Regengüsse neben großen, starken Baumstämmen abzuwarten, so wie bei einem Erdbeben ein stabiler Türrahmen Zuflucht bietet.

Regen bestimmte unseren Tagesablauf. Kamen wir nach unseren Erkundungen vormittags verschwitzt ins Camp zurück, zogen wir uns trockene Sachen an. Regnete es den ganzen Nachmittag, lasen wir, während die Kinder Tagebuch schrieben und ihre Rechenkünste übten, indem sie Yatzy spielten. Bei Sonnenschein verbrachten wir den heißesten Teil des Tages am Bach. Die Kinder gruben kleine Tümpel in den warmen Sand, um die Fische, die sie mit Keschern fingen und »Nadelnasen« oder »Zehenknabberer« nannten, besser beobachten zu können.

»Daddy!«, schrie Jazz freudig. »Guck dir den Fisch an! Das Wasser ist nicht so tief, es reicht mir nur bis hier!« Roman schnorchelte um seinen »Hindernisparcours« aus versunkenen Baumstämmen und Sandbänken. Vor einer Kulisse aus urwüchsigen Pflanzen sahen Peggy und ich unseren Kindern beim Spielen im kühlen Wasser zu. Wir kamen uns vor wie im Paradies.

Abends krochen wir unter unsere Moskitonetze. In der Wildnis waren wir zwar vor Malaria und Denguefieber sicher, aber es gab viele stechende und beißende Insekten. An den meisten Abenden freuten wir uns aber über unsere »Dinnergäste«: seltsame, wunderbare und oft riesige Insekten, die, angezogen von der einzigen elektrischen Lampe, in die Speisehütte geflogen kamen. Roman entdeckte eine Motte, die aussah wie ein Skorpion, wenn sie bedroht wurde. In seinem Tagebuch hielt er fest:

> *Ich hab bei einem Unwetter eine Motte gesehen. Als ich sie geärgert habe, hat sie ihre Flügel ausgebreitet und ihren Unterleib angehoben, als ob sie einen Stachel hätte. Auf ihrem Kopf haben sich Kegel hervorgewölbt. Und der Pelz auf ihren Beinen hat sich gesträubt. Das war cool!*

Einmal brachte ich Peggy und den Kindern einen Leuchtpilz, um sie abends nach draußen zu locken. Wir machten unsere Stirnlampen aus, schlossen die Augen, damit unsere Pupillen sich weiteten. Dann öffneten wir sie und sahen den biolumineszenten Pilz in der Dunkelheit grün leuchten. Ich notierte Romans poetische Beschreibung in meinem Tagebuch: »Sie sehen aus wie Pfützen, in denen sich der Abendhimmel spiegelt, bloß kannst du die Pfütze aufheben, das Licht anknipsen und erkennst, dass du ein vermoderndes Blatt, auf dem ein kleiner Pilz wächst, in der Hand hältst.«

Cabang Pantis Hauptgebäude diente als Vorratskammer, Küche, Speisezimmer und Versammlungsraum. Auf einer Handvoll Regalbrettern stand eine bescheidene Sammlung von Nachschlagewerken, Naturführern und Ordnern mit kopierten Fachaufsätzen. Wie alle anderen Hütten waren die Bücher der feuchten Waldluft ausgesetzt, es gab keine Klimaanlagen, Wände oder auch nur eine Abschirmung. Die Buchseiten waren feucht, weich und moderig. Abends huschte eine Vielzahl bunter Kakerlaken über die Einbände. In einige der dickeren Bände hatten Termiten Tunnel gefressen. Ich ließ mich davon nicht abschrecken, las die muffig riechenden Seiten und machte mir Notizen, um mein neu gewonnenes Wissen mit Peggy und den Kindern zu teilen. Es war aufregend und bereichernd, solch einen wunderbaren Ort mit eigenen Augen zu sehen und zugleich aus Büchern und Artikeln mehr über ihn zu erfahren.

Jeden Tag nutzten wir das Netz an Pfaden, die das Forschungsgebiet durchzogen, um die Torfwälder und Bäche zu erkunden. An einem Tag kletterten wir auf den Batu Tinggi: den Gipfel des Gunung Palung, Felsen, die von hellgrünem Torfmoos, gewundenen Kannenpflanzen und violetten Blumen bedeckt waren. Der Nebelwald, voll mit feuchten Moosen und Flechten, war überraschend kühl, und seltsamerweise war kein Vogelgesang zu vernehmen. Leider war er voller Blutegel, die es darauf abgesehen hatten, unseren Lebenssaft aufzusaugen.

Hinter dem Batu Tinggi lief ich weiter, um einen Kompass zu holen, den ein GP-Forscher liegen gelassen hatte. Peggy und die Kinder stiegen ohne mich hinab. Als ich sie im strömenden Regen wieder eingeholt hatte, war Roman an der Spitze. Wir freuten uns, wieder beisammen zu sein, obwohl wir nur eine Stunde getrennt gewesen waren. »Roman hat das ganz super gemacht. Er ist so mutig, hat die ganzen Spinnennetze für mich entfernt und ist gut vorangekommen. Manchmal war der Weg kaum erkennbar, aber er hat uns perfekt geführt«, berichtete Peggy.

Roman führte uns im Regen noch eine Stunde weiter. Er verlor nur manchmal die Orientierung, wenn ein Baum den Weg versperrte. Ich fragte ihn, was ihm am besten gefiel, was er am tollsten am Dschungel fand.

»Am tollsten? Alles!« Roman zeigte das starke, angeborene Interesse an der Natur, das fast alle Kinder zu haben scheinen. »Ich mag es, dass der Dschungel nie still ist. Es gibt immer irgendein Lebewesen, das Krach macht.«

Wenn Puerto Rico Romans Faszination für die Tropen begründet hatte, dann zementierten die vier Reisen, die wir nach Borneo unternahmen, als er ein Kind, Teenager und junger Mann war, diese Faszination. Ein Dutzend weiterer Reisen ins tropische und subtropische Australien, nach Costa Rica, Mexiko, Hawaii und Bhutan führten ihn schließlich – vielleicht zwangsläufig – nach Mittelamerika für sein größtes Abenteuer überhaupt.

8
Dschungel und Eis

Roman und Jazz auf dem Harding Icefield, 2001.

Die meisten Eltern möchten unabhängige, fähige Kinder großziehen, die auch später noch Zeit mit ihnen verbringen wollen. Auf die wahre Probe gestellt wird die Erziehung während der Pubertät, wenn sich der Nachwuchs wie ein zweijähriges Kleinkind im Körper eines Erwachsenen verhält. Die Kinder werden verschlossen und erkunden außerhalb der Familie Beziehungen, die tiefer gehen als Sandkastenfreundschaften. Roman war in dieser Hinsicht exemplarisch, fand aber glücklicherweise dennoch Zeit für mich. Als er ins Teenageralter kam, hatten unsere gemeinsamen Reisen bei ihm ein solides Fundament gelegt, was Verhalten, moralische Grundsätze und Fertigkeiten anging, die ihn zu einem nützlichen Forschungsassistenten und fachkundigen Abenteuerpartner hatte werden lassen.

Als Freshman, als Schulanfänger in der Highschool, half er mir 2001 zwei Monate im Danum Valley Field Center auf Borneo. Während ich zwischen einem und sechzig Meter über dem Boden an Seilen baumelte und mit einem zehn Kilo schweren chemischen »Vernebler« Tausende Insekten in Sammelbehälter beförderte, lernte Roman von einem Cambridge-Absolventen mit Namen Ed Turner, diese Insekten zu bestimmen. Zu Klängen von Radiohead aus Lautsprechern, die an einen iPod angeschlossen waren, schauten sie dann im klimatisierten Labor von Danum durch Mikroskope und trennten Eds Untersuchungsobjekte in Gruppen wie Coleoptera (Käfer), Diptera (Zweiflügler), Hymenoptera (Hautflügler) und andere.

Zu Hause in Anchorage assistierte mir Roman mit meinen 14000 Insekten, wie er auch schon Ed bei seinen geholfen hatte. Wir platzierten uns gegenüber am Esstisch und stellten Seziermikroskope auf. Als wir eines Samstagnachmittags gebeugt über Linsen und Datenblätter dasaßen, sagte er: »Wenn ich mir die Insekten so betrachte und diese ganze Vielfalt sehe, fühle ich mich wieder in den Regenwald versetzt. Guck dir nur mal diese als Ameise getarnte Gottesanbeterin an. Sie sieht genauso aus wie eine Ameise!«

Als die Forschungsergebnisse einige Jahre später veröffentlicht wurden, entdeckte Roman seinen Namen in den Danksagungen zu einem Artikel im Wissenschaftsmagazin *Biotropica* mit dem Titel »Arthropodenvielfalt, Baumkronenstruktur und Mikroklima in einem tropischen Tieflandregenwald auf Borneo« von Ed Turner, zwei anderen Kollegen aus Cambridge und mir. Roman und Jazz fanden außerdem Erwähnung in »Räumliche Verteilung und Häufigkeit von roten Schneealgen auf dem Harding Icefield, Alaska, anhand von Satellitenaufnahmen« in den *Geophysical Research Letters*.

Verantwortlicher Wissenschaftler für den Artikel über die Schneealge war ein japanischer Forscher namens Shiro Kohshima, der von Orang-Utans im Dschungel bis zu Mikroben auf Gletschern schon alles Mögliche untersucht hatte. Er führte eine Gruppe japanischer Forscher auf das Harding Icefield, eine 700 Quadratmeilen große Eiskappe in den Kenai Mountains, um die einzelligen Algen zu untersuchen, die im Sommer die immensen Schneeflächen rot einfärbten. Neben den Schneealgen galt ihr Interesse auch einem zweieinhalb Zentimeter langen Ringelwurm, dem Eiswurm, der sich von den Algen ernährt. Die Japaner luden mich 2001 als wissenschaftlichen Mitarbeiter ein, an dem Projekt teilzunehmen.

Meine Aufgabe bestand darin, auf dem Harding Icefield Proben der Schneealgen zu sammeln und Eiswürmer zu zählen. Ich nahm beide Kinder mit, Roman, vierzehn, und Jazz, zwölf, die mich auf Skiern begleiteten. Zu dritt kartierten wir an einem Wochenende im August 2001 den roten Schnee und zählten Eiswürmer entlang einer fünfundsiebzig Meilen langen Schleife.

Die Skitour im Gletschergebiet, mit Eis und Schnee so weit das Auge reichte, fühlte sich an wie ein Zeitsprung zurück ins Pleistozän. In seinem Zentrum umringt das Eisfeld Berge, genannt *nunataks*, ein Begriff der kanadischen Inuit für »Land, das von Eis umgeben ist«. Die meiste Zeit des Tages zogen wir einen Schlitten voll mit Ausrüstung hinter uns her, schlugen früh unser Lager auf und vertrieben uns die Zeit mit dem Hin- und Herwerfen eines ringartigen Frisbees, bis in der Abenddämmerung die Eiswürmer herauskamen. Der Frisbee-Ring wurde dann zum Vermessungsrahmen für unsere Zählung. In der Kühle des Abends kuschelten sich Jazz und Roman in ihre angenehm warmen Schlafsäcke im Zelt, wo Jazz die Anzahl an Eiswürmern notierte, die ich ihr zurief. Wir fanden heraus, dass die größte und variantenreichste Population von Eiswürmern auf den Algenfeldern weiter unten lebte. Höher zum Gipfel hin gab es keine Würmer (und keine Algen), dazwischen fanden wir nur einzelne lange Würmer, die auf einer Art Mission unterwegs zu sein schienen. Wie üblich warfen unsere Entdeckungen mehr Fragen auf, als dass sie Antworten lieferten.

In den beiden ersten Nächten auf dem Eisfeld kampierten wir an einer Stelle, an der sich drei Gletscher in drei Richtungen ausbreiteten. Am Rand davon, mit den Skiern eine Stunde entfernt, hatten die Japaner ihr Lager. Südlich von uns zeigte das Harding Icefield sein eigentliches Gesicht: flach, konturlos, blendend weiß, entfernte Nunataks als einzige Orientierungspunkte. Mitunter fegen mächtige Polartiefs aus dem Golf von Alaska mit Geschwindigkeiten von weit über hundert Stundenkilometern über das Eisfeld. Solche Stürme kommen meistens nachts und folgen auf einen Regentag.

Es hatte den ganzen Tag geregnet. Wir verkrochen uns in unserem großen Kuppelzelt, spielten Rommé und Yatzy, tranken Kakao und schlugen die Zeit tot. Roman hänselte Jazz. Die Geschwister waren sich immer nah, aber weil seine Schwester ihn im Kartenspiel geschlagen hatte, setzte er seine scharfe Zunge ein, um den Punktestand auszugleichen.

Die japanischen Wissenschaftler tauchten auf, um nach Eiswürmern zu bohren und herauszufinden, wo in der Schneedecke die nachtaktiven Tiere den Tag verbrachten. Während die Japaner durch den Schnee ins Eis bohrten, stand ich vor dem Zelt im Wind und dem Regen und lauschte dem Kichern und den Sticheleien der Kinder.

Koshima zog einen massiven, ein Meter langen Block blaues Gletschereis heraus. An dessen unteren Ende befand sich ein lebendiger Eiswurm. Wir konnten uns nicht erklären, wie er dorthin gekommen war. Vielleicht war er haarfeinen Rissen gefolgt oder hatte mithilfe einer besonderen Drüse den Weg irgendwie freigeschmolzen. Wir hatten keine Erklärung und notierten das Rätsel in unsere gelben, wasserfesten Feldbücher. Nachdem die Japaner später in Richtung ihres Lagers abgezogen waren, nahm der Wind zu. Kräftige Böen unterbrachen das Kartenspiel der Kinder, und beim Abendessen und den heißen Getränken wurde das Zelt hin und her gerüttelt. Zuerst lachten wir noch. Doch als der Sturm immer stärker gegen das Zelt rumste und die Dunkelheit hereinbrach, wechselte die Stimmung.

»Dad«, fragte Jazz, »müssen wir uns Sorgen deswegen machen?«

»Nein«, log ich und hoffte, meine Angst verbergen zu können.

»Was sollen wir denn tun?« Sie ließ nicht locker.

Ich überlegte. Würde das Zelt auseinanderreißen, wären wir heftigem Wind und eiskaltem Regen ausgesetzt und hätten nichts, wohin wir uns retten könnten. Es gab keinen Felsen, hinter dem man Schutz fände, keinen weichen Schnee, in den sich eine Höhle graben ließe, keinen Ort der Zuflucht. Nicht vor dem Morgen hätten wir die Möglichkeit, auf Skiern zu einer Schutzhütte zu gelangen, die fünf Meilen entfernt am Rand des Eisfelds jenseits eines langen Gewirrs von Gletscherspalten lag.

Schließlich walzten noch mächtigere Böen das brandneue Kuppelzelt nieder, doch wie schon das alte ausgebleichte auf Umnak richtete es sich jedes Mal wieder zu seiner gewohnten Gestalt auf. Die Kinder rutschten zu mir, zu dritt waren wir nun in einem übergroßen Schlafsack, der Platz für vier Personen bot und der die aus unseren separaten Schlafsäcken entweichende Wärme festhielt. Wenn das Zelt nicht standhalten würde, könnten wir uns unter dem Überschlafsack aneinanderschmiegen und bis zum Morgen gegenseitig wärmen. Wir schoben Kochgeschirr und Gasbrenner, Streichhölzer, Kompass, Karte und Lebensmittel, Regenjacken, zusätzliche Kleidung und Plastiktrinkflaschen voll mit warmem Wasser unter unseren großen Überschlafsack. Wir wollten vorbereitet sein, falls das Zelt in Fetzen gerissen und der Wind alles fortwehen würde.

Wir sangen Lieder und erzählten uns Witze, bis das Grollen des Winds uns zum Schweigen brachte und sich der nasse Zeltstoff platt auf unsere Gesichter drückte. Wir zogen uns immer weiter in die feuchtwarme Dunkelheit des Überschlafsacks zurück, als Jazzy fragte: »Wie lange wird das so weitergehen, Dad?«

»Ich weiß nicht, Jazz, aber morgen sollte es besser sein«, antwortete ich hoffnungsvoll.

Dicht aneinandergedrängt schliefen wir schließlich ein und erwachten am nächsten Morgen bei ruhigem, klarem Wetter. Das japanische Team kam auf Besuch vorbei. Wir lachten, schüttelten die Köpfe und tauschten Geschichten über die Heftigkeit des Sturms aus. Ein Zelt hatten sie verloren, und zu fünft hatten sie sich in ein anderes gepfercht und ihre Rücken die ganze Nacht, ohne ein Auge zuzumachen, gegen die windseitige Zeltwand gedrückt, damit es standhielt.

Die japanischen Forscher blieben in ihrem Lager am Rand des Eisfelds, reparierten ihre geborstenen Zeltstangen und setzten ihre Forschungsarbeit fort. Sie maßen den Reflexionsgrad des Lichts vom Schnee im Verhältnis zur Ausbreitungsdichte von Schneealgen, die Schnee tatsächlich abtauen, um zu überleben. Die Kinder und ich drangen derweil weiter vor, um den Schnee nach Algen abzusuchen und Eiswürmer zu zählen. »Dad«, fragte mich Jazz, als wir unsere Sachen zum Aufbruch zusammenpackten, »werden wir noch mehr solche Stürme erleben? Das war gruselig.«

»So einen nicht mehr«, versicherte ich ihr. »Normalerweise folgt gutes Wetter auf schlechtes. Ab jetzt sind wir sicher.«

Ein paar Tage später fuhren wir auf Skiern zwischen Nunataks über den höchsten Punkt der Eisfeldkuppe. Vom Golf zog Nebel herein. In jenen Tagen, als es noch keine günstigen GPS-Geräte gab, verließen wir uns auf Kompassnavigation und Karten. Roman richtete den Kompass aus, wie er es auf Umnak gelernt hatte, und ich folgte vorneweg seinen Richtungsanweisungen.

Wir erreichten ein Gletscherspaltenfeld, das von Rissen durchzogen war: einige groß genug, um einen Skifahrer in ihrem klaffenden Schlund komplett zu verschlucken. »Was mach ich eigentlich mit dem ganzen Zeug hier?«, fragte Jazz und streckte eine Handvoll Karabiner, Flaschenzüge und Seilklemmen vor, die wie klappernder Modeschmuck von ihrer Materialschlinge baumelten. Die Risse lagen offen und waren leicht zu sehen, der Hang war flach genug, um daran vorbeizuschlurfen. Dennoch bestand Gefahr. Die Japaner waren Meilen entfernt. Beide Kinder waren am Seil an Tropenbäumen auf Borneo und in Costa Rica ebenso hochgeklettert wie an Fichten bei uns hinter dem Haus, doch Jazzy wollte einen Auffrischungskurs.

»Was machen Roman und ich, wenn du reinfällst?«, fragte sie.

Gute Frage, dachte ich. »Es ist einigermaßen sicher hier. Da fällt man nicht so leicht rein. Man müsste schon regelrecht in die Spalte hineinspringen. Aber sollte ich doch reinfallen, müssten du und Roman das Seil mit euren Skiern verankern und Romans Seilende zu mir herunterwerfen.«

Angespannt durchquerten wir das etwa eine Meile große Gebiet und waren erleichtert, als wir das andere Ende des Gletscherspaltenfelds erreichten und außer Gefahr unser Lager aufschlagen konnten. »Ich mag diese Spalten nicht, Dad. Sie sehen unheimlich und tief aus.«

»Ich weiß. Es kommen keine mehr. Wir haben sie hinter uns.«

Ich hatte gehofft, dieses Erlebnis würde den Kindern Lust auf weitere Gletscherausflüge machen, aber das Gegenteil war der Fall. Keines wollte jemals wieder im Sommer Skifahren gehen. »Ach nö«, antwortete Roman das nächste Mal, als ihn fragte, ob er mich auf eine Tour zu Eiswürmern begleiten wolle. »Warum den Sommer mit Schnee vergeuden, wenn wir den ganzen Winter noch Ski fahren können?«

Dem konnte man nur schwer etwas entgegensetzen.

Wie bei vielen verlagerten sich Romans Interessen mit einsetzender Pubertät, und er richtete seine Neugier mehr auf Abenteuer als auf Naturkunde. Zwischen seinen beiden letzten Schuljahren an der Highschool schlug er vor, 2004 zusammen am Wilderness Classic teilzunehmen. Romans Impuls, dieses Abenteuer zu bestreiten, war nur die logische Konsequenz aus unseren Wandertouren als Familie und der Tatsache, dass Peggy und ich selbst schon dreimal gemeinsam an dieser Art Rennen teilgenommen hatten. Mit sechzehn, dachte er, könnte er sich jeder Herausforderung stellen, der sich auch seine Mutter stellte.

Mit vierzehn hatte mich Roman zum Training auf einer Abenteuerrennstrecke in der Alaska Range begleitet. Als er mit Peggy, mir und einer Handvoll anderen auf dem Kurs unterwegs war, entdeckte Roman ein neues Maß an Ausdauer und Zähigkeit an sich. Und er entdeckte auch seine Begeisterung für Wildwasser-Packrafting. Das Classic würde seine Geschicklichkeit im Boot ebenso auf die Probe stellen wie sein Durchhaltevermögen und seine Schmerzunempfindlichkeit. Aus Erfahrung wusste ich, dass die zermürbenden Streckenverläufe mörderisch für die Füße der Teilnehmer waren. Für Romans erstes Wilderness Classic schlug ich vor, Mountainbikes und Packrafts zu nehmen, um nicht vom »Fußvolk« geschlagen zu werden und das Erlebnis für Roman so positiv wie möglich zu machen.

Erfreulicherweise war Roman während seiner Zeit in der Middle- und Highschool jeden Tag, im Sommer wie im Winter, mit dem Mountainbike die fünf Meilen zur Schule hin und wieder zurück gefahren. Als spezielle Vorbereitung auf das Classic strampelten und schoben wir unsere Räder nahe gelegene Berge hoch und paddelten in unseren Packrafts auf Flüssen, die Räder dabei am Bug festgeschnallt – »Bikerafting«. Wir unternahmen außerdem einen zehntägigen Trip in die Brooks Range, wo wir auf drei Flüssen paddelten und die Strecken dazwischen mit Trekking verbanden. Das Rennen konnte kommen, wir waren bereit.

Startpunkt für die fünfunddreißig Teilnehmer war Eureka Roadhouse, hundert Meilen oberhalb von Anchorage, die Ziellinie lag 150 Meilen entfernt in Talkeetna. Am Ende des ersten Tags drohte der Himmel mit Regen, während wir von der Anstrengung erschöpft waren und wunde Hintern hatten. Weit über fünfzehn Stunden waren wir in die Pedale getreten, um fünfzig Meilen im Hinterland und durch die Wildnis Alaskas zurückzulegen.

Wir stellten unsere Fahrräder auf einem Tundraplateau hoch in den Talkeetna Mountains ab und packten unsere flauschigen Pullover aus. Nachdem wir unsere Schlafmatten nebeneinandergelegt hatten, rückten wir eng zusammen, um unsere Körperwärme zu teilen, steckten die Füße in unsere leeren Rucksäcke und breiteten die luftleeren Packrafts wie Bettdecken zum Schutz vor Regen über uns aus. Um Gewicht zu sparen, hatten wir keine Schlaf- oder Biwaksäcke mitgenommen, kein Zelt, noch nicht einmal ein Tarp. Bevor wir hier draußen ein paar Stunden Schlaf finden würden, griff Roman in seine Tasche mit den Lebensmitteln. »Da, für dich, alter Mann«, sagte er grinsend und warf mir einen Riegel Cadbury zu. »Ich hab meine

Tagesration nicht verbraucht und dachte, du könntest das brauchen, damit es dir in der Nacht nicht kalt wird.«

»Danke, mein Sohn. Das ist sehr großzügig von dir«, antwortete ich und grinste zurück. »Ich pack's erst mal weg, falls du es später wieder zurückhaben willst.«

Nach drei Tagen, an denen wir mit dem Rad gefahren, es geschoben und manchmal auch getragen hatten und die Pausen darauf beschränkt hatten, schnell Nahrung in unsere Münder zu stopfen oder uns kurz aufs Ohr zu legen, bereiteten wir uns darauf vor, auf dem Talkeetna River den letzten Streckenabschnitt zurückzulegen. Wir waren ausgetretenen Pfaden von Grizzlybären gefolgt, um zu einem Canyon voller schäumender Stromschnellen der Klasse IV zu gelangen. Während wir die Boote mit Luft füllten und unser Vorankommen abschätzten, fragte Roman: »Meinst du, wir sollen heut Nacht schlafen oder einfach durchpaddeln?«

»Kannst du entscheiden. Bis Talkeetna sind es etwa fünfundzwanzig Meilen. Wie fühlst du dich?« In den letzten zweiundsiebzig Stunden hatten wir vielleicht acht davon geschlafen. Er wirkte stark, auch wenn er gegen drei am Morgen der vergangenen »Nacht« etwas geschwächelt hatte, als er sein Mountainbike durch dichte Erlenbüsche zerrte.

Roman richtete sich von seinem Boot auf, kratzte sich mit beiden Händen am Kopf, dachte einen Moment lang nach und sagte dann: »Ich fühl mich ziemlich gut.« Auf seinem Gesicht erschien das benommene Grienen eines unter Schlafentzug leidenden Abenteurers, seine Schultern breit dabei, der Rücken gerade. »Ich schlage vor, wir versuchen es und bringen es hinter uns. Das wird klasse, wieder Boot zu fahren. Warte, Dad, ich helf dir, dein Bike aufs Boot zu kriegen.«

Dick Griffith war vor zwei Jahrzehnten der Pionier von Packrafting gewesen, seitdem gehört das Schlauchbootfahren zur festen Größe bei jedem Classic. Der Talkeetna River stellte auf dieser Strecke die anspruchsvollste Herausforderung dar, was Wildwasserabschnitte aller Classics bislang betraf. Zum Glück hatte sich Roman in den vergangenen zwei Jahren zu einem ausgezeichneten Wildwasser-Packrafter entwickelt.

Als er mit sechzehn seinen ersten Trip auf dem heimischen Ship Creek durch einen Canyon der Klasse IV absolvierte – eine Strecke, die den meisten Packraftern Anfang der 2000er-Jahre Angst und Schrecken einjagte –, befand er: »So viel Spaß hatte ich noch nie!« Er schwärmte wie ein begeisterter Vergnügungsparkbesucher von der Abfolge der eineinhalb bis zwei Meter hohen Wasserfälle, die es auf dem Ship Creek hinunterzustürzen galt. Mein Freund Brad Meiklejohn, ein abenteuerlustiger Packrafter der ersten Stunde, lernte Roman bei dieser Gelegenheit kennen. Brad erzählte, dass es ihn schier umgehauen habe, wie gelassen Roman mit dem Wildwasser umgegangen war. Mein Buch über diesen Sport ist gespickt mit Fotos von Roman, wie er auf dem Fluss paddelt.

Während des folgenden Jahrzehnts kam die von uns am Ship Creek gewonnene Geschicklichkeit an vielen Orten zum Einsatz: in den Appalachen, in der Brooks Range, in Mexiko, Tasmanien, Bhutan, sogar im Grand Canyon des Colorado, den Roman und ich als erste Packrafter auf seiner gesamten Länge durchpaddeln durften.

Den größten Canyon der Talkeetna Mountains hatten wir zwar hinter uns, aber es gab immer noch Kehrwasserlinien, Walzen und Stromschnellen zu passieren, und das buglastig mit den angebundenen Fahrrädern. Unterhalb einer Canyonwand beobachtete ich, wie ein Strudel Romans Heck erfasste. Er sah erschrocken aus, behielt aber die Kontrolle. Nach vorn gebeugt schaufelte er mit den Paddelblättern heftig ins Wasser, konnte sich vom Sog befreien und lächelte dann breit. Die Augen blitzten. »Der hätte mich fast erwischt!«

Nach drei Nächten erreichten wir Talkeetna ohne eine einzige Blase und belegten beim Alaska Mountain Wilderness Classic 2004 den sechsten Platz. Romans Ergebnis ist bis heute die beste Platzierung eines Siebzehnjährigen in der Geschichte des Rennens.

9
Dungeons & Dragons

Am Hulahula River, Brooks Range, 2004.

Roman war mehr als nur mein Begleiter auf Abenteuerreisen und mein Forschungsassistent. Er hörte auf das, was seine Mutter und ich ihm rieten, forderte uns aber auch heraus, sagte uns ohne Scheu seine Meinung. »Dad, du bist ziemlich schlau, aber Mom« – er grinste –, »also Mom ist weise.«

Selbst als Kind war er so umsichtig wie Peggy. Er hatte auch den gleichen spitzen Haaransatz. Seine glatten Haare trug er kurz und schnitt sie sich selbst. Mit acht hatte er zwar einen Irokesenschnitt, aber in der Highschool fand er heraus, dass Mädchen auf seinen ordentlichen Harry-Potter-Look mit Nickelbrille und den hohen Wangenknochen seiner Mutter standen. Er ähnelte nicht nur einem jungen Zauberer, er war auch klug genug, authentisch zu bleiben und auf Tätowierungen oder Piercings zu verzichten.

Während andere Kinder ferngucken, las Roman Bücher – wir hatten keinen Fernseher. Er griff zu Fantasyromanen, Büchern über Insektenkunde, Lexika, selbst zu anspruchslosen Werken, bei denen er jede zweite Seite übersprang. Mit neun Jahren auf Borneo verschlang er Tolkiens *Der Hobbit* an einem einzigen Tag, dann in der folgenden Woche die *Herr der Ringe*-Trilogie, weshalb sein Tagebuch für diese Zeit eine große Lücke aufweist. Später lasen er und seine Freunde Frank Herberts *Wüstenplanet*-Reihe, H.P. Lovecraft, Stephen King, Mark Twain. Er las so viel, dass ich mich fragte, ob er deshalb eine Brille brauchte.

In der Highschool beschäftigte er sich mit Naturwissenschaften, Geschichte und Wirtschaft, aber auch mit Texten über die Welt von Dungeons & Dragons, einem Rollenspiel, das auf ausgedachten Erzählungen und magischen Waffen basiert. Jahrelang verbrachte er jeden Freitagabend bei einem Freund, vertieft in die Fantasywelt von »DnD«. Roman war ein bekannter Dungeon Master, also der Spielszenarienerfinder, Geschichtenerzähler und Spielleiter. Alles, was Peggy und ich darüber wussten, war, dass Roman voller Vorfreude aus dem Haus ging, um mit einer Gruppe von Leuten unterschiedlichen Alters und Backgrounds zu kochen, zu essen und zu spielen. Unser Sohn unternahm gern naturkundliche und Packrafting-Trips mit uns, aber es beruhigte uns auch, zu wissen, dass er seine eigene Persönlichkeit entwickelte.

Er war Teil einer Gruppe kreativer, geselliger Freunde, die sich in der Grundschule kennengelernt hatten und eng befreundet blieben. Im Mittelpunkt der Runde stand Romans bester Freund Vincent Brady. Der charismatische, vielseitig begabte Vince malte und zeichnete, machte Musik und schrieb Gedichte. Die beiden hatten sich im Kindergarten kennengelernt, wo Roman Vince bäuchlings auf dem Rasen liegend fand, wie er das Gesicht in Löwenzahn drückte, um Nase, Mund und Wangen mit den Pollen zu bestäuben. Roman fragte, was er da mache. Vince antwortete, er wäre eine Hummel, die Blumen bestäube. In diesem Moment wurde der Grundstein für eine wunderbare Freundschaft gelegt, die wie die gelben Blumen um sie herum blühte.

Ab der Middle School organisierte Roman Sonnwendfeiern für die Clique, die oft zu uns kam. Er entfachte dann im Garten ein Lagerfeuer, grillte Fleisch und blieb im endlosen Sommerlicht die ganze Nacht auf. Ein junges Mädchen aus Vinces Clique schrieb einmal, dass Roman bekannt war für seine Geschichten über surreale Abenteuer, seinen scharfen Verstand und seinen Humor, dafür, sich bis spät in die Nacht an Unterhaltungen zu beteiligen, zu zeichnen, gern zu ringen und zu lachen, endlos zu philosophieren und mit allen rumzualbern.

Roman kam auch allein gut klar. Als er sechzehn war, spendierte ihm sein Großvater einen vierwöchigen Spanischkurs in Mexikos alternativem Ort San Miguel de Allende. Das Angebot beinhaltete auch die Abholung vom Flughafen in Mexiko-Stadt. Aber Romans Flug aus Los Angeles hatte Verspätung, weshalb der Fahrer ohne ihn losfuhr.

Roman rief uns an. Es war spät am Abend.

»Dad, mein Flug von L. A. hatte Verspätung, deshalb habe ich in Mexiko-Stadt den Fahrer verpasst. Ich hab diese Telefonkarte gekauft, aber sie reicht nur für fünf Minuten. Was soll ich machen?« Wir mussten das Problem im Zeitlimit seiner Karte lösen.

»Leg auf und ruf die Schule an. Frag sie, was sie dir raten. Dann ruf mich zurück und gib mir Bescheid, was sie gesagt haben.« Er legte auf, und ich wartete. Nach ein paar Minuten klingelte das Telefon wieder.

»Dad, sie sagen, es gibt ein Hotel im Flughafen. Ich könnte in dem übernachten, und sie holen mich dann morgen ab. Oder ich kann einen Bus nehmen. Es fährt heute Abend noch einer in weniger als einer Stunde. Er fährt in eine andere Stadt, wo ich in einen anderen Bus umsteigen und dann ein Taxi nehmen muss. Sie meinten, das Ganze dauert drei oder vier Stunden.«

»Wo fährt der Bus ab?«

»Vor dem Flughafen. Wenn ich rausgehe, kann ich nicht wieder rein zum Hotel.«

»Hast du dir die Fahrtroute aufgeschrieben?«

»Ja.«

»Was willst du machen?«

»Ich will versuchen, den Bus zu kriegen.«

»Okay. Viel Glück. Ruf die Schule an und sag ihnen, was du vorhast. Und dann ruf mich zurück, wenn du angekommen bist.«

Natürlich schaffte er es. Und damit begann sein erstes Abenteuer in Mexiko.

Er wurde auf dieser Reise erwachsen und kam zurück als junger Mann mit unterhaltsamen, lustigen, uneitlen Geschichten im Gepäck. Wir standen uns noch immer nah; er wollte immer noch etwas mit mir unternehmen, aber er hatte einen deutlichen Schritt in Richtung Unabhängigkeit getan.

Bald darauf, in der elften Klasse, wurde Roman für ein Mentorenprogramm für begabte Schüler des Schulbezirks ausgewählt. Seit der Mittelschule hatte er sich für Genetik interessiert, nachdem er den *Cartoon Guide to Genetics* gelesen und mir erklärt hatte: »Ich bin bloß deine genetische Optimierung, Dad.« Ich stellte ihn einer Kollegin vor, der führenden Wissenschaftlerin des Instituts für molekulare Ökologie des U.S. Geological Survey. Sie würde seine Mentorin für die elfte Klasse sein. Das war der Beginn einer zehnjährigen Zusammenarbeit mit dem Institut. Er führte Polymerase-Kettenreaktionen durch, sequenzierte Gene und wertete Gel-Chromosomhüllen aus – all das half Roman, sein College und die Graduiertenschule zu bezahlen.

Während er im Institut arbeitete, hörte er oft NPR (National Public Radio). Ich fragte ihn, was seine Lieblingssendung wäre. »Marketplace«, sagte er. »Es interessiert mich, wie die Wirtschaft funktioniert.«

Im Jahr 2005 begann er am College of William and Mary in Virginia im Hauptfach Wirtschaft zu studieren. Im ersten Jahr traf er in einem Seminar auf seinen späteren Freund Brad. Es schien passend, dass Roman, der Sohn eines Ökologen, sich für die Mathematik der Humanökologie interessierte. Aber am Ende seines ersten Studienjahrs sagte er, er könne mit Wirtschaft nicht so viel anfangen wie mit Biologie; deshalb wechselte er sein Hauptfach. Auch seine erste richtige Freundin lernte er im ersten Jahr in einem Kunstgeschichtskurs kennen.

Während seiner Highschoolzeit hatte Roman seine Beziehungen für sich behalten, aber mit der jungen Frau aus dem College war es etwas anderes. Nach ihrem ersten Studienjahr verbrachte sie den Juni in Alaska. Er unternahm mit ihr all die Abenteuer, die er mit der Familie auch erlebt hatte – Wandern im Denali, Seekajakfahren im Prince William Sound, Packrafting auf dem Eagle River – ein deutliches Zeichen, dass er es mit diesem Mädchen ernst meinte. Wir hatten ihn noch nie mit jemandem so viel lachen und scherzen sehen. Ich freute mich für ihn und dachte, er hätte seine Seelenverwandte gefunden.

Im Juni 2009 kehrte er mit einem Abschluss in Biologie und seiner College-Liebe nach Alaska zurück. Die beiden zogen in eine Wohnung in Anchorage. Alle seine und unsere Freunde waren sehr angetan von seiner Freundin. Aber im folgenden Frühjahr – während der Jahreszeit, die man in Alaska *break-up* nennt, wenn Eis und Schnee schmelzen und die Flüsse wieder frei sind –, beendete sie die Beziehung. Bald darauf starb Romans Freund Vincent Brady an einer Krebserkrankung. Der doppelte Verlust machte ihm schwer zu schaffen.

Eines Tages kam er bei uns vorbei. Er stand in der Tür, sein Gesicht schmerzverzerrt, als wäre er geschlagen worden. Ich umarmte ihn und fragte, wie es ihm ginge, ob er okay wäre.

»Wie soll ich mich fühlen, Dad? Meine Freundin hat mich verlassen und mein bester Freund ist gestorben. Ich fühle mich aufgewühlt und gereizt, mies und traurig.« Ich wusste nicht, wie ich ihn aus dem Loch, in das er gefallen war, herausholen konnte, außer indem ich vage andeutete, dass er vielleicht irgendwie, irgendwann wieder mit ihr zusammenkommen könnte.

Nach der Trennung zog er mit einem Bekannten zusammen. Ich besuchte ihn, um ihm seine Sachen zu bringen, die er bei uns gelagert hatte. Drei Flaschen hochprozentigen Alkohols standen griffbereit in der Küche: Wodka, Bourbon und Tequila. Er behauptete, der Alkohol gehöre seinem Zimmernachbarn. Ich hatte meine Zweifel. In seinem Zimmer entdeckte ich eine große Delle in der Rigipsplatte.

»Was ist passiert, Roman?«, fragte ich.

»Ich hab mit der Faust gegen die Wand geschlagen«, antwortete er.

»Warum?«

»Keine Ahnung. Weil ich wütend war?«

Ganz sicher war er wütend. Wütend auf seine Ex, wütend auf die Welt, weil sie ihm seinen besten Freund genommen hatte, und wütend auf sich selbst, weil er hilflos und verletzt war und keinen Ausweg sah.

In jenem Sommer sammelte er als einer von drei Wissenschaftlern im arktischen Alaska Proben, die die Auswirkungen des Klimawandels auf kleine Säugetiere untersuchten. In seinem Notizbuch hielt er jeden Tag die Wanderungen fest, die er allein unternommen hatte. Sauber und leserlich hatte er Seite um Seite die Details notiert: die Tiere, die er sah und fing, den Beginn des Herbstes, die von Bären, Karibus und Wölfen ausgetretenen Wildpfade, denen er folgte. »Ich gehe davon aus, später im Herbst mehr Mäuse zu fangen, wenn ihre Nahrung knapp wird«, mutmaßte er, eine Annahme, die von den Zahlen an Kleinsäugern gestützt wurde, die er neben seinen handgezeichneten Karten aufgeschrieben hatte.

Roman erwähnte weder seine Trauer über den Verlust von Vince noch über den seiner Freundin. Die Einträge in seinem Notizbuch konzentrierten sich aufs Äußere, Kummer und Aufruhr in seinem Innern blieben unerwähnt. Er beschrieb Hunger und die Befriedigung, die leckere Mahlzeiten ihm verschafften; wunde Füße und die Entdeckung guter Wanderrouten. Die meisten Outdoor-Abenteurer flüchten nach einem emotionalen Verlust in die Wildnis; andere wenden sich von ihr ab. Roman lenkte sie von dem Schmerz ab über den Verlust der Freundin, die er am meisten in seinem Leben geliebt hatte, und des Freundes, den er am meisten geachtet und bewundert hatte. Die Zeit würde sein gebrochenes Herz heilen, Trost, Liebe und Gesellschaft würden den Heilungsprozess beschleunigen.

In Jazz' Weihnachtsferien, in ihrem dritten Jahr am Lewis and Clark College von Portland, kamen wir wieder als Familie zusammen und fuhren im Dezember 2010 ein weiteres Mal nach Borneo. Sowohl Roman als auch Jazz hatten noch lebhafte Kindheitserinnerungen an die Reise. Wir besuchten auf dieser Reise auch andere Orte, darunter ein Inselresort in der Celebessee. Beide Kinder genossen es, mit Klimaanlage zu schlafen und fein zu essen. Wir nahmen an organisierten Aktivitäten teil – probierten sogar Karaoke. Zumindest Peggy konnte singen; von meinem Krächzen bekamen die Kinder Lachkrämpfe. Das Hotel veranstaltete einen Wettbewerb für Gäste: Roman musste Jazz, hinter ihr stehend, schminken, ohne verfolgen zu können, was er tat. Am Ende sah ihr Gesicht aus wie ein Bild von Jackson Pollock. Die beiden kriegten sich kaum ein vor Lachen. Es war schön zu beobachten, dass Roman Spaß hatte.

Zurück aus Borneo, begann er mit dem Masterstudium an der Alaska Pacific University und stürzte sich in ein ambitioniertes Projekt, in dem es darum ging, einen phylogenetischen Baum für die daumengroße Assel *Saduria entomon* zu erstellen. An der Trennung von seiner Freundin hatte er immer noch zu knabbern. Während einer Feldstudie im arktischen Alaska schrieb er in sein Tagebuch:

> *Natürlich tut alles weh ... ich will diese Gefühle nicht. Ich mag es nicht, traurig oder niedergeschlagen zu sein. Ich bin besessen und wütend und fühle mich so verletzlich. Es gibt keinen Grund, meine Gefühle aufzuschreiben. Sie sind langweilig, und ich will sie nicht zweimal fühlen. Es ist hart, nicht zu trinken. Dieser Trip ist eine*

> *Prüfung, glaube ich. Ich möchte sie gern bestehen. Durchhalten … ich sage mir andauernd, dass ich eine hohe Belastungsgrenze habe. Bin mir aber nicht sicher, was das bedeutet. Muss mehr draußen machen. Dieser Trip ist toll, aber ich muss mich mehr bewegen. Nicht hart genug? Brauche eine anstrengende Reise allein, um mich zu vergewissern, dass ich schwach, aber lebendig bin.*

Er suchte nach etwas anderem als Alkohol, um sein anhaltendes Gefühl von Verlust zu überwinden. Als er von der Feldstudie zurückkam, arbeitete Roman an zwei wissenschaftlichen Aufsätzen, die 2012 veröffentlicht wurden. Der Artikel über die arktischen Eiswürmer, »Historical biogeography of the North American glacier ice worm, *Mesenchytraeus solifugus*«, in der Zeitschrift *Molecular Phylogenetics and Evolution* war für einen jungen Wissenschaftler, der noch nicht seinen Magisterabschluss gemacht hatte, besonders bemerkenswert. Der andere war ein kurzer Fachaufsatz über die Genetik von Schneeeulen. Roughgarden hatte recht behalten: Mit fünfundzwanzig war Roman der Hauptautor zweier Veröffentlichungen und ein echter Biologe.

Viele seiner Freunde, Kollegen und Reisebekanntschaften kamen später auf uns zu. Ihre E-Mails und die Gespräche mit ihnen halfen uns, zu erkennen, was für ein Mensch er geworden war, jenseits unserer Familienperspektive. Einer seiner Freunde schrieb: »Nach Vinces Tod fühlten wir uns leer. Roman schien die lebhafte Atmosphäre, die wir alle zusammen genossen hatten, die Ausgelassenheit, zu bewahren, und dafür war ich so dankbar.« Eine Freundin ließ sich über ein Geschenk aus, das Roman ihr aus Bhutan mitgebracht hatte:

> *Es war nach Vinces Tod, dass Roman sich mir gegenüber auf eine Weise öffnete, wie ich es noch nie zuvor erlebt hatte. Er kochte für uns Abendessen und hatte ein Geschenk für mich. Als ich ankam, nahm er mich beiseite und drückte mir ein Paar Gebetsfahnen in die Hand. Er sah mir direkt in die Augen und meinte: »Ich muss mich bei dir entschuldigen und will das schon seit Jahren tun.«*

Roman hatte zwar eine mitfühlende Seite – einmal pflegte er mich in einem Hotel auf Borneo gesund, als ich mich von einem tropischen Fieber erholte –, aber er konnte auch zynisch sein. An der APU hatte er sich mit einer Gruppe Studenten angefreundet, die weiter die medizinische Hochschule besuchten oder andere Berufe wählten. In einer berührenden E-Mail an Peggy und mich beschrieb ihn ein Freund namens Don Haering:

> *... ein ungewöhnlich intelligenter und interessanter Charakter. Ich hatte gern mit ihm zu tun, weil fast alles, was er sagte, irgendwie zum Nachdenken anregte. Er war die Art von Person, bei der ich erst überlegte, bevor ich etwas sagte, weil ich wusste, dass er wahrscheinlich eine kenntnisreiche Frage oder Antwort parat hatte. Er war nicht nur meistens der Schlauste im Raum, ich glaube, er machte auch alle um ihn herum ein bisschen besser. Im Kurs oder in einer Gruppendiskussion hatte er eine Art, ruhig zuzuhören und das Gespräch laufen zu lassen, bevor er einen Kommentar abgab, der stets angemessen war und oft das Thema von einer anderen Warte aus beleuchtete. Es war eine Kunst, die ich erwartete, schätzte und immer noch nachzuahmen versuche. Jedes Mal, wenn ich persönlich mit Roman sprach, hatte ich das Gefühl, dass die Welt um ihn herum ihn erheiterte, als ob jede Situation etwas Komisches hatte, selbst eine alltägliche. In dieser Hinsicht, ebenso wie mit seiner offensichtlichen allgemeinen Neugier auf die Welt, empfand ich ihn als Gleichgesinnten. Ich schätze mich glücklich, dass wir uns begegnet sind.*

Dons bewegende Charakterisierung bestätigte, dass Roman sich so entwickelt hatte, wie Peggy und ich gehofft hatten: sachkundig, von anderen geschätzt, mit einem Sinn für Humor. Es freute mich, dass selbst die klugen Mitstreiter in ihm ein Vorbild sahen.

Don war in seinem Urteil ziemlich milde: *Das Thema von einer anderen Warte aus beleuchten* bedeutete oftmals, zu widersprechen. Roman fand zum Beispiel meine liberale Haltung manchmal etwas sentimental. Aber für alle in der Familie Dial sind Meinungsverschiedenheiten weniger ein Problem als die Art, wie wir uns streiten: Auseinandersetzungen eskalieren oft, klingen aber genauso schnell wieder ab. Keiner ist nachtragend.

2012, als Roman und ich in Bhutan im Himalaya nach Eiswürmern gesucht hatten und uns auf dem Rückweg aus den Bergen befanden, folgten wir einem Pfad, der zu einem abgeschiedenen Dorf namens Laya führte, das in ein malerisches Tal an der Grenze zu Tibet eingebettet war. Damals standen die Stein- und Holzhäuser des Dorfes ohne Stromanschluss in der Wildnis, Tagesmärsche vom Straßennetz entfernt.

Als wir Laya verließen, trafen wir auf Arbeiter und Pferde, die Strommasten und Kabelspulen transportierten. Ich beschwerte mich darüber, dass mit der Stromleitung der Charme des Dorfes verloren gehen würde. Roman beschuldigte mich daraufhin, meine Sentimentalität auf Menschen zu projizieren, die den Komfort einer Stromversorgung verdient hätten. Ich antwortete, es würde ihre Kultur zerstören. Er erwiderte, es wäre ihre Entscheidung, nicht unsere. Über Meilen bissen wir uns frustriert fest, während unsere Emotionen hochkochten und den Verstand ausschalteten, wobei jeder stur an seiner Sichtweise festhielt.

Alle Väter erkennen leicht ihre eigenen Schwächen in ihren Söhnen, und hier waren meine, sonnenklar.

10
Big Banana

Sechs Meter in die Tiefe, Río Alseseca, Veracruz, Mexiko, Januar 2014.

2012 war Roman mit Katelyn, einer APU-Studentin, zusammen. Er arbeitete mit ihr an einem Projekt, das die Verbreitung von kleinen Säugetieren in der Umgebung von Anchorage untersuchte, und brachte ihr die Techniken bei, die er während seiner vorangegangenen Forschungsaufenthalte im Norden gelernt hatte. Als sich ein Jahr später seine Computersimulationen über die Entwicklung von Asseln zu keinem Ergebnis fügen wollten, beschloss er, eine Auszeit zu nehmen.

Er entschied, Collegefreunde im Osten zu besuchen, anschließend eine Radtour durch Kentuckys Bourbon-Region zu unternehmen und danach einen längeren Aufenthalt in Lateinamerika einzulegen. Im Oktober 2013 hatte er sein Studiendarlehen abbezahlt, 15 000 US-Dollar angespart, plante, Weihnachten mit Brad zu verbringen, konnte genügend Spanisch, um nach Südamerika zu reisen, und teilte Katelyn mit, dass er ihre Beziehung beenden würde. Verbunden blieben sie sich dennoch, Katelyn fuhr sogar im Januar 2014 nach Mexiko, um mit ihm zu packraften und ein paar Maya-Ruinen zu erkunden. Kurz nachdem sie ihre Heimreise angetreten hatte, traf ich Roman in Veracruz, einem Bundesstaat im östlichen Mexiko, wo wir zusammen mit einer Handvoll unserer Freunde aus Alaska packraften wollten. Wir freuten uns darauf, wieder einmal das zu tun, was wir seit Jahrzehnten gemeinsam taten.

Roman nahm mich am Flughafen von Veracruz in Empfang. In einem Monat würde er siebenundzwanzig werden. Er hatte ein paar Wochen darauf verzichtet, sich zu rasieren, und der neu gewachsene Bart betonte seinen schmalen Unterkiefer. Ohne Zweifel hatte er das gute Aussehen von seiner Mutter, und das Ungepflegte tat dem keinen Abbruch.

Roman plante ein Wildwasser-Abenteuer auf dem, wie es heißt, »besten Urgestein« in Nordamerika. Kajakfahrer aus der ganzen Welt zieht es an die steilen, blank polierten Schluchten, an die vertikalen Wasserfälle und hinabstürzenden Kaskaden von Veracruz. Wir brannten darauf zu paddeln, aber erst einmal mussten wir etwas essen.

Ich mietete einen Wagen, und wir fuhren auf der Suche nach gutem mexikanischem Essen in die Küstenstadt Veracruz. *Carne asada*-Tacos, oder »Straßenfleisch«, wie Roman es nannte, wären vielleicht gut. Er war aufgeregt. Wir hatten uns monatelang nicht gesehen und hatten viel zu erzählen, um uns auf den neuesten Stand zu bringen. Er berichtete, was er gemacht hatte, wo er gewesen war, von den Reisen mit Katelyn in Yucatán. Die Worte sprudelten nur so aus ihm heraus. Als Sohn eines lauten Vaters neigte er mehr zu Zurückhaltung, und wenn er nun einmal sprach, wollte ich alles hören, was er zu erzählen hatte. Zudem würden schon bald weitere Bootskumpel zu uns stoßen, darunter mein Freund aus Alaska, Brad Meiklejohn, der mein Alter hatte. Sobald sie dabei wären, würde Roman mehr zuhören als reden.

Unsere Freunde trafen am folgenden Nachmittag ein, und wir fuhren landeinwärts zum Paddeln auf warmem Wildwasser. Wir unternahmen einen Ausflug auf einem kalkfelsigen Fluss, der kraftvoll einer Quelle in den Hügeln entsprang und sich durch lichte Wälder und Weideland schlängelte, wo Brahman-Bullen im Schatten dösten. Packrafts haben es weit gebracht, seit Dick Griffith sein Spezialschlauchboot beim ersten Wilderness Classic ausrollte. Drei Jahrzehnte später ähneln sie mehr dicken kleinen Kajaks als kleinen runden Schlauchbooten, und einfallsreiche Bootsfahrer paddeln mit ihnen mehr und mehr auf Wildwasserflüssen und -gewässern, auf denen man normalerweise mit Kajaks unterwegs wäre oder die bislang noch gar nicht befahren wurden. Manche Spezialisten beherrschen mit ihren Packrafts sogar die »Eskimorolle«: Wenn eine unerwartete Welle oder Verwirbelung das Boot umkippt, richtet der Paddler es aus eigener Kraft wieder auf und paddelt weiter, all das, während er sich die ganze Zeit im Boot befindet.

Wir fuhren weiter in den Ort Jalcomulco, wo wir hofften, einen Einheimischen zu finden, der uns zur Einstiegsstelle am »Grand Canyon« des Río Antigua bringen konnte. Leider war die gesamte Bootsgemeinde Jalcomulcos damit beschäftigt, gegen einen geplanten Staudamm zu demonstrieren, der die Schluchten des Antigua überfluten würde. Wir mussten also selbst fahren und den Mietwagen während unserer Tour stromabwärts über Nacht am Einstiegspunkt stehen lassen.

Wir genossen das Paddeln auf dem klaren, mittelschweren Klasse-III-Gewässer zwischen tiefen, üppig grünen Schluchten. Wir kampierten im Wald am Flussufer und wärmten am knisternden Lagerfeuer die unterschiedlichen mexikanischen Gerichte auf, die Roman für uns ausgewählt hatte. Mit ihm zu zelten, war eine vertraute Sache, und wir fanden uns in angenehmer Routine wieder.

Ein voller zweiter Tag auf größerem Gewässer brachte uns zurück nach Jalcomulco, wo wir übernachteten und dann am nächsten Tag rausfuhren, um unseren Wagen zu holen. Fassungslos sah ich bei unserer Rückkehr am Parkplatz, dass der Volkswagen tiefer lag und eine Tür offen stand. Beim näheren Hingehen offenbarte sich, dass sämtliche Reifen fehlten. Ebenso die Batterie, der Vergaser, das Radio mit dem CD-Player sowie die wenigen Gegenstände, die wir im Kofferraum gelassen hatten, darunter Romans leerer Rucksack. Roman sollte sich irgendwann in Mexiko einen neuen Rucksack kaufen, nachdem wir alle wieder abgereist waren. Bis dahin lieh er sich den von Brad Meiklejohn. Wie jeder Bestohlene fühlten wir uns missbraucht, gedemütigt und verletzt. Der Zwischenfall kostete uns einen oder zwei Tage, doch bald schon waren wir auf dem Weg nach Tlapacoyan, dem Zentrum der Wildwasserszene von Veracruz. Das Adrenalin schafft es immer wieder, unangenehme Gefühle wegzuspülen.

Das Highlight unserer zwei Wochen, die wir in Packrafts auf felsigen Strömen paddelten, war eine aufregende Tour, die »Big Banana« des Río Alseseca hinunter, einen steil abfallenden, durch den Dschungel rauschenden Flussabschnitt.

Obwohl unsere Freunde aus Alaska, Todd Tumolo und Gerard Ganey, die schwierige Strecke vor unserer Ankunft schon einmal hinter sich gebracht hatten, war ich wegen Roman nervös. Er war seit über einem Jahr nicht mehr auf einem Fluss wie dem Alseseca gefahren, und auch wenn wir uns in den vergangenen zehn Tagen entlang leichterer Routen auf die Herausforderung der Big Banana vorbereitet hatten, machte ich mir Sorgen um seine Sicherheit. Schließlich war er immer noch mein Sohn.

Ganey, Todd und andere Freunde stimmten alle darin überein, dass der Big-Banana-Abschnitt die beste Wildwasserstrecke im Bundesstaat Veracruz sei. Es hörte sich für mich spannend und relativ sicher an. Wir könnten bequem die größten und gefährlichsten Wasserfälle, neun und zwölf Meter hoch, umgehen. Doch ich wollte auch, dass Roman sich dabei wohlfühlte und Spaß hatte.

Trotz unserer gemeinsamen Erfahrungen und der Tatsache, dass unsere drei Freunde die Strecke die Woche zuvor gefahren waren, endete die Tour beinahe schon nach den ersten hundert Metern. Ganey, ein ausgezeichneter Paddler, wollte eine kurze, trübe Kaskade hinunterfahren, die sich durch ein Wirrwarr an Felsen ergoss. Der Rest von uns war bereits an dem Hindernis vorbeigegangen, weil es nicht sehr »sauber« aussah. Saubere Stromschnellen sind im Unterschied zu »bröckeligen« keine Fallen, die einen womöglich unter Wasser ziehen. Wir positionierten uns mit Sicherheitsseilen unterhalb des Drops.

Ganey paddelte ruhig an die Stromschnelle heran, manövrierte an die Sturzkante und bereitete sich auf die Landung vor. Doch anstatt sanft herunterzuplumpsen, wurde er an den felsigen Rand der Stromschnelle gerissen und aus dem Boot gehoben. Praktisch sofort zog ein Strudel Ganey unter Wasser in ein Sieb von Felsbrocken, wo ihn die Walzen des Flusses erst an die Oberfläche spülten, um ihn gleich wieder in den rotierenden Strom hinunterzuziehen.

Der tückische Drop wollte ihn nicht freigeben. Nach Luft ringend und um sein Leben kämpfend, wirbelte er im Kreis herum. Ich warf ihm ein Seil zu, doch der Alseseca verschluckte ihn, bevor er danach greifen konnte. Glücklicherweise warf Todd sein Seil in die gleiche Richtung, und Ganey konnte es sich schnappen, als er das nächste Mal wieder an der Oberfläche auftauchte. Todd zog den völlig Erschöpften aus dem reißenden Gewässer. Wir atmeten alle erleichtert auf.

Beim Anblick Ganeys, wie er mit gespreizten Beinen auf einem Felsen hockte und nach Luft rang, beschlich mich ein ungutes Gefühl. Obwohl ich Wissenschaftler bin, habe auch ich auf die harte Tour lernen müssen, niemals die Intuition zu ignorieren, weder meine eigene noch die anderer, insbesondere wenn es um die eigenen Kinder geht.

Was aber ist mit den anderen Stromschnellen flussabwärts? Wie sicher sind die?, fragte ich mich. Um diesen Drop konnten wir herumlaufen, wenn wir aber später über ebenso gefährliche Katarakte wie diesen, der Ganey erwischt hatte, paddeln müssten, wäre ich hier und jetzt bereit, zusammenzupacken und auf der staubigen Piste, auf der wir gekommen waren, geradewegs wieder zurückzufahren.

Ich wandte mich den anderen zu. »Was meinst du, Roman?«, fragte ich.

Er war die Ruhe selbst. Ich wusste aber, dass mein wortkarger Sohn seine Emotionen zurückhalten konnte. Roman hatte Todd zugesehen, wie er Ganey aus der schäumenden Falle gezogen hatte. »Ich weiß nicht – *dieser* Drop hier sieht ziemlich haarig aus«, sagte er und schüttelte träge seinen Kopf. »Deshalb steigen wir alle erst darunter ein, stimmt's?« Im Unterschied zu mir war ihm nie vorgeworfen worden, ein Adrenalinjunkie zu sein.

»Wie ist es stromabwärts?«, fragte ich Todd. Ein niedriger, keine zwei Meter hoher Drop auf einem großen Fluss hatte fast zu Ganeys Ausfall geführt. Weiter unten warteten sechs Meter hohe Wasserfälle, ein Umtragen war dort unmöglich.

»Ach, das wird besser. Viel besser. Das hier ist der fieseste Drop auf der gesamten Strecke. Es wird sauberer.«

»Bist du sicher?«, wollte ich mich vergewissern.

In der typischen Ausdrucksweise von Abenteurern vermied Todd es, die Schwierigkeiten des Flusses herunterzuspielen. »Ich will dich zu nichts zwingen, Roman.«

Ich wendete mich meinem Sohn zu, um hinter seine gelassene Fassade zu blicken. Wir paddelten seit über einem Jahrzehnt gemeinsam auf Wildwasser. Er wusste, wann er Nein sagen sollte. Er wusste, wann es besser war, zu Fuß zu gehen. Ich hatte immer Wert darauf gelegt, ihn nie zu etwas zu zwingen, was er nicht tun wollte. Zwar war er häufig still, schüchtern war er jedoch nie. Er war ebenso der Sohn seiner Mutter wie auch meiner: risikobewusst, aufmerksam und nie zögerlich, mir seine Meinung zu sagen.

»Und, Roman?«

»Ich denke, wir machen es, Dad.«

»Also gut, dann ist es entschieden.« Ich blickte zu den anderen.

»Todd, willst du uns führen? Ganey, kannst du dich ans Ende setzen und hinten alles klarmachen?« Sie nickten, und wir stiegen in unsere kleinen bunten Boote.

»Los geht's.«

Wir glitten in grünes Wasser, das ruhig über dunkle Felsen floss, während über uns die Wände des Canyons aufragten und immer näher rückten. Breitblättrige Kronen verkrümmter Dschungelbäume hingen von der Kante über unseren Köpfen, während wir dem gewundenen, kristallklaren Fluss folgten. Ab und zu schossen wir über felsige Unterwasserschwellen, wo wir heftig gegen den Wasserschwall anpaddelten. An anderen Stellen manövrierten wir in Pirouetten über schäumende Kaskaden und stachen unsere Paddel in den Strom, um in einer abrupten Drehung den Hindernissen auszuweichen.

Wir genossen die fordernden Stromschnellen des Río Alseseca und machten gerne den Fußmarsch um die gefährlichen herum. Elterlicher Stolz erfüllte mich, wie ich Roman beobachtete, der zurück zu seiner alten Form auf dem Wildwasser gefunden hatte und die Drops mit geschickten Paddelschlägen meisterte.

Auf halber Strecke rauschte der Alseseca durch eine enge Schlucht und stürzte dann einen sechs Meter hohen Wasserfall hinunter. Eine Umgehung zu Fuß war nicht möglich. Wir ergaben uns der Situation, stürzten uns laut johlend über seine Kante und fielen mit dem Wasser in ein warmes, klares Becken, wo es uns durch die Wucht des Aufpralls aus den Booten warf.

Roman und ich kletterten zurück in unsere Packrafts. Nachdem wir wieder zu Atem gekommen und von Endorphinen durchdrungen waren, lehnten wir uns zurück und blickten nach oben. Das Becken lag tief in einer überhängenden Nische, ein natürliches Amphitheater. Raus ging es nur weiter nach unten. Der nächste Wasserfall, obwohl wieder sechs Meter hoch, war nicht annähernd so spektakulär: Wir rutschten einfach über ihn drüber und stürzten nicht wie zuvor herunter.

»Das war schon was, oder, Roman?«

»Jaa! Das war irre! Keine Chance, im Boot zu bleiben«, sagte er. »Beim Aufprall hat die Strömung das Boot einfach weggerissen und mit ihm meine Oberschenkelgurte. Ich dachte, jemand würde mir mit Gewalt die Hosen runterziehen!« Er lachte, während er auf den Moment zurückschaute, berauscht von dem Kick. »Ich hatte wirklich ein bisschen Muffensausen runterzufahren, ohne sehen zu können, wo wir landen. Und es war ein langer Fall! Aber WOW! Sechs Meter!« Er schüttelte den Kopf mit einem Blick, der sagte, dass er vor Leben nur so sprühte.

Trotz meiner anfänglichen Bedenken am Einstieg erwies sich die Big-Banana-Tour als würdiger Abschluss unserer gemeinsamen zwei Wochen. Der Ausflug, aufregend, aber sicher, glich einer Karussellfahrt in einem Vergnügungspark, wenn auch mit Konsequenzen, wie Ship Creek, nur viel, viel größer.

Als ich zurück nach Alaska aufbrach, begleitete Roman mich zum Flughafen, um mich zu verabschieden. Er griff sich meinen schwarzen Seesack voll mit Bootsausrüstung, warf ihn sich über die Schulter und schleppte ihn zum Terminal. Auf dem Weg zum Check-in-Schalter erzählte er mir von seinen Plänen, über Land nach Brasilien weiterzuziehen. Davor wollte er noch in Mexikos Sierra Madre die Millionen Schmetterlinge zu Gesicht bekommen, die sich in hohen Kiefern sammeln – fast die gesamte Population von Monarchfaltern, die am Ende ihrer Wanderung dort überwintert. Es gab geführte Touren, aber er sagte nur: »Ich werde die Monarchfalter auf eigene Faust finden.«

Guter Junge – ganz der Vater, dachte ich. Er war mit unabhängigen Entdeckungstouren groß geworden, auf denen wir unsere Sinne, unser Wissen und unsere Erfahrung gebrauchten, um die Natur zu erkunden. Es freute mich, dass er diese Art Abenteuer nun auch eigenständig fortführte.

Er stellte meinen Seesack am Check-in ab und sprach Spanisch mit der Mitarbeiterin hinter dem Counter. Er wandte sich zu mir und ich sagte: »Alles Gute, Roman. Viel Spaß. Pass auf dich auf und bleib in Verbindung. Mom und ich wollen auf alle Fälle mehr über diese Schmetterlinge hören und was sonst noch so passiert.«

»Mach ich.«

Ich zog ihn zu einer Umarmung an mich. »Ich liebe dich, mein Junge.«

»Ich liebe dich auch, Dad.« Er lächelte, und ich machte mich auf zum Gate, glücklich über die Zeit, die ich mit ihm in wilder Natur verbracht hatte, und freudig gespannt auf seine nächsten Abenteuer.

TEIL II

NOT USABLE
FINCA ALAJUELA 32/s
5800
2969
3025
1900
GOLFITO 1/36
GOLFITO
39
NOT USABLE
COTO 28/s
NOT USABLE
GOLFITO 2/36/s
NOT USABLE
PUERTO JIMENEZ 23/s
PUERTO JIMENEZ
GOLFO DULCE
220
207
22
1818
57

11
Mexiko

Unterwegs im Trockenwald, Guatemala, April 2014.

Nachdem wir uns am Flughafen von Veracruz verabschiedet hatten, blieb Roman in Mexiko. In der ersten Februarwoche stieg er auf den höchsten Gipfel des Landes, den Orizaba. Kurz darauf suchte er in der Sierra Madre nach überwinternden Monarchfaltern. Ein paar Wochen hörten Peggy und ich nichts von ihm, bis Todd ein YouTube-Video von unserem Trip postete. Roman antwortete allen mit einem einzigen Wort: »Stark!«

Er bedauerte, dass er mir sein Boot mitgegeben hatte.

Ich vermisse mein Boot. Ein Packraft wäre praktisch gewesen. In Guatemala und Honduras gibt es viele Flüsse. In Costa Rica und Kolumbien auch. Ich hätte dir das Zelt mitgeben sollen, nicht das Boot. Ich hab einen Deutschen getroffen, der seinen Gleitschirm dabeihat. Er ist jetzt in Michoacan fliegen.

Auf seinem Weg nach Süden schrieb Roman uns öfter. Er entschuldigte sich für seine Tippfehler und fehlende Apostrophe in E-Mails, die er auf einer spanischen Tastatur geschrieben hatte. Ich unterrichtete Vollzeit und verfasste Forschungsberichte. Daneben arbeitete ich am Ausbau und an der Isolierung unseres Dachbodens. Ich freute mich jedes Mal, wenn er uns benachrichtigte, wo er gewesen war, wen er kennengelernt und was er gegessen hatte.

In der Nacht vor seinem siebenundzwanzigsten Geburtstag wurde Roman an der Westküste Mexikos in einem abgelegenen Badeort von Chiapas sein iPhone gestohlen. Er hatte es in seinem blauen Kelty-Zelt unter Schmutzwäsche und Toilettenartikeln vergraben. Weil SMS und internationale Telefonate zu teuer waren, hatte er es kaum benutzt, außer fürs Internet, zum Musikhören und manchmal zum Fotografieren. Er bemerkte erst am nächsten Morgen, dass es weg war, und schickte mir sofort eine E-Mail, damit ich seinen Account kündigte, bevor ihm irgendwelche Kosten in Rechnung gestellt wurden. Es versetzte mir einen Stich, dass er ausgerechnet an seinem Geburtstag beklaut worden war. Roman kaufte sich kein neues Handy.

Als Ersatz für den Rucksack, der ihm in Veracruz gestohlen worden war, hatte er sich einen neuen gekauft und den von Brad Meiklejohns per Post an ihn zurückgeschickt. Roman beschwerte sich, dass sein neuer, mexikanischer Rucksack – gefüllt mit seinem Zelt, Kochtopf, Jetboil-Kocher, Kaltwetterausrüstung zum Klettern und einer angegurteten gelben Isomatte – ihn zur Zielscheibe aufdringlicher Straßenverkäufer machte. Als er weiter nach Süden reiste, benutzte er ihn nur, um seine Sachen im Hostel zu lagern, während er auf Vulkane oder in Canyons kletterte. Auf diesen Touren hatte er eine gelbe Sporttasche wie ein Fahrradkurier über der Schulter. Unser Freund Forrest McCarthy hatte seinen Namen und seine Adresse in Jackson Hole reingeschrieben und sie uns vor Jahren überlassen.

Vom Campen in Mexiko war Roman enttäuscht. Es war übervölkert, schmutzig und staubig. Er hatte sein Leben lang sauberes Trinkwasser in der Natur gefunden, aber in Mexiko, mailte er, »muss ich das Wasser aufbereiten – mit dem, was da alles flussabwärts fließt, willst du nicht in Berührung kommen«. Dazu die Diebe und »die Kuhscheiße überall« – er hatte genug von Mexiko.

»Wohin geht's als Nächstes?«, antwortete ich, neugierig, welche Abenteuer er plante. Er meinte, er wolle weiter auf dem Landweg durch Lateinamerika reisen, vielleicht bis nach Brasilien, zum World Cup im Juli. Auf ihn warteten Vulkane und Dschungel in Guatemala, das Blue Hole in Belize. Dann weiter nach Honduras, billig, aber auch eines der gefährlichsten Länder Lateinamerikas. Er hatte vor, in Nicaragua im Pazifik zu surfen, den Nationalpark Corcovado in Costa Rica zu besuchen, Panama, Kolumbien, Peru. Sein Reiseplan klang nach Abenteuer, aber ich machte mir auch Sorgen um ihn in Ländern, die für ihre katastrophalen Zustände und hohe Kriminalität bekannt waren. Er beendete seine E-Mail mit den Worten: »Alles Liebe, Leute, danke, dass ihr mir wichtige Alltagskompetenzen beigebracht habt.« Das ist die Art von Lob, die Eltern so gern von ihren Kindern hören möchten.

Obwohl Roman in der Highschool Spanisch gelernt und mit sechzehn einen vierwöchigen Sprachkurs in Mexiko besucht hatte, fiel es ihm schwer, die starken Dialekte auf dem mexikanischen Land zu verstehen. Trotzdem beherrschte er die Sprache langsam besser:

> *Mein Spanisch ist jetzt so gut, dass ich in einem Café einen Bananenliquado (Saft) bestellen kann, verstehe, wenn sie sagen, dass sie keine Bananen haben, fragen kann, ob sie mir einen machen, wenn ich ihnen Bananen bringe, das Café verlasse, realisiere, dass ich nicht weiß, wo ich Bananen kriege, einen Ladenbesitzer in der Nähe frage, wo ich*

welche kaufen kann, die Wegbeschreibung bekomme, die Bananen kaufe, zum Café zurückgehe und einen günstigeren Preis für meinen liquado aushandle.

Roman schien überrascht über seine Fähigkeit, sich zurechtzufinden und sich Orte und Leute zu merken, eine Fähigkeit, die er früher nicht an sich bemerkt hatte: »Irgendwie komisch, weil ich so oft hinter dir, Dad, mit deinem angeborenen Orientierungssinn hergelaufen bin ... dass es gar nicht nötig war, mir den Weg zu merken.«

Er erzählte mir von Kniffs, die er sich angeeignet hatte. So hatte er es sich zur Regel gemacht, zu Fuß durch einen neuen Ort zu laufen, um ein Gefühl für dessen Grundriss zu bekommen, und wenn er mit öffentlichen Verkehrsmitteln unterwegs war, auf Verkehrsschilder, Entfernungsangaben und Orientierungspunkte zu achten. Da lateinamerikanische Städte und Ortschaften überwiegend schachbrettartig in Nord-Süd-Ausrichtung angelegt sind, lernte Roman, seinen Standort mithilfe naher Berge oder hoher Gebäude zu bestimmen. Er stellte fest, dass die Einheimischen ihm bereitwillig den Weg beschrieben, aber komischerweise keine Straßennamen benutzten: »Ich hab keine Ahnung, warum sie nicht einfach sagen ›22., Ecke 6. Straße‹, sondern ›geh links einen Block, dann rechts vier Blocks‹.« Ich war erfreut, dass er entdeckte, *wie* man reist, und fühlte mich geehrt, dass er dies mit mir teilte.

In der Wildnis Alaskas gibt es meist keine ausgewiesenen oder gewarteten Wanderwege, deshalb folgten Roman und ich normalerweise von Elchen, Bären und Karibus ausgetretenen Pfaden. Man braucht viel Erfahrung, um diese Wege zu finden. »Wie bei Wildtierpfaden braucht man auch bei Straßen und Wegen in der Zivilisation Intuition«, schrieb Roman. Er fand heraus, dass er, wenn er auf einen Vulkan stieg, den breitesten Weg nehmen musste, um auf den Gipfel zu gelangen. Es war schön zu sehen, dass all die Meilen, die wir zusammen in Alaska zurückgelegt hatten, ihm anderswo von Nutzen waren.

Roman fand es zwar ziemlich einfach, sich in Städten und Dörfern zurechtzufinden, aber das Reisen in Lateinamerika hatte auch eine Schattenseite. Jeder Gringo, den er traf und der in Lateinamerika gelebt hatte, musste nach ein oder zwei Jahren wieder die Koffer packen – entweder wegen feindseliger Einheimischer oder wegen der allgegenwärtigen Korruption. Eine Frau, die zwölf Monate in Belize gelebt hatte, erzählte ihm, dass es am sichersten wäre, für seine Erkundungen Guides anzuheuern. Geführte Touren wären zwar sicher und sogar billig, schrieb er, aber es mache ihm mehr Spaß, auf eigene Faust loszuziehen. Bevor er auf den Orizaba stieg, recherchierte er eine Woche lang im Internet. Dann machte er sich allein auf den Weg und folgte ein paar Ortsansässigen, die Seile und Eispickel dabeihatten. In der Sierra Madre mailte er Folgendes:

> *Es war echt toll, die Schmetterlinge aufzuspüren, da ich keine Ahnung hatte, wo sie waren. Ich schätzte, dass sie in großer Höhe wären. Deshalb stieg ich über zig Waldpfade auf den höchsten Berg. Ich dachte mir, dass der größte Weg mit den meisten Pferdeäpfeln der Touristenpfad war. Das funktionierte super.*

Es überraschte mich nicht, dass Roman lieber ohne Guide unterwegs war. In den fünfundzwanzig Jahren, die wir zusammen verreist waren, konnte ich die Male, die wir einen Guide angeheuert hatten, an einer Hand abzählen – eine Nachtwanderung in Australien, um Baumkängurus zu beobachten, beim Gerätetauchen, auf einer von einer Ecolodge in Borneo organisierten Tierbeobachtungstour und in Bhutan, wo Ausländer nur mit Guide herumreisen dürfen.

Nach dem Orizaba erklomm Roman auch noch andere Vulkane, darunter der Tacaná, ein 4064 Meter hoher Berg an der Grenze zu Guatemala. Ich hatte bewusst darauf verzichtet, Roman ins Bergsteigen einzuführen, das, wie ich am eigenen Leib erfahren hatte, gefährlich war und süchtig machen konnte. Aber auf Vulkane zu steigen ist im Grunde wie bergauf zu wandern ohne die objektive Gefahr durch herunterfallende Steine, Eis und Schnee – oder die subjektive Gefahr, von einem Felsen oder in eine Gletscherspalte zu stürzen.

Ein Franzose hatte ihm den Tacaná empfohlen und vorgeschlagen, dass er für die Tour einen Guide engagiert, wahrscheinlich, weil noch Landminen aus vergangenen Konflikten über die Hänge verstreut sein sollten. Roman ignorierte den Rat und fragte stattdessen am Fuß des Vulkans auf mexikanischer Seite einen Hotelangestellten nach der Route, kaufte Wasser, Chips, Kekse und Schokolade und nahm im Morgengrauen ein *colectivo* (die günstigen Minibusse, die in ganz Lateinamerika verkehren) bis zum Ende der Straße. Von dort folgte er dem offensichtlichen Pfad nach oben.

Wie fast alle Berge Mittelamerikas werden auch die Hänge des Tacaná von *campesinos* bestellt, die dort Kartoffeln und Bohnen anbauen und Ziegen und Rinder weiden lassen. In der Nähe von Dörfern, wo sich der Weg verzweigte, fragte er freundliche Dorfbewohner nach dem Weg. Ihre Beschreibungen brachten ihn über die Grenze in ein sauberes guatemaltekisches Dorf. Von dort folgte er Ziegenpfaden, die er an den Hufabdrücken erkannte. Er stieg immer höher hinauf in die Wolken, wo die Sicht eingeschränkt war, kletterte über Felsen und wanderte durch hohe Kiefernwälder, die von Vogelgesang erfüllt waren. Im Gegensatz zum ländlichen Mexiko gab es hier keinen Müll und kaum Spuren von Menschen. »Es tat gut, eine Weile allein zu sein. Die Wolken verdeckten die vielen Dörfer weiter unten«, schrieb er. »Die Luft oberhalb des Dauersmogs war angenehm frisch.«

Als er den Gipfel erreichte, beschleunigte ein Gewitter den Einbruch der Dunkelheit. Seine Stirnlampe brachte in dem Dunst gar nichts, deshalb bahnte er sich ohne Licht einen Weg durch den Nebel und die Dunkelheit nach unten. Er hatte keine Ahnung, wo er herauskommen würde – Mexiko oder Guatemala. Da die Bauern mit Sonnenuntergang zu Bett gingen, konnte er auch niemanden nach dem Weg fragen.

Zum Glück bin ich mein ganzes Leben lang Roman Dial durch die Wildnis gefolgt, deshalb hat mich mein Instinkt zum richtigen Ort geführt. Ich hatte das letzte colectivo verpasst, fand aber ein kleines

> *überfülltes Sammeltaxi. Die Fahrt war ein Albtraum, denn die Scheinwerfer waren genauso nutzlos wie meine Stirnlampe. Wir hängten uns aus dem Fenster und schrien »Derecha! Derecha! Izquerda!«, um nicht den Abhang hinunterzustürzen.*

Am nächsten Tag kaufte er ein Pfund Chiapas-Kaffee für 50 Pesos – etwa 2,50 US-Dollar –, packte es in seinen Rucksack und verließ Mexiko für immer. Er betrat Guatemala in Klamotten, die nach frischem Kaffee rochen. »Wahnsinn!«, teilte er uns mit. Guatemala, so mutmaßte Roman, war ein »echtes Dritte-Welt-Land«. Es erinnerte ihn daran, wie Indonesien, das ländliche Malaysia und Bhutan sich angefühlt, angehört und gerochen hatten. In einer E-Mail schrieb er, dass ihn die Geschichten von Überfällen und Morden in Guatemala etwas nervös machten.

Roman zog bald los, um den höchsten Gipfel zwischen dem mexikanischen Orizaba und den kolumbianischen Anden in Angriff zu nehmen: den 4220 Meter hohen guatemaltekischen Tajumulco. Um sich noch mehr herauszufordern – und damit den Lohn seiner Mühen zu steigern –, beschloss er, vorher weder das Internet noch Reiseführer zu konsultieren. Er würde keine Franzosen um Rat fragen, meinte er, sondern nur Einheimische, um sein Spanisch zu verbessern. Sein Plan war, sich nur mithilfe seines Verstands und seiner Spanischkenntnisse durch das verwirrende Labyrinth von Straßen, Pfaden und Ackerland zu schlagen. Es wäre auf andere Art mühsam und riskant, sagte er. Und mehr wie eine echte Expedition, dachte ich.

12
Guatemala

Mit Freunden in San Pedro La Laguna, Guatemala, März 2014.

Nachdem er fast drei Monate allein auf Reisen unterwegs war und für andere übersetzt hatte, konnte sich Roman mit seinen Spanischkenntnissen mühelos im Alltag durchschlagen. Da er lediglich wusste, dass San Marcos die nächstgelegene Stadt zum Tajumulco war, bat er einen alten Campesino um Hilfe, der ihm zeigte, wo er in den Bus steigen konnte. In San Marcos fragte er eine Gruppe Frauen mittleren Alters nach dem Weg. Mit den Wangenknochen seiner Mutter und ihrem herzerweichenden Lächeln hatte er beim ausgewählten

Personenkreis immer Glück. »Und«, so mailte er, »die Wegbeschreibungen waren super.«

Roman entdeckte, dass ihn sein Lächeln in Guatemala weit brachte, insbesondere bei den Maya. Die Maya erinnerten ihn an die Malaien auf Borneo. Sie waren klein von Statur, freundlich, immer lächelnd, frei von jeglicher Aggression – nur schienen die Maya Diebstählen gegenüber offener als die Malaien. Diebstähle hin oder her, aus seinen E-Mails während der sieben Monate, die er unterwegs war, wurde deutlich, dass er Guatemala von allen Ländern, die er bereiste, am meisten schätzte.

Nahe dem Tajumulco stieg er in ein Taxi mit fünf Einheimischen. Am Hotel angekommen, ging er zum Empfang, wo ihn drei »kichernde kleine Mädchen« und ein halbwüchsiger Junge eincheckten. Roman versuchte, ihnen Informationen über den Aufstieg zu entlocken, konnte ihren Beschreibungen aber nicht folgen. Dann tauchte der charismatische Vater der Kinder auf und gab in »Touristenspanisch fantastische Wegbeschreibungen (die ich ihn ungefähr ein Dutzend Mal bat zu wiederholen)«.

Hungrig nach einem langen Tag, fragte Roman, wo er etwas zu essen bekommen könne. »Das energischste der kleinen Mädchen brachte mich zum benachbarten Haus und bat die Großmutter, ein Abendessen zuzubereiten.« Während er wartete, quetschten ihn drei kleine Jungs auf Spanisch zu allem und jedem aus, was, wie er sagte, Spaß machte. Beim Essen gesellte sich nach und nach die ganze Großfamilie zu ihm. Ein älterer Bruder hatte acht Jahre in den Staaten gelebt, und so tauschten die beiden Geschichten aus und übten dabei ihre Zweitsprache am anderen.

Roman schaffte es ohne Mühe und auf direktem Weg auf den Gipfel des Tajumulco, musste jedoch deprimiert feststellen, dass die Bergwälder von Ziegen überweidet, die Pfade von Unrat übersät waren und Wolken die Ausblicke vom Gipfel versperrten.

Allein mithilfe seiner Spanischkenntnisse hatte er sich im staubigen, ländlichen Guatemala bis auf den Gipfel durchgeschlagen. Das war das Schöne daran. Als Eltern bewunderten Peggy und ich

Romans kreative Haltung zum Reisen in Zeiten des Internets. Er ging über das bloße Organisieren von Transport, Essen und Unterkunft in einem fremden Land hinaus. Er verließ sich auf seine Fähigkeit, in einer fremden Sprache mit fremden Menschen zu kommunizieren, um zurechtzukommen.

Roman war im Ausland genauso sparsam wie zu Hause. Er kannte die ortsüblichen Preise und handelte, bevor er irgendetwas kaufte. »Geld regiert die Welt auch in Guatemala«, schrieb er, aber als Reisender mit kleinem Budget war sein Risiko, zur Zielscheibe zu werden, eher gering. Eine Weile war er mit einer Britin unterwegs, die schottische Eltern hatte, und bemerkte: »Sie ist wahnsinnig geizig. Was toll ist, weil wir beim Feilschen um Preise unser Spanisch weiter üben können.«

Peggy fragte ihn in einer E-Mail nach Freundschaften. Er berichtete von Billig-Reisenden, die zwar etwas unternehmen wollten, sich ohne Guide aber nicht trauten und zu knausrig waren, einen anzuheuern. Er hatte Spaß an der Rolle des Fremdenführers für diese neu gewonnenen Freunde und beschrieb detailliert seine Strategie der Annäherung: Zunächst war es wichtig, freundlich zu sein: »Hey, lass uns was zu essen klarmachen.« Oder, etwas vertrauter: »Hallo, du bist schon einen Monat hier, wie mach ich das, was kostet mich das?« Dann etwas vorschlagen: »Hab gehört, dass heute Abend ein kostenloser Salsa-Kurs stattfindet, Bock hinzugehen?« Oder einen Tipp geben: »Auf diesem Weg kannst du X ganz allein besteigen, bekommst aber vielleicht nicht die gute Aussicht wie auf einer gebuchten Tour, die wegen der Wolken früher startet.« Jetzt mit einer Einladung ködern: »Lust, morgen zu den heißen Quellen zu gehen? Es ist leicht und sicher.« Sie dann schließlich dort hinführen und noch eins draufsetzen: »Hey, die Quellen waren super, oder? Wie wär's mit einer Vulkanbesteigung? Im Krater gibt es einen heiligen See, umgeben von Maya-Tempeln. Nein, wir brauchen keinen Guide. Wir können einfach losgehen und Leute fragen.«

Roman war, wie es schien, alles andere als ein einsamer Wolf auf einsamen Abenteuern. Eine Travellerin, die er kennengelernt hatte

– und die uns später schrieb –, erinnerte sich, wie hilfsbereit er ihr gegenüber gewesen war:

> *Roman war so voller Wissen, wenn er mir Orte zeigte oder für mich übersetzte, und ich werde mich immer daran erinnern, wie klug und stark er war und wie viele wertvolle Dinge er mir beigebracht hat … Er hat sich um mich gekümmert und auf mich aufgepasst, weil ich allein in Guatemala unterwegs war, und ich werde, wie ich ihm auch gesagt habe, ewig dankbar sein, dass sich unsere Wege gekreuzt haben.*

Mitte März, nachdem er etwa eine Woche an Guatemalas Lago de Atitlán verbracht hatte, auf Vulkane gestiegen und an heißen Quellen gewesen war, plante Roman, zu den berühmtesten Ruinen der antiken Maya, nach Tikal, weiterzuziehen. Er tauschte sich dort mit anderen über El Petén aus, das größte Wildnisgebiet Lateinamerikas nördlich von Panama und voller Maya-Ruinen. Sein nächstes Abenteuer wartete im Norden Guatemalas nahe der Grenze zu Mexiko und Belize auf ihn.

»Dad«, schrieb er mir Mitte März 2014, »63 Kilometer dschungeleinwärts gibt es eine unberührte Maya-Ruine. Alles, was ich darüber gefunden habe, rät dazu, sich einen Guide und Maultiere zu besorgen, weil es kein Süßwasser gibt und man unmöglich genügend Wasser allein so weit tragen kann.« Bei notwendigen vier Litern am Tag, sprich vier Kilo, würde Roman nicht viel tragen können. Es wäre zu viel Gewicht und er wäre zu langsam. Offenbar folgten 5000 Leute pro Jahr dem Trail, er machte sich daher keine Sorgen, den Weg ohne Karte zu finden: »Sollte ich mich verirren, kehre ich einfach um und folge meinen Markierungen wieder raus. Was meinst du? 12 l reinschleppen und schauen, wie es ist, Sumpfwasser zu trinken? Nicht gut, umkehren?«

Ich fühlte mich geschmeichelt, dass er nach meiner Meinung fragte, und war froh darüber, wie er die Risiken abwog. Abgesehen von einer einwöchigen Wanderung im Corcovado, als er elf war, waren wir während unserer Monate in den Regenwäldern Asiens, Australiens und Zentralamerikas in der Regel in Forschungsstationen untergekommen, wo wir in Hütten oder Zelten schliefen und Tagesausflüge auf der Suche nach Tieren und Pflanzen unternahmen.

Unsere auf eigene Faust unternommenen Campingabenteuer, bei denen wir zu Fuß, im Boot, auf dem Fahrrad oder Skiern hundert Meilen oder mehr unterwegs waren, hatten meist durch gemäßigte, boreale oder arktische Landschaften geführt. Mit Sicherheit war er in der Lage, Wasser abzukochen, wie wir es am Boden des Grand Canyon und auf den Weiden Mexikos und Australiens gemacht hatten. Leider war es schwierig gewesen, Gas für seinen Jetboil-Kocher zu finden. Da jedoch gerade Trockenzeit herrschte, sagte er, Feuer wären nicht »äquatorial schwer« zu entfachen, eine Anspielung auf seine Erfahrung mit hundert Prozent Luftfeuchtigkeit und täglichem Regen am Nachmittag im Zentrum der tropischen Regionen am Äquator.

Roman gestand, dass ihm der Schutz vor Kriminellen die größte Sorge bereitete. Wie die meisten Ländergrenzen, die sich über weite Wildnisgebiete erstrecken, hat auch El Péten seine Banditen und feindseligen Einheimischen, die jedem Fremden mit Ablehnung begegnen, und Drogenschmuggler, die kolumbianisches Kokain nach Mexiko schleusen. Selbst der Tourismus barg Gefahren. Er lernte einen jungen Traveller kennen, der beobachtet hatte, wie ein »Tourismuskartell« bewaffnete Männer losschickte, um Touristen aufzuspüren und sicherzustellen, dass sie die »richtigen« *Coopertiva*-Guides anheuerten. Das Geschäft mit den Guides war eine wichtige Einnahmequelle in der ansonsten landwirtschaftlich geprägten Region; der nahe Drogenschmuggel und der Zugang zu Waffen hatten augenscheinlich die Kriminalität gefördert.

Er bat mich um Rat, also schrieb ich zurück. Wenn Tausende den Trail jedes Jahr gingen, wäre er nicht wirklich allein.

> *Ich hoffe, du wirst Süßwasser finden – selbst ausreichend mitzunehmen, ist unmöglich. Ich finde die Idee gut, mit zwei mal vier Litern reinzugehen. Wenn du am Ende des ersten Tags kein Wasser gefunden hast, hast du noch genügend für den Rückweg. Optimal ist Wasser aus*

Kalkstein-Cenoten (Dolinen). Wenn das Wasser fließt und es keinen Müll oder Menschen in der Umgebung gibt, wird es unbedenklich sein. Ansonsten kochst du es am Abend im Camp ab, lässt es abkühlen und kannst es am nächsten Tag mitnehmen. Sumpfwasser abzukochen, ist okay. Ich bin ziemlich sicher, dass du Wasser finden wirst.

Ich erinnerte ihn in meiner E-Mail an Tinidazol, die Tabletten gegen Giardien-Parasiten, die wir immer in Entwicklungsländern kauften, wo Giardiasis und Amöbenruhr verbreitet sind.

»Ich würde sagen, mach es«, ermutigte ich ihn abschließend.

Zwei Wochen später hatten sich seine Pläne jedoch geändert. Jetzt erzählte er von einer neuen Route, viel länger und ungleich abgeschiedener. Er wäre nun zehn Tage unterwegs. Er besäße keine gute Karte der »schmalen Dschungelpfade« in der Gegend und würde sich auf nicht viel mehr als einen Kompass und seinen Verstand verlassen können. Er schrieb von seinem Vorhaben:

Ich schätze, ich werde ein paar Tage da draußen sein, eine Schlange essen, Angst bekommen und wieder umkehren. Wenn es schiefläuft, kann ich immer noch einfach nach Süden gehen und auf eine Straße stoßen. Ehrlich gesagt, mache ich mir mehr Sorgen um das Tourismuskartell auf dem Maultierpfad von Carmelita nach El Mirador als darum, mich im Wald zu verirren.

Roman hatte ein Zelt für diesen Trail entworfen, Material gekauft und es von einem guatemaltekischen Jugendlichen zusammennähen lassen. Er war gespannt, wie sich seine Konstruktion bewähren würde. »Ich freue mich außerdem schon ziemlich auf die Gelegenheit, eine Machete zum Einsatz bringen zu können«, schrieb er. Er versprach, mich noch einmal auf den letzten Stand zu bringen, bevor er aufbrechen würde, und einen Landsmann, der im nahen Ort El Remate lebte, über seine Pläne zu informieren. Doch beim Lesen und nochmaligen Lesen seiner E-Mail und seiner Pläne pressten sich meine Lippen aufeinander. Zehn Tage? Schmale Pfade? Keine Karte?

Ich öffnete Google Earth und suchte nach den Ortsnamen, die er genannt hatte. Uaxactún und El Mirador – beide in El Petén – schienen weitab des »Gringo Trails« beliebter Touristenziele. Ich zoomte mich heran. Flacher, gleichförmiger Wald erstreckte sich wie ein grüner Berberteppich in jede Richtung. Ich schob den Ausschnitt hin und her. Außer einer Handvoll brauner Flecken, die wie Sumpfland aussahen, das man besser meiden sollte, gab es nichts, was einem Wanderer als Orientierungshilfe hätte dienen können. Keine Berge, keine Flüsse, keine Weiden, keine sichtbaren Straßen oder Pfade. Außerdem schien es weit zu sein von Uaxactún nach El Mirador – und leer.

Ich googelte Bilder von El Petén: niedriger Dschungel mit alten Maya-Bauten, deren Stufen weit über die angrenzenden Waldbäume ansteigen. Eine Wikipedia-Karte bestätigte die völlige Abgeschiedenheit des nördlichen Grenzlands von El Petén. Romans geplante Route verlief mitten durch das größte noch bestehende Regenwaldgebiet Zentralamerikas: fast 11 000 Quadratmeilen, die sich über Teile von Guatemala, Mexiko und Belize erstrecken.

Ich ging seine E-Mail noch einmal Stück für Stück durch und begann, eine Antwort zu schreiben. Ich musste ihm sagen, dass eine Karte ohne topografische Darstellung, Flüsse oder Pfade kaum von Nutzen sein würde. Ich musste ihn daran erinnern, wachsam vor der gefährlichsten Schlange Amerikas zu sein: der Lanzenotter, die mehr Menschen als jede andere Schlange, inklusive der Buschmeister, tötet, einer aggressiven Vipernart, die bis zu drei Meter lang werden kann.

Ich schrieb eine Mail, dann noch eine und noch eine – mehrere. Sie alle sagten: »Nein, mach es nicht!« oder »Mach es lieber so und so, das ist sicherer«. Ich löschte jede einzelne im Ringen, ihn zu warnen, aber nicht zu entmutigen. Er war zwar mein Sohn, aber mit siebenundzwanzig war er auch sein eigener Herr, fähig, erfahren, vorsichtig.

Roman, der Weg nach El Mirador von Westen, von Carmelita, sieht besser aus. Ich denke, du solltest nicht von Uaxactún aufbrechen. Es sieht zu abgelegen aus, und ohne GPS wird es schwierig sein zu wissen, wo du dich befindest, um nicht gleich im ersten flachen Karstdschungel die Orientierung zu verlieren. Vielleicht findest du jemanden, mit dem du zusammen gehen kannst. Es sieht nach langen Strecken aus und ist wirklich abgeschieden. Erinnerst du dich noch an den Typ, den wir getroffen haben, der mit einem Freund in Peru unterwegs war und wie dieser Freund dann von einer Buschmeister gebissen wurde? Der Freund starb, bevor sie Hilfe holen konnten. Ich finde nicht, dass du die geplante Route gehen solltest. Sie scheint zu gefährlich.

Ich kann das nicht abschicken, dachte ich. Er weiß, auf was er sich einlässt. Er spricht Spanisch. Er ist jung. Es ist sein Trip, und ich habe ihn dahin gebracht, wo er jetzt ist. Ich habe mich immer über Leute geärgert, die mir von meinen Plänen abgeraten und gesagt haben: »Nein, das ist zu gefährlich« oder »Nein, das geht unmöglich« oder »Nein, mach stattdessen das und das«. Roman war auf vielen dieser Reisen sogar dabei gewesen. Wie kann ich ihm jetzt sein eigenes Abenteuer verwehren? Sollte ich nicht voller Zufriedenheit darüber sein, dass er das Abenteuer eingeht, anstatt Angst davor zu haben?

Ich löschte die E-Mail und schrieb stattdessen:

Sei vorsichtig mit der Machete. Tollpatsch, der ich bin, habe ich mir einmal fast meinen Zeh abgehackt, als ich sie durch den Schuh und die Socke in den Zeh schlug. Achte auch auf Schlangen, die regungslos daliegen und auf Beute lauern, man übersieht sie leicht. Du möchtest auf keine Lanzenotter treten oder auf die andere große angriffslustige, die Buschmeister! Und danke, dass du dir Gedanken um deine Sicherheit machst. Dein Plan ist jetzt also, dir Wege von Uaxactún nach Nordwesten zu suchen? Abseits von Dschungelpfaden kann man ziemlich schnell die Orientierung verlieren.
Dad

Ich klickte auf »Senden« und hoffte, es würde alles gut gehen.

Was blieb mir auch anderes übrig?

13
El Petén

Vulkanwanderung, Guatemala, März 2014.

Roman hatte im Internet eine anspruchsvolle M-förmige Route durch El Petén entdeckt. Ein Traveller namens Frenchfrog beschrieb die Strecke in einem Internetforum: »Es ist fast unmöglich, sie auf eigene Faust zu schaffen, ohne sich zu verirren, wenn man nicht bei den Marines oder Navy SEALs ausgebildet wurde und sich nicht gut im Dschungel auskennt.« Frenchfrog ergänzte: »Das war das beste Abenteuer von allen«, warnte aber: »Du musst sehr vorsichtig sein, sonst verläufst du dich leicht.«

In einer E-Mail, die Roman mir an dem Tag, als er aufbrach, schickte, beschrieb er die drei Abschnitte des Ms. Ganz im Osten ging es auf einer nicht ausgeschilderten Piste, die sich unter dem Blätterdach des Dschungels schlängelte, zur Rangerstation Dos Lagunas. Dann folgte die Route in nordwestlicher Richtung selten benutzten Pfaden zur abgelegensten Maya-Stätte von allen – Naachtun (»Weit entfernte Steine«) – nahe der mexikanischen Grenze. Zur Mitte des Ms ging es zwanzig Meilen südwestlich zu einer anderen alten Stätte, Nakbé, zehn Meilen von El Mirador, Romans »unberührte Maya-Ruinen im Dschungel«. Der letzte Abschnitt führte von dort zur Straße ab Carmelita, die er nach Einbruch der Dunkelheit zu erreichen hoffte, um das bewaffnete Tourismuskartell zu umgehen. Für die M-Route würde er sich nur auf seinen Kompass, eine grobe Wegskizze und sein Spanisch verlassen.

Während Roman unterwegs war, vollendete ich den Ausbau des Dachbodens und ging mit seiner Abwesenheit so um wie bei jedem anderen Abenteurer, der mir die Aufgabe übertrug, aktiv zu werden, wenn er bis zu seinem *out-date* nicht zurück war.

Ein *out-date* ist der Tag, an dem wir Abenteurer einen Angehörigen, Freund oder anderen vertrauenswürdigen Menschen bitten, nach uns suchen zu lassen, falls er oder sie bis dahin nichts von uns gehört hat. In Alaska heißt das, die Alaska State Troopers, die U.S. Air Force Pararescue (die Fallschirmrettung der US-Luftwaffe), den Piloten, der uns in die Wildnis geflogen hat, oder die örtliche Bergrettung zu verständigen. Neben dem *out-date* geben wir unser Ziel und unsere Route an, die Farbe unseres Zeltes, Rucksacks, Bootes und unserer Kleidung und alle anderen Informationen, die bei der Suche helfen könnten. Wir wollen für uns und unsere Handlungen verantwortlich sein. Wenn wir Hilfe brauchen, wollen wir, dass man uns findet und nach Hause bringt.

Roman mailte mir seine M-förmige Route und sein *out-date*: 18. April. Hätte er sich bis dahin nicht gemeldet, würde ich die Suche nach ihm veranlassen. Er schrieb: »Morgen mache ich mich auf den Weg nach El Remate, um zu versuchen, bei einem Gringo-Guide Details zu hinterlassen, damit ihr Kontaktdaten habt, falls ich vermisst werde.« El Remate ist der Ausgangspunkt für Tikal. Der Guide war ein älterer amerikanischer Expat namens Lou Simonich.

Zehn Tage später, am 16. April, zwei Tage vor seinem *out-date*, schrieb Roman mir drei Sätze: »200 km in Guatemalas ursprünglichstem Dschungel hinter mir, hab mich nur zwei Tage verlaufen. Schreib später mehr. Muss eine Unterkunft suchen und meine Sachen waschen.«

Ich war erleichtert, von ihm zu hören. Der ausführliche Bericht kam am nächsten Tag. Ich las ihn zweimal und schickte ihn dann an meinen Vater und ein Dutzend Freunde, die Roman von klein auf kannten und mit uns beiden Touren unternommen hatten. Ich wollte, dass sie aus seinem eigenen Munde hörten, was er geschafft hatte.

Roman erklärte mir, weshalb er die 6000 Wörter geschrieben hatte: »Es gibt eine Menge, was ich festhalten will, um zu sehen, wie ich mich jetzt daran erinnere und wie ich es später in Erinnerung haben werde, und weil es, wenn ich nur eine kurze Zusammenfassung schreibe, nicht nur total krass klingt, sondern auch leichtsinnig, dabei war es weder das eine noch das andere. Ich bin einfach acht Tage gewandert und habe Leute nach dem Weg gefragt.«

Bevor er aufbrach, übernachtete Roman bei Lou. Als Guide und erfahrener Dschungelwanderer riet er Roman, den Einheimischen nicht seinen ganzen Plan zu verraten. So wie die Cowboys von Umnak zwanzig Jahre zuvor würden sie über einen Gringo, der allein den langen Weg bis nach El Mirador wanderte, die Stirn runzeln. Die beiden blieben lange auf, studierten Karten und schauten Tarantino-Filme.

Am nächsten Morgen half Roman Lou, Brot zu backen. Er schärfte seine Machete und steckte seine handgezeichnete Routenkarte ein. Lou fuhr Roman bis nach Tikal, wo er den Bus nach Uaxactún nahm, eine Ruine am Ende einer unbefestigten Straße. Dort zeltete er eine Nacht. »Lous Ratschlag, nichts von meinen El-Mirador-Plänen zu erzählen, war gut«, stellte Roman fest, »denn der Empfang, den die Einheimischen mir bereiteten, war entmutigend.«

Weil er annahm, dass es im Dschungel heiß sein würde, und um Gewicht einzusparen, hatte er seinen Schlafsack und seine Extraklamotten bei Lou gelassen. Er nahm nur seine Dschungelkleidung und seinen großen mexikanischen Rucksack als Isolierung mit, deshalb war ihm nachts meistens kalt. Stunden vor der Morgendämmerung wurde er frierend vom löwenartigen Geschrei der Brüllaffen geweckt, kletterte aus dem Rucksack, den er, um sich zu wärmen, zum Biwaksack umfunktioniert hatte, machte ein Feuer und kauerte darüber, während er seine Tagesration Trinkwasser abkochte.

Er verließ Uaxactún im Morgengrauen und folgte Wegbeschreibungen, die – was er nicht wusste – nichts taugten. Immer wieder checkte er seinen Kompass und seine Routenskizze, während er an einem Nebenpfad nach dem anderen vorbeikam. Schließlich ließ er die feuchten Karsthügel hinter sich und betrat trockenes, flaches Buschland mit niedrigen Palmen. Als er an die vier Liter seines Wasservorrats aufgebraucht hatte, erreichte er seine erste *aguada* (Wasserstelle) neben einem viel genutzten Campingplatz. Er machte dort Pause und kochte in der Nachmittagshitze vier Liter Wasser ab.

Es mag überraschen, dass Roman die Wasserversorgung als Knackpunkt seiner Regenwaldtour angesehen hatte. Aber er befand sich zur Trockenzeit auf einem riesigen Kalksteinsockel, der löchrig wie ein Schweizer Käse war. Frenchfrog selbst hatte auf halber Strecke kein Wasser mehr gehabt.

Wasser war aber nicht seine einzige Sorge. Es machte ihn nervös, allein in einer fremden Wildnis zu sein. Auf der Piste konnten Drogenhändler, Räuber und feindselige Einheimische unterwegs sein, ebenso wie freundliche Bauern, Archäologen, Ranger und sogar Touristen. Seine Unruhe wuchs, als ein Typ mit einem Gewehr über der Schulter auf einem Motorrad an ihm vorbeifuhr.

»Ich brachte kaum eine Erwiderung heraus, als er mich erstaunt grüßte«, schrieb Roman, »weil ich auf sein Gewehr starrte. Es war alt und rostig und sah wie eine Kipplaufbüchse aus. Nicht die Waffe eines Drogendealers, eher die eines Wilderers. Aber er lächelte, als er vorbeifuhr.« Roman entspannte sich etwas, aber nicht lange. In der

Abenddämmerung scheuchte er zwei riesige Vögel auf, die ihn mit ihrem lautstarken Geschrei erschreckten. Seiner Beschreibung nach zu urteilen, handelte es sich um langhalsige, truthahnartige Hokkohühner.

An seinem zweiten Morgen wachte er frierend auf, kochte Wasser von der *aguada* und brach noch vor Sonnenaufgang auf. Trotz seines schweren Gepäcks taten ihm die Füße nicht weh, und er war guter Dinge. In der Morgendämmerung drang warmes Licht in den Wald – da stürmte plötzlich etwas aus dem Dickicht auf den Pfad.

»Bevor ich registrierte, dass das bellende Etwas ein verängstigtes Wildschwein war, kein grimmiger, verwilderter Hund, hatte ich meine Machete gezückt.« Später lief ihm auch ein Puma über den Weg, sah ihn an und verschwand wieder im Wald. »Diesmal holte ich nicht meine Machete hervor«, sagte er.

Abgesehen von den größeren Tieren mit scharfen Zähnen gab es kleinere, die auch beißen konnten. Mehrmals wäre Roman fast auf eine Schlange getreten, die gut getarnt zwischen dem heruntergefallenen trockenen Laub lag. Eine lange, die sich über die halbe Piste erstreckte, klapperte im Laub bedrohlich mit ihrer Schwanzspitze. »Ich sah mich nach einem Stock um, weil eine ein Meter achtzig lange Schlange ein gutes Abendessen abgegeben hätte, aber sie muss wohl etwas geahnt haben und ist ins Unterholz abgezischt.«

Roman lief weiter in nordwestlicher Richtung auf einem weniger genutzten Pfad, den Frenchfrog erwähnt hatte. Er hoffte, die Rangerstation Dos Lagunas zu umgehen und auf direkterem Weg durch den Dschungel Naachtun zu erreichen. Als der Pfad sich verzweigte, wandte er seine Vulkankletterregel an und wählte den meistgenutzten Weg in Richtung seines Ziels aus. Er war mit seinen Pfadfinderfähigkeiten zufrieden: »Während ich fröhlich vorwärtskomme und dabei der Stierhorn-Akazie (ein kleiner Baum, den stechende Ameisen vor Schädlingen schützen) und stacheligen Palmen aus dem Weg gehe, denke ich darüber nach, wie gut alles läuft, und wenn *das* Dschungelwandern ist, braucht man mit Sicherheit keine Ausbildung bei den Navy SEALs.«

Doch schon bald wurde der Weg schmaler, und er musste mit der Machete Bäume einkerben, um seinen Rückweg zu sichern. Die Route war nun abwechselnd Ziegenpfad, ausgetrockneter Bach und undurchdringliches tropisches Farnkraut, das in eineinhalb bis drei Meter hohen dichten Büscheln wächst. Es kann Stunden dauern, hundert Meter durch solch ein Dickicht vorwärtszukommen.

Nachdem er sich durch ein solches Dickicht gekämpft hatte, registrierte er, dass er sich verlaufen hatte. Es war Nachmittag. Er stellte seinen Rucksack ab, um den Wald mit kopfhohem Untergehölz aus Zwergpalmen jenseits des ausgetrockneten Bachs auszukundschaften.

Fasziniert von einem etwa fünfzig Meter hohen Hügel, kletterte er hinauf, verlief sich aber beim Abstieg: Im Dschungel sieht alles ziemlich identisch aus, und das dichte Blätterdach verhindert, dass man die Sonne als Orientierungshilfe nutzen kann. Desorientiert und leicht in Panik, weil die gleichförmige grüne Landschaft seinen Pfad so schnell verschluckt hatte, war er erleichtert, als er endlich seinen Rucksack wiederfand.

Allein in der tropischen Wildnis kann einem mulmig werden. Orientiert man sich mittels Kompass oder GPS, läuft man unweigerlich durch Sumpf, verschlungene Kletterpflanzen, und andere Vegetation, die giftige Schlangen, stechende Insekten, Skorpione und Tausendfüßler oder Pflanzen mit Stacheln, Dornen und einem Ausschlag verursachenden Harz birgt. Die Nächte sind lang. Großkatzen – und verzweifelte Menschen – töten manchmal Alleinreisende.

Die dritte Nacht war die kälteste. Roman stopfte zur Isolierung Plastiktüten in seine Klamotten. Um drei Uhr wurde er wach und wartete bis zum Morgengrauen vor einem Feuer. »Ich stellte fest, dass es keinen Pfad gab, dem ich folgen konnte, dass ich keine Ahnung hatte, was ich tat, und dass ich wieder zur Piste zurückgehen musste.« Doch statt umzukehren, erkundete Roman weiter den Dschungel. Er fing eine Eidechse und tötete sie. In seinem Tagebuch schrieb er: »Habe versucht, eine Eidechse zu essen. Ekelhaft.«

Letztendlich verbrachte er den halben Tag damit, um seine Campingstelle herum nach einem Pfad zu suchen, der ihn westwärts nach Naachtun und El Mirador führen würde.

Es gab dort tatsächlich einen Pfad: einen alten Maya-Pfad im Wald. Er verlief etwa fünfzig Meter schnurgerade, war ein Meter achtzig breit und einen knappen Meter hoch – eine aufgeschüttete Straße, *sacbé* genannt, die bei einer von Plünderern ausgegrabenen Ruine endete. Fasziniert von der antiken Straße, drang er tiefer in den Dschungel vor. Er hatte jede Menge Wasser – gut fünfzehn Liter –, aber das Gewicht zwang ihn, jedes Mal seinen Rucksack fallen zu lassen, wenn er sich den Weg freischnitt, und wieder zurückzugehen, um ihn zu holen, sodass Ameisen, Spinnen, heruntergefallene Zweige und Blätter an seinem verschwitzten Nacken und Armen klebten.

Aus einem der Bäume, die er einschlug, trat unterhalb der unverkennbaren V-Narbe der Gummizapfer weißer Milchsaft aus. Das ließ ihn hoffen, doch noch einen Pfad zu finden, sodass er sich bis zur Dämmerung vorwärtskämpfte. Am Rande eines riesigen Karsttrichters machte er Halt. Er war zuversichtlich, Wasser zu finden, stieß aber »am Boden nur auf Wespen, Kalkschlamm, verrottete Baumstämme und die Aussicht, niemals gefunden zu werden«.

In jener Nacht, seiner vierten in El Petén, fand er heraus, dass ihm wärmer war und er besser schlief, wenn er seine Zeltplane über sein Moskitonetz legte. In der taufeuchten Morgendämmerung war es schwierig, mit seinem Kerzenwachs ein Feuer zu machen, aber er stellte fest, dass die schuppige, brennbare Rinde des »Touristenbaums« (so genannt, weil er wie ein sonnenverbrannter Tourist aussieht, dessen Haut sich schält) das Feuer entfachte.

»Am nächsten Tag erkundete ich vier Stunden lang die Gegend, bevor ich beschloss, dass es an der Zeit war, zurückzugehen und Dos Lagunas aufzusuchen. Im Dschungel bekam ich langsam Platzangst, und ich war mir nicht sicher, ob es mir gelingen würde, meinen Trail zu finden.« Er stellte fest, dass es wesentlich einfacher war, den Dschungel zu verlassen, als in ihn vorzudringen: Für einen Pfad, den er mit einer Machete in zwei Tagen freigehackt hatte, brauchte er zurück zur Piste nur drei Stunden.

Kurz vor Sonnenuntergang spazierte Roman in die Rangerstation Dos Lagunas. Dort traf er auf »einen alten weißen Mann« und »vier irgendwie reservierte, aber neugierige Ranger. Aus einer Laune heraus erzählte ich ihnen, dass ich nach El Mirador unterwegs sei. Sie sagten, ich könnte bei ihnen campen.«

Froh, nach fünf Tagen allein im Dschungel willkommen zu sein und Gesellschaft zu haben, stellte Roman seinen großen Rucksack ab, wischte sich Schweiß und Schmutz aus dem Gesicht, trank einen großen Schluck aus seiner Wasserflasche und zog sich ein trockenes Shirt an. Er fragte sich, was der andere Gringo so weit weg vom Straßenende trieb.

14
Auf der Suche nach Carmelita

Lagerfeuer in Mexiko, Januar 2014.

Ein junger Ranger quetschte Roman aus, woher er stammte, wahrscheinlich, weil der »alte weiße Typ« ein dickbäuchiger Russe mittleren Alters war, der kein Wort Spanisch sprach. Die Ranger hofften, Roman könnte mit ihm kommunizieren. Es gelang ihm jedoch kaum besser als ihnen, und er erfuhr nur, dass der Russe Gemälde in St. Petersburg restaurierte und hoffte, via Nakbé nach El Mirador zu gelangen.

Auf Spanisch erzählte Roman den Rangern, was er schon gemacht und was er noch vorhatte. Er zeigte ihnen seine skizzierte

Karte und den Kompass. Sie gaben ihm daraufhin eine aktuelle, farbige Karte der Route zwischen Dos Lagunas und Naachtun. Beim gemeinsamen Abendessen aus Bohnen, Tortillas und Nescafé erzählten sie, dass die Ranger in Naachtun bessere Informationen hätten, wie man von Naachtun nach Nakbé käme. Sie fragten, ob er etwas dagegen hätte, wenn ihn der Russe begleiten würde. Roman erklärte, er habe nicht genügend zusätzlichen Proviant für das langsame Tempo des Russen. Die Ranger wussten, dass man zu zweit sicherer unterwegs war als allein, und boten etwas von ihren Vorräten zum Mitnehmen an. Roman ließ sich eine Packung Ramen-Nudeln geben und versprach, sich so weit um den Russen zu kümmern, indem er die Pfade markieren und Wasser für ihn zurücklassen würde.

Bei Aufbruch um sieben am nächsten Morgen ließ Roman den Rangern 50 Quetzal (etwa sechs US-Dollar) und zwei Packungen Kekse zurück. Guatemalteken sind im Allgemeinen großzügig, und Roman revanchierte sich gerne. Er hatte festgestellt, dass er sich häufig im Zuhause von jemandem wiederfand und nicht bloß in dessen Geschäftsräumen. »Ich versuche mich also an die Manieren zu erinnern, die mir Mom beigebracht hat. Hauptsächlich anzubieten, den Abwasch zu übernehmen. Das hat für mich bislang immer prima funktioniert, egal wo.«

Zwei Stunden jenseits von Dos Lagunas kam der Chef der Ranger auf seinem ATV herangerollt und fragte Roman, ob er eine Mitfahrgelegenheit wolle. »Ältere Guatemalteken, die ich kennengelernt habe, solche, die wie alte Cowboys wirken, haben häufig eine sehr herzliche und väterliche Ader. Der *jefe* und die anderen älteren Ranger waren da keine Ausnahme. Besorgt, verständnisvoll, hilfsbereit, interessiert, mit einem Augenzwinkern und einem wissenden Lächeln im Hinblick auf *aventura*.«

Roman nahm das Angebot an und stieg auf. Ein überladenes ATV mit zwei weiteren Rangern und dem Russen sowie ein vierter Ranger auf einem eigenen All Terrain Vehicle folgten. »Es war lustig«, schrieb Roman, »war aber wahrscheinlich auch das Gefährlichste, was ich hier gemacht habe. Ständig musste ich mich ducken, um Lianen auszuweichen, auf dem Sitz zurückrutschen und mich schmal machen, um nicht mit den Knien gegen Bäume zu streifen. Ich musste mich mit meinen Armen abstützen, während ich die Beine anzog, um nicht an den Rändern der tiefen Spurrinnen entlangzuschleifen, in die wir manchmal gerieten.«

Eineinhalb Stunden später hatte Roman die erste Station der M-förmigen Route ins zentrale Gebiet der antiken Maya erreicht: Naachtun. Nirgendwo sonst im mesoamerikanischen Raum ist die Dichte an Sacbés, den Zeremonialstraßen und -wegen, größer als hier. Während seines Aufenthalts lernte Roman ein Team von Archäologen kennen, das von dem Guatemalteken Carlos Morales-Aguilar, einem der führenden Forscher in El Petén, geleitet wurde. Morales-Aguilar schwärmte von der Bedeutung Naachtuns, des zivilisatorischen Zentrums für zehn Millionen Maya vor tausend Jahren. Roman verbrachte Stunden damit, zwischen den Ausgrabungen und Ruinen umherzuschweifen. Mit einer neuen Kartenskizze in seinem Notizbuch machte er sich auf nach Nakbé, der mittleren Spitze des M.

Selten wird dieser Abschnitt im abgelegenen Herzen von El Petén bereist. Der Pfad wurde undeutlich und verwildert. Im Unklaren darüber, wo er sich befand, wusste Roman zumindest, wie er wieder zurückkommen konnte. Im Lauf der Tage hatte er gelernt, Machetennarben von natürlichen Schäden an Bäumen zu unterscheiden, und zu erkennen, ob eine Wurzel durch ein Fahrzeug oder ein Hufeisen beschädigt worden war. Er hatte gelernt, anhand von Mustern zerborstener Termitentunnel im Boden festzustellen, ob ein Wilderer mit seinem ATV auf einer trockenen, festgestampften Strecke unterwegs gewesen war.

Während er das Gewirr an Fußpfaden und alten ATV-Routen mithilfe seines Kompasses und der neu gezeichneten Karte auskundschaftete, hinterließ er Wegmarkierungen für den Russen. In dieser Nacht, der sechsten, seit er von Lou und El Remate aufgebrochen war, schlug er das Lager unter duftenden Limetten- und Grapefruitbäumen neben einer großen *aguada* auf. In der Nähe stand eine fein säuberlich freigelegte Maya-Mauer mit engelartigen Flügelformen und anderen menschlichen und nichtmenschlichen Zierelementen. In der Trockenzeit sind Zecken und Milben eine schreckliche Plage in Zentralamerika, und Roman verbrachte in dieser Nacht eine Stunde damit, sich Parasiten vom Körper zu zupfen. Der juckende Ausschlag an seinen Füßen, erkannte er, war kein Ausschlag, sondern Dutzende winzige Zecken, die jede für sich ihre eigene fiese Quaddel heranzüchteten. Und sie waren nicht nur an seinen Füßen. Sie waren überall: an den Knöcheln, den Armen, im Schritt, in den Achseln, am Bauch. »Ich nahm ein kurzes Bad in DEET«, einem wirkungsvollen, vom Militär entwickelten Insektenabwehrmittel, »das sie tötete. Danach war es leicht, sie einfach abzukratzen.«

Um sechs war er wieder auf den Beinen, kochte Wasser für den Tag ab und dachte über die Situation nach. Wenn sich sein Lager in La Muralla befand, auf halbem Weg von Naachtun, würde er Nakbé gegen Mittag erreichen. Allerdings konnte er sich nicht sicher sein, ob er auf dem richtigen Weg war, und wägte die Risiken ab, mit denen er eventuell rechnen musste. »Im schlimmsten Fall würde mich eine Schlange beißen und ich einen langsamen Tod sterben. Dagegen konnte ich nicht viel tun. Am Zweitschlimmsten wäre es, zu tief in den Wald vorzudringen, sich zu verirren und kein Wasser zu finden.«

Er stellte fest, dass er, würde er auf den »saubersten Pfaden bleiben, Markierungen hinterlassen und sich nie weiter als zwei Tagesmärsche von einer *aguada* entfernen«, nicht Gefahr lief, sich zu verirren und kein Wasser mehr zu haben. Er bemerkte außerdem, dass es wilde Früchte wie den süßen Breiapfel gab, dazu jede Menge Schlangen und Echsen. »Ich hätte mir jeden Tag beim Wandern eine Mahlzeit zusammensammeln können, wenn mir der Sinn nach mageren gegrillten Echsen gestanden hätte.«

Er war besorgt, dass er den Russen hinter ihm irregeleitet hatte. Er ließ zwei Liter abgekochtes Wasser für den beleibten Maler zurück, zog dann weiter und erreichte Nakbé rechtzeitig zum Mittagessen. Er teilte seine frischen Limetten und Grapefruits mit den Rangern. Sie staunten über seinen Marsch, hätten aber nicht das getan, was er gemacht hatte, nicht allein: zu gefährlich, sagten sie. Die Geschichte mit dem Russen faszinierte und amüsierte sie, beunruhigte sie aber auch. Sie beschlossen, zurück Richtung La Muralla aufzubrechen und ihn zu suchen.

Die wenigen Stunden in Nakbé verbrachte Roman damit, die Ruinen zu erkunden. Von der Spitze des Haupttempels konnte er die teilweise frei liegende Pyramide von El Mirador sehen, die sich siebzig Meter hoch über den flachen, bis zum Horizont reichenden Dschungel erhob. Sie wirkte weit entfernt, doch mit einem zügigen Marsch würde er sie in etwas mehr als zwei Stunden erreichen.

Einer der Ranger, Miguel, musste nach El Mirador, um Vorräte zu besorgen, und lud Roman ein, ihn zu begleiten. Der Ranger, der lediglich einen leeren Rucksack trug, zeigte sich erfreut über das schnelle Vorankommen und war überrascht, dass Roman – mit seinem schweren Rucksack – mithalten konnte. Miguels Tempo hatte Roman dehydriert und ins Schwitzen gebracht und bescherte ihm große Blasen an seinen Zehen und Fersen. »Was soll's«, schrieb er in sein Tagebuch, »nur noch ein Tag.«

In El Mirador erzählte Miguel Romans Geschichte einer Köchin, die ihm ein Abendessen aus »Bohnen, Tortillas und leckeren Rühreiern« zubereitete. »Ich gab ihr meine restlichen Limetten. Auch die Ranger in El Mirador waren neugierig, was es mit dem Russen auf sich hatte, und hörten belustigt zu.

Es war schön zu erfahren, dass Roman an jedem Stopp entlang der Strecke den Kontakt zu den Menschen suchte, und noch besser zu hören, dass er sie an allem, was ihn beschäftigte, teilnehmen ließ: Es war gute Wildnis-Etikette, die er praktizierte. Es freute mich auch, dass er sich um den Russen sorgte, den er nicht kannte, der aber offenbar seine Hilfe benötigte.

An seinem letzten Tag, nach einem späten Aufbruch um acht, nahm er die letzten dreißig Meilen nach Carmelita in Angriff. Nach einer halben Stunde rauschte ein Helikopter mit Richard Hansen, dem berühmten Forscher, der El Mirador in den Achtzigern auf die Landkarte gebracht hatte, über seinen Kopf hinweg. »Es wäre cool gewesen, ihn kennenzulernen. Vielleicht hätte ich einen Tag länger bleiben sollen. Aber wer weiß? Wahrscheinlich hat er die Touristen satt. Und dumme Fragen von Studenten würde er sich noch das ganze Semester über anhören müssen.«

Roman spürte jetzt die Nachwirkungen des Marschtempos vom Vortag. Die Stunden zogen sich in die Länge. Seine Füße schmerzten, und die Milbenbisse juckten, während er den bretthharten Pfad entlangstampfte. Um seinen schmerzempfindlichen Füßen Linderung zu verschaffen, wich er auf weichere Wege parallel dazu aus. Bei Einbruch der Nacht war sein Wasservorrat aufgebraucht und er durstig und ausgelaugt. Zu allem Übel – weil sich in der Dunkelheit Zeit und Entfernung dehnen und er Carmelita immer noch nicht erreicht hatte – hatte er die Befürchtung, in der Finsternis falsch abgebogen zu sein, während er auf wunden Füßen weiter durch die Nacht humpelte.

Er war sich zwar sicher, Carmelita immer näher zu kommen, doch drangen an sein Ohr nur Geräusche, die er als »das Urgeschrei und -gebrüll der Tropen der Neuen Welt« beschrieb. Gerade als er über ein eventuelles Lager ohne Wasser nachdachte und den sehr langen Tag gut sein lassen wollte, hörte er Menschen. Er folgte ihren Stimmen zu einem Haus und fragte, wie er nach Carmelita käme. Man lachte: Er war *in* Carmelita. Der Ehemann führte Roman zu einem Touristenhotel, wo er seinen Durst mit diversen Flaschen Sprudel, Wasser und Gatorade löschte und ein Stück Seife kaufte. »Ich nahm mein letztes DEET-Bad, ein *mandi* und schlief dann das erste Mal seit neun Tagen, ohne zu frieren. In der Nacht regnete es, kräftig. Ich war froh, nicht noch eine Nacht draußen verbringen zu müssen. Mein Zelt hätte im heftigen Regen übel ausgesehen, und der Pfad wäre zu einer schrecklichen Schlammpiste geworden. Um meinen Russen machte ich mir aber doch ein wenig Sorgen.«

Um vier am nächsten Morgen nahm er einen *chicken bus*, einen jener bunten und mit Passagieren vollgestopften, lokalen Busse, und erreichte sechs Stunden später Santa Elena. Er verbrachte den Tag damit, Wäsche zu waschen, durch die Gegend zu humpeln, etwas zu essen und seine Reiseeindrücke niederzuschreiben.

Nur wenige Menschen sind El Peténs M-Route gegangen. Und noch weniger haben sie allein gemeistert. Roman hatte sich in der größten Wildnis Zentralamerikas behauptet. Ich war beeindruckt – und erleichtert.

Nach Guatemala war Belize die nächste Station von Roman. »Die einzigen Leute, mit denen ich gesprochen habe und die Belize mochten, waren junge Europäerinnen, die alles mögen, vor allem arme Menschen, oder weiße Mädchen, die zu viel rauchen und ihre Haare nicht pflegen.« Ich musste in mich hineinlachen über Romans Abneigung gegen »Hippies«, die in seinen Augen kaum mehr taten, als in ihren Hostels herumzuhängen und Drogen zu nehmen. Er machte sich auf den Weg nach Süden, nach Utila in Honduras. Dort zahlte er 289 US-Dollar für einen Tauchschein für Fortgeschrittene, viel Geld, wie er sagte, aber die Ausgabe wert. Er war der einzige Teilnehmer in einem Kurs, der Unterkunft, Ausrüstung sowie sieben Tauchgänge umfasste, bei denen er mit Walhaien schwamm und auch nachts tauchte.

Einen Monat nach El Petén schickte Roman eine E-Mail mit seinen Plänen und einer Karte des östlichen Honduras. Ein weiteres Mal bedauerte er, sein Packcraft zu Hause gelassen zu haben. Ihm schwebte eine 300 Meilen lange Flussfahrt auf dem Río Patuca durch das Herz von La Moskitia vor, der nach El Péten zweitgrößten Region Zentralamerikas ohne Straßen. Der Patuca selbst mündet an der berühmten Moskitoküste, die sich Honduras und Nicaragua teilen, ins Meer.

Roman beschrieb seinem Collegefreund Brad den geplanten Trip als »400 Meilen Dschungelsumpf ohne gute Karten durch Nordamerikas Umschlagplatz für Kokain in der Region mit der höchsten Mordrate weltweit«. Mir gegenüber hatte er nichts von diesem zweifelhaften Ruf erwähnt. Er erzählte mir, dass er unterwegs nach El Salvador sei, um ein Kanu für seine Flusstour durch La Moskitia aufzutreiben, ein Gebiet, dass mir wegen seiner Biodiversität ein Begriff war und nicht wegen seiner Gesetzlosigkeit.

Hätte er es mir gesagt, hätte ich ihm wahrscheinlich geschrieben, dass gesetzlose Menschen gefährlicher, unberechenbarer sind als die Wildnis. Hat ein Krimineller erst einmal ein Gesetz gebrochen – etwa beim Schmuggeln von Drogen –, fällt es leichter, ein weiteres zu brechen – etwa durch Raub oder sogar Mord. Die Risiken und Gefahren durch Berge, Flüsse und wilde Tiere lassen sich weit besser einschätzen als eine eventuelle Begegnung mit Outlaws. Nach seinem Trail in El Petén war jedoch klar, dass er auf sich selbst aufpassen konnte. Es hörte sich an, als wäre er bereit für das nächste große Abenteuer, und ich freute mich schon auf das, was er darüber berichten würde.

15
Richtung Süden nach Costa Rica

Gerätetauchen um die Bay Islands, Honduras, Mai 2014.

Während Roman in El Salvador auf der Suche nach einem Kanu war, lernte er Jeremy kennen, einen Kanadier, der sich ebenfalls für La Moskitia interessierte. Da sie nur Sit-on-Top-Kajaks fanden, die sich für ihren geplanten Trip nicht eigneten, beschlossen die beiden, sich stattdessen auf lokale Transportmittel zu verlassen. Sie fuhren nach Palestina am Ufer des Patuca in Honduras und gingen an Bord eines achtzehn Meter langen Lastenkanus, beladen mit fünfzig Kilogramm schweren Reissäcken, Getränkekisten und undichten 200-Liter-Fässern Benzin. »Mit allem, was Dorfbewohner zum Leben brauchen«, notierte Roman.

Der Bootsmann bemühte sich, das Kanu über den in der Trockenzeit flachen Fluss zu lenken, aber die Strömung ließ das überladene Boot in einer seichten Stromschnelle auf einen Felsen auflaufen. Der Kapitän befahl, die Benzinfässer abzuwerfen, und das Boot glitt wieder von den Felsen flussabwärts, wo Jeremy und Roman halfen, die Fässer einzusammeln.

Im Gegensatz zum übrigen Honduras wird La Moskitia von Indigenen bewohnt, nicht von Latinos. Je weiter sie in die Region vordrangen, desto weniger Leute sprachen Spanisch. Irgendwann hörten sie nur noch Miskito. In jedem Dorf, an dem sie vorbeikamen, lud das Einbaum-Kanu Fracht ab und nahm gelegentlich Passagiere auf. Als sie einen Abend bei einem Goldgräbercamp hielten, lieh Roman einem jungen Miskito-Pärchen sein Insektenschutzzelt und sein Tarp. Das brachte ihm den Respekt des Bootsbesitzers ein, der ihn und Jeremy später einlud, in seinem Haus zu übernachten. Tage später kamen die beiden weiter flussabwärts bei einem evangelikalen Miskito-Prediger unter, bei dem nachts Hymnen und Predigten über einen Lautsprecher liefen, dessen Verstärker der Beleuchtung seiner kleinen Kapelle den Saft nahm. Sie mussten ein paar Tage warten, bis wieder ein Boot auslief; ein Treibstoffengpass hatte den gesamten Flussverkehr lahmgelegt.

Gleich zu Beginn wunderten Jeremy und Roman sich über die vielen Waffen, die sie am Patuca zu sehen bekamen. Der Teenager am Bug des Lastenkanus schützte seine .50-Kaliber Desert Eagle vor einem tropischen Regenguss, indem er das schlagkräftige Teil in seinem Rucksack verstaute. Cowboys mit hohen Hüten steckten Pistolen in ihren Bund. Honduranische Soldaten mit Mützen und Kampfstiefeln schwangen Maschinenpistolen, Sturm- und Seitengewehre. In einem Dorf beobachtete Roman einen Mann mit freiem Oberkörper, der eine Pistole zwischen seinen braunen Bauch und seine Hose geklemmt hatte und Goldstaub gegen Doritos-Chips und Pepsi eintauschte.

Es war schwer zu sagen, wer ein Drogenhändler war und wer bloß ein normaler Bürger, der sich schützen wollte. Jeremy fragte den Kanukapitän: »Warum sind hier alle bewaffnet? Ist es hier gefährlich?«

»Nein, nein«, erwiderte der Kapitän. »Es ist hier sehr sicher. Alle haben eine Waffe!«

Jeder hat eine Waffe, weil die Lagunen, Feuchtgebiete und Flüsse von La Moskitia kolumbianischen Schmugglern Zuflucht bieten, die auf ihrem Weg zu den Landrouten durch Guatemala und Mexiko zu den US-amerikanischen Kokainmärkten auftankten und sich versteckten. Kleine, offene Boote mit mehreren Außenbordmotoren befördern die Drogen von ihrem Ursprungsort bis zu ihrem Anlandeort im Osten von Honduras.

Jeremy und Roman überredeten einen anderen Kapitän, sie in seinem großen Einbaum-Kanu mit Außenborder mitzunehmen. Es befuhr den breiten Fluss in der Dunkelheit. Auf der Fahrt durch eines der geschäftigsten Kokaintransitgebiete in Zentralamerika knabberten sie Kekse und beobachteten die Sterne, während der Kapitän gleichzeitig am Handy spielte und das Boot steuerte. Am nächsten Tag gingen sie an Bord eines zweimotorigen Jetboots voller Passagiere. Es folgte mit hoher Geschwindigkeit schmalen Kanurouten durch ein Sumpfgebiet, dann raste es in weitem Bogen durch die Lagunen der Miskitoküste am Karibischen Meer.

Während ich Romans Schilderung las, malte ich mir aus, wie Jeremy und Roman einander ansahen und grinsten, den Kopf schüttelten auf einer »aufregenden Disney-World-Fahrt. Außer dass die Kletterpflanzen tatsächlich so dicht über uns hingen, dass es wehtat, und dass das uns entgegenkommende Boot, ebenfalls mit Vollgas unterwegs, uns beinahe gerammt hätte.«

Nach der Ankunft in Puerto Lempira, dem größten Ort in La Moskitia, suchten sie sich eine Unterkunft. Es hörte sich grauenhaft an: »Für 100 Lempira (zehn US-Dollar) pro Nacht bekommst du eine fleckige Matratze, Insektenstiche und benutzte Kondome unter dem Bett. Für 50 Lempira bekommst du entweder Malaria oder wirst in einer dunklen Gasse erstochen.« Ein netter Typ namens Junior knöpfte ihnen 100 Lempira für das einzige saubere Zimmer im Ort ab. Zum Bier grillte Junior Hähnchen und kochte in einem traditionellen Tontopf eine honduranische Spezialität aus mit Käse überbackenen Bohnen. Am nächsten Morgen machten sie einen Rundgang durch Puerto Lempira, wo Junior sie auf die Kinder der Drogenhändler und ihre Bodyguards aufmerksam machte, er erzählte sogar, auf wen schon wie oft geschossen worden war und mit welchem Kaliber.

Von Puerto Lempira an der Miskitoküste der Karibik nahmen sie einen Pick-up nach Nicaragua. Die Piste verlief »durch eine echt schöne Landschaft. Ich kann nicht sagen, warum sie mir so gefiel.« Die Landschaft erinnerte Roman an eine surreale Dr.-Seuss-Version der arktischen Tundra Alaskas: »Zu flach, zu grün, zu sanft, zu schön, um wahr zu sein«, erklärte er. Nachdem sie mehrere militärische Checkpoints passiert hatten, kamen sie ohne Stempel im Pass in Nicaragua an. Sie hatten das indigene La Moskitia hinter sich gelassen und waren nach Lateinamerika zurückgekehrt.

Von Ende Juni bis in den Juli reiste Roman nach Süden. Ich ahnte –, die E-Mails brachten mich zu dieser Vermutung –, dass er nach acht Monaten weit weg von Alaska Heimweh hatte. Er surfte zwei Wochen in Nicaragua und witzelte darüber, dass sich die beim Packraften erworbenen Fähigkeiten kaum beim Surfen anwenden lassen, abgesehen vom Schwimmen. Er hatte Angst vor einer Tollwutinfektion, weil er von einem Straßenhund gebissen worden war, und fragte uns, was er tun solle; er gab Peggy ein honduranisches Kochrezept; empfahl uns die BBC-Serie *Sherlock*; und er schlug vor: »Wenn du es nicht schon hast, besorg dir New Orders 1987er-Album *Substance*.«

Sein Musiktipp erinnerte mich an die schönste Zeit in seiner Jugend, zwischen Kindheit und Erwachsensein, als er mich witzig und cool fand. In dieser goldenen Ära tauschten wir uns über Musik und Bücher aus, redeten über unsere Interessen und Erkenntnisse. Und als er sich mit zunehmendem Alter in Wirtschaft, Genetik und Politik besser auskannte als ich, teilte er sein Wissen mit mir und bereicherte mein Leben. In jenen Jahren studierten wir Tausende Insekten und schwelgten in Erinnerungen an Borneo, unternahmen Wildwasser-Packrafting-Touren, als niemand sonst es tat, und stellten fest, dass er mich im Schachspiel schlagen konnte.

»Wo in Costa Rica waren wir damals mit der APU-Gruppe?«, fragte er mich Mitte Juni.

Im Januar 1999 war ich mit einem Dutzend Studenten der Alaska Pacific University aus meinem Kurs über tropische Ökologie in Costa Rica. Roman kam als frühreifer Elfjähriger (bald Zwölfjähriger) mit.

Wir durchquerten das kleine Land von Küste zu Küste in einem gemieteten Kleinbus und studierten unterwegs die Ökologie Zentralamerikas. Wir sahen Pfeilgiftfrösche auf der Karibikseite, Schwarzleguane und Krokodile am Pazifik, und dazwischen unternahmen wir Wildwasser-Rafting-Touren. Wir wanderten eine Woche lang im Corcovado, durch seinen Tiefland-Regenwald und an seinen Stränden entlang auf der beliebtesten Route durch den Park. Damals war es noch möglich, in Costa Ricas Nationalparks auf eigene Faust unterwegs zu sein, und so liefen wir nach Lust und Laune kreuz und quer umher. Einmal wateten wir bei Flut durch eine Lagune, in der Haie und Krokodile leben sollten. Roman reichte das Wasser fast bis zum Hals.

Fünfzehn Jahre später bezwang Roman in Mexiko und Zentralamerika Vulkane, Berge und größere Dschungelgebiete. Er hatte den Lacandón-Urwald in Mexiko, El Petén in Guatemala, die Maya Mountains in Belize und La Moskitia in Honduras besucht: Der Corcovado-Nationalpark auf der Osa-Halbinsel in Costa Rica und der Darién Gap in Panama standen noch aus.

Er erzählte ein paar Freunden, dass der Corcovado eine gute Übung für den Darién Gap wäre, der zwischen Panama und Kolumbien tatsächlich eine Lücke im transkontinentalen Straßennetz bildete. Da in der Gegend panamaische und kolumbianische Grenzpolizisten, paramilitärische Revolutionstruppen und Drogenhändler zu Hause waren (von den Lanzenottern, Buschmeistern und anderen

Giftschlangen, 24-Stunden-Ameisen, Dengue, Malaria und anderem ganz zu schweigen), ist das Gap einer der gefährlichsten Orte der Welt.

Roman schrieb mir am 6. Juni eine E-Mail: »Ich hab fast die ganze letzte Woche darüber nachgedacht, wie ich den Darién Gap schaffen kann, und so langsam bekomme ich davon Albträume.«

Seinem College-Freund Brad mailte er:

Ich plane ernsthaft eine Tour durch den Darién Gap. Es ist saublöd, und es kann gut sein, dass ich umkomme oder gekidnappt werde. Senafront, die panamaische Grenzpolizei, lässt Ausländer nicht auf dem Landweg über die Grenze nach Kolumbien. Mein Plan ist, eine Erlaubnis für den Darién-Nationalpark zu bekommen, den Rangern zu entwischen, einem Fluss nach Süden zu folgen, hinauf ins extrem steile Kalkgebirge im Grenzbereich, die Grenze nach Kolumbien zu überqueren, dann einem Fluss hinunter in ein indianisches Dorf zu folgen und ein Boot für die Weiterreise zu mieten.

Ich teilte Romans Bedenken über den Darién. Es klang zu gefährlich, um es zu wagen. Doch während ein Teil von mir hoffte, er würde es nicht tun, hoffte ein anderer Teil von mir, dass er es tun würde. Als ich jung war, hatte ich mir wie viele andere Abenteurer die Wildnis des Darién als verlockendes Reiseerlebnis ausgemalt. Aber seine sozialen Gefahren durch die Gesetzlosigkeit und paramilitärischen Gruppen hatten mich davor zurückschrecken lassen. Wenn wir als Eltern indirekt durch unsere Kinder leben, würde es keine Rolle spielen, dass ich die Tour nicht verwirklicht hatte, nachdem Roman den Darién durchquert hätte. Andererseits kannte ich den Ruf des Parks.

Am 4. Juli 2014 fragte Roman mich, noch immer in Nicaragua, in einer E-Mail: »Hast du Zugang zu irgendwelchen supergeheimen topografischen Karten zentralamerikanischer Länder?«

»Schön wär's«, schrieb ich zurück. »Google mal ESRI world topo.« Besser als nichts. Ich checkte deren Corcovado-Version und verglich sie mit einer Gegend, in der wir damals waren. Darauf war die Osa-Halbinsel als Teil des Kantons Golfito gekennzeichnet.

Am 6. Juli kam Roman in San José, der Hauptstadt von Costa Rica, an und kaufte einen Rucksack, den er im Corcovado und weiter im Süden benutzen wollte. In seinem sperrigen mexikanischen Rucksack hatte er seinen Thermopulli, einen dünnen Sommerschlafsack, zwei Kocher und unser altes Kelty-Zelt. Er nahm auch Forrest McCarthys kleine gelbe Sporttasche fürs Tagesgepäck mit. Am Dienstag, dem 8. Juli, um acht Uhr morgens verließ er San José für eine achtstündige Busfahrt zur Osa-Halbinsel.

Sein Ziel: der Corcovado-Nationalpark.

16

»Die bislang beste Karte«

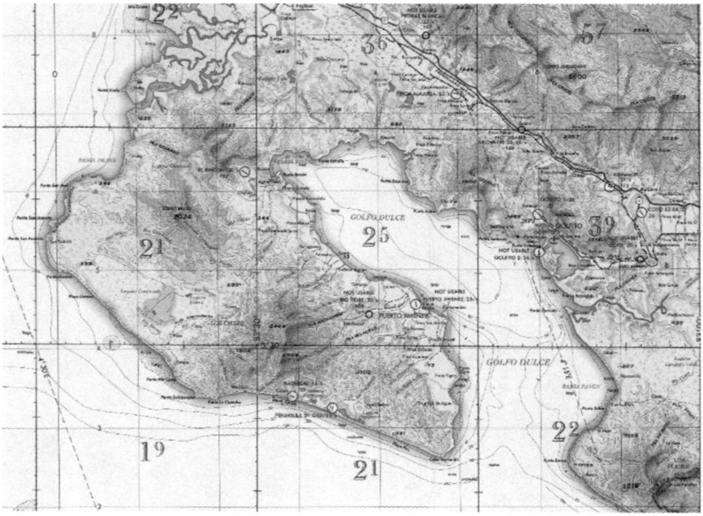

Karte der Península de Osa mit Golfo Dulce, Costa Rica.

Die Península de Osa direkt nördlich der Westküste von Panama trennt den mächtigen Pazifik vom ruhigen Golfo Dulce, dem »Süßen Golf«. Wichtigste Zufahrt ist eine zweispurige Straße, die bis Puerto Jiménez parallel zum Golf verläuft. Dort endet die asphaltierte Strecke. In den Neunzigerjahren lockten Abgeschiedenheit, reiche Natur und spärliche Besiedlung der Halbinsel scharenweise Nordamerikaner und Europäer an, die sich hier niederließen und Unternehmen gründeten, die bis zur Finanzkrise 2008 florierten.

Heute werden Neuankömmlinge am Ende der ausgebauten Straße von einem Sammelsurium an Schildern begrüßt, auf denen verheißungsvoll zu lesen ist: »Wasserfälle, Touren und Massagen« oder »Günstiger Luxus direkt am Strand!« Ebenfalls dabei: »Sportfischen«, »Seekajaken«, sogar »Ziplining«. Diese Unternehmen sind kleine Familienbetriebe, die ihren Beitrag zur lokalen Wirtschaft leisten und die Englischkenntnisse der Einheimischen vielleicht verbessern, Osa jedoch kaum als Touristenmekka wie Ziele weiter nördlich qualifizieren.

Für die Wirtschaft von Puerto Jiménez, einer kleinen, verschlafenen Stadt mit kolonialen Wurzeln, die in die Mitte des 19. Jahrhunderts zurückreichen, waren anfänglich Bananenplantagen von Bedeutung, später waren es Goldschürfer. Im Geschäftsviertel, das sich über sechs Häuserblocks erstreckt, dösen Hunde auf der Straße und scharren freilaufende Hühner im Boden. Hellrote Aras – rot, gelb und blau gefiederte, rabengroße Papageien – krächzen über den Köpfen. Es gibt ein Krankenhaus, eine Polizeiwache, ein Büro des Cruz Roja, des costa-ricanischen Roten Kreuzes. Eine katholische Kirche nimmt mit ihrem Gelände einen ganzen Straßenblock ein. Am Ortsrand spielen junge Männer auf einem umzäunten Feld Fußball.

Eine Tankstelle findet man hier ebenso wie zwei Banken, eine *farmacia*, vielleicht fünf Bars, zwei Supermärkte und ein Eisenwarengeschäft. Für Touristen gibt es außerdem noch einen Surfladen, eine Handvoll Restaurants mit englischen Speisekarten, Geschäfte mit bunten, holzgeschnitzten Tukanen, Veranstalter von Touren, die auf Tafeln für ihre Aktivitäten werben, und Hostels, die einsatzfreudig um Rucksacktouristen buhlen.

Eine Straße dahinter schwappt der Golfo Dulce sanft an einen Sandstrand, der in einen mangrovengesäumten Kanal mündet, wo ab und zu ein Reiher geduldig fischt. An der Landzunge üben Surfanfänger ihre ersten Linksbrecher. Jenseits des Orts erreicht man nach holprigen dreißig Meilen Matapalo, eine verstreute Siedlung am Strand mit den besten Surfmöglichkeiten auf Osa. Weitere fünfundvierzig Minuten hinter Matapalo endet die Straße im Dorf Carate, gegenüber von Puerto Jiménez auf der anderen Seite der Halbinsel, neben einer langen Flugpiste. Dahinter erstreckt sich der abgeschiedenste Strand Costa Ricas, zwölf kurze Minuten mit einem Kleinflugzeug von Panama entfernt.

An jedem x-beliebigen Tag schlendern Ticos und Ticas – die Einheimischen Costa Ricas – Gehwege entlang, bleiben stehen, um sich zu begrüßen und zu plaudern. Alte Autos und staubige SUVs fahren mit nur wenigen Zentimetern Abstand aneinander vorbei. Zu den Vorfahren von Puerto Jiménez zählen Piraten und Indios, Strafgefangene und Bürgerkriegsrebellen, illegale Siedler und Goldschürfer, Krokodiljäger, Bananenbauern, Viehzüchter und solche, die vor dem Verbrechen in San José und der Revolution in Nicaragua flohen.

Touristen – auffallend gepflegte, gleichmäßig gebräunte, wohlgeformte junge Männer und Frauen in Flip-Flops, Tanktops und Sonnenhüten auf dem Kopf – sitzen in offenen Restaurants und blättern durch ihre *Lonely Planet*-Reiseführer. Die meisten kommen nach Osa, um in einer Öko-Lodge abzusteigen oder den Nationalpark Corcovado zu besuchen, der als das Kronjuwel des costa-ricanischen Umweltschutzengagements gilt. Das für zentralamerikanische Verhältnisse ausgedehnte Gebiet erstreckt sich über 150 Quadratmeilen und beherbergt dazu passend große Dschungeltiere: Jaguare, Tapire, Harpyien, Krokodile, Buschmeister.

Osas Wälder bieten aber auch Unterschlupf für Wilderer, illegale Goldschürfer, Drogenschmuggler und Schwerverbrecher. Am nördlichen Ende der Halbinsel, in Sierpe, einem kleinen, von Mangrovenwäldern umgebenen Ort, entdeckte man 2016 in einem Kellerversteck zwei Tonnen Kokain. 2011 wurden nahe Puerto Jiménez zwei Nordamerikanerinnen in ihren Fünfzigern ermordet aufgefunden. 2009 verschwanden zwei Österreicher in ihren Sechzigern ohne weitere Spur aus ihrem blutverspritzten Haus in Doz Brazos, nicht weit von Puerto Jiménez entfernt. Selbst Olof Wessberg – der ausgewanderte Schwede, der als Begründer des Nationalparks Corcovado gilt – wurde 1975 Opfer eines Mordes im Dschungel nahe Puerto Jiménez.

Als Roman am Nachmittag des 8. Juli in Puerto Jiménez aus dem Bus in die drückende Nachmittagshitze stieg, hatte er keine Ahnung von dieser Chronik der Gewalt, deren Schauplätze gleich hinter den Touristenschildern und Hostels lagen. Jedoch war das Zusammentreffen von ungezähmter Natur und gefährlichen Menschen auf Osa nichts Ungewöhnliches für Zentralamerika; und neu war es Roman auch nicht.

Irgendwann nach vier an diesem Nachmittag, checkte er in einer Unterkunft ein, die in seinem *Lonely Planet*-Reiseführer als Cabinas The Corner Hostel gelistet war. Er schrieb seinen Namen und die Nummer des Reisepasses in das Gästeregister. Am 9. Juli mailte Roman aus einem Internetcafé, eine Straße von seinem Hostel entfernt, einem Freund: »Zurzeit auf der Osa-Halbinsel am Pazifik, direkt bei Panama. Es gibt hier einen Nationalpark, in den ich reingehen und mich ein wenig durchs Dickicht schlagen will. Als Übung für den Darién.« Er schrieb weiter, dass er das Ganze kurz halten wolle. Er müsse noch sein Ticket zurück nach Hause kaufen, wo er eine Wohnung, ein Auto und einen Job brauche und die Gebühren für ein weiteres Semester zu bezahlen seien. »In Costa Rica rinnt mir das Geld nur so durch die Finger. Ansonsten wäre ich gerne noch nach Kolumbien auf ein paar Berge hoch und zum Trekking. Südamerika wird wohl auf ein andermal warten müssen.«

Am selben Tag erläuterte er Peggy und mir in zwei E-Mails ausführlich seine Pläne. In der ersten von 9:02 Uhr stand, er sei in Puerto Jiménez Proviant für den Trip in den Corcovado einkaufen. Fünf Monate bevor Roman auf die Halbinsel kam, im Februar 2014, erließ der Nationalpark Corcovado neue Bestimmungen, nach denen Besucher den Park nur noch in Begleitung eines zertifizierten Guides betreten durften. Roman hatte seit Januar weniger als 1200 US-Dollar im Monat ausgegeben. Selbst wenn er einen Guide würde auftreiben können, der in sein knappes Budget passte, würde er ihn weder brauchen noch wollen: »Wie auch immer, morgen geht's dann los, off-trail westlich der Route von Los Patos nach Sirena. Das sind rund 20 km, dann bin ich an der Küste und laufe nachts auf der Strecke nach Madrigal wieder raus. Der Plan ist, dem Río David nach Süden zu folgen und dann den Río Claro zu überqueren ... Das Hochland, schätze ich, wird eine langsame und feuchte Angelegenheit.«

Das Hochland – ein Gewirr verschlungener Pfade der Wilddiebe und Nabelschweine auf einem von flachen Gräben durchsetzten Bergplateau, genannt Las Quebraditas – ist in der Tat eine langsame und feuchte Angelegenheit. Das Plateau, offiziell für jegliche Personen außer Parkaufsehern gesperrt, ist unter Goldschürfern und Rangern gleichermaßen als verregnetes, lianenumwuchertes Bambusdickicht berüchtigt, in dem man die Orientierung verliert.

Ich weiß noch nicht, wie lange es dauern wird, aber ich plane 4 Tage im Dschungel und einen Tag, um wieder rauszukommen. 5 km am Tag ist ein grottiges Tempo, aber ohne Horizont vor Augen lässt sich kaum eine gerade Linie halten. Im Westen kann ich nur an den regulären Trail stoßen, ansonsten nur an die Küste, es dürfte also schwierig werden, auf Nimmerwiedersehen zu verschwinden.

Die letzten vier Wörter sollten mich über Jahre verfolgen.

Zwanzig Minuten später, um 9:26 Uhr, schickte er den Link zu einer Karte, die er mitnehmen wollte. »Also, ich hab, wie es aussieht, die bislang beste Karte gefunden. Ich hab mir einige andere angeguckt, mit unterschiedlich eingezeichneten und benannten Flüssen und Trails.« Er beschrieb einen neuen Plan: »Ich will dem Río Conte flussaufwärts folgen, dann nach Süden zum Río Claro«, dem er bis zur Küste folgen und dann weiter nach Carate gehen wollte. »Es ist wohl gerade Regenzeit, ich weiß also nicht, wie gut ich über die Berge komme. Du weißt, wie steil und rutschig diese Art Gelände sein kann.«

Danach hob er an einem Bankautomaten ein paar Straßen von seinem Hostel entfernt von den 3436 US-Dollar auf seinem Bankkonto 50 000 Colones, etwa 95 US-Dollar, ab. Im Supermarkt gegenüber kaufte er für etwas über 25 US-Dollar Proviant für fünf Tage. Er kochte sich sein Abendessen in der Küche des Hostels, breitete dann seine Ausrüstung auf seinem Schlafsaalbett aus und verteilte es auf seine kleine gelbe Sporttasche, seinen großen Rucksack aus Mexiko und seinen neuen Rucksack. In die gelbe Tasche packte er seinen *Lonely Planet*-Führer, ein Spiralnotizbuch, Strandsachen und Kleidung. In den großen Rucksack aus Mexiko verstaute er das Kelty-Zelt, den Schlafsack, den Jetboil-Kocher, die Steppjacke und andere warme Kleidung, die er bei Vulkanaufstiegen getragen hatte, seine Flip-Flops, Jeans, den Gürtel sowie andere Kleidungsstücke und ein weiteres Notizbuch. Für den fünftägigen Trip in den Corcovado befüllte Roman den neuen Rucksack mit Koch- und Campingausrüstung, Proviant, einer Machete, einer topografischen Karte, einem Kompass, Schlafkleidung, einem Plastik-Tarp und einem Moskitonetz.

Am Morgen des 10. Juli zahlte er der kleinen alten Frau vom Cabinas Corners, die das Hostel führte, 20 US-Dollar für die beiden Nächte im Schlafsaal und weitere zehn US-Dollar, um ein Bett bei seiner Rückkehr zu reservieren. Den großen Rucksack aus Mexiko und die gelbe Tasche ließ er zur Aufbewahrung zurück. Gegen Mittag ging er über die Straße und nahm für fünf US-Dollar ein *colectivo* nach Dos Brazos, einem kleinen Dorf zwanzig Minuten von Puerto Jiménez entfernt und am bergigen Rand des Nationalparks Corcovado gelegen.

Roman wollte gar nicht zum Río Conte – erzählte jedoch niemandem von seinen neuen Plänen.

Dos Brazos, Spanisch für »zwei Arme«, bezieht sich auf die beiden Flussarme des Río Tigre, die hier zusammentreffen. Die 300 Dorfbewohner – Goldschürfer, bäuerliche Selbstversorger und ihre Familien – leben in einfachen Häusern entlang zweier kurzer Schotterstraßen, eine pro Flussarm. Dort, wo sich die beiden Straßen treffen, gibt es eine *pulpería*, eine kleine Holzhütte mit Wellblechdach, wie sie überall auf der Halbinsel zu finden sind. Hier kann man Snacks, Getränke und Zeitungen bekommen. Diese spezielle hier kauft gelegentlich Gold von lokalen Schürfern an.

Am frühen Nachmittag des 10. Juli stieg Roman aus einem *colectivo* gegenüber der *pulpería*, schulterte seinen Rucksack und ging dem rechten Arm des Río Tigre – El Tigre – folgend allein in den Dschungel von Corcovado.

TEIL III

NOT USABLE
PIEDRAS BLANCAS
FINCA ALAJUELA
CERRO ANGUCIANA
NOT USABLE
KILOMETRE 33
GOLFITO
NOT USABLE
COTO
COTO
NOT USABLE
GOLFITO 2
NOT USABLE
PUERTO JIMENEZ
PUERTO JIMENEZ
GOLFO DULCE
GOLFO DULCE
BAHIA PAVON
57
39
22

17

»Bitte melde dich!«

Vater und Sohn beim Kloster Paro Takstang, Bhutan, 2012.

Während Roman Kulturen, Berge und Dschungel Zentralamerikas erkundete, werkelte ich weiter im Haus, unternahm kurze Tagesausflüge und plante eine lange Packrafting-Tour in den nahen Talkeetna Mountains. Es war schön, per E-Mail von Romans Trips zu hören, aber noch mehr freute ich mich auf seine Rückkehr. Als er schrieb, dass er in Nicaragua von einem Hund gebissen worden war und Angst hatte, dieser könnte tollwütig gewesen sein, war ich kurz davor, ihn zu fragen, ob es nicht Zeit wäre, nach Hause zu kommen. Aber ich tat es nicht.

Als Vater gefiel es mir, dass er auf eigene Faust losgezogen war. Er würde weltgewandt, selbstsicher und mit einem breiteren Horizont zurückkehren. Sein Spanisch würde ausgezeichnet sein. Er würde besser über die Wirtschaft und die Rolle der USA in Lateinamerika Bescheid wissen. Seine Abenteuerlust war sicher in seiner Kindheit entstanden: durch unsere Familienreisen nach Australien, Borneo, in die Wildnis Alaskas und anderswohin. Ich wollte seine Geschichten, Ansichten und Erkenntnisse von ihm persönlich hören.

Am 14. Juli kam ich mit meinem Freund Gordy Vernon von der Tour in die Talkeetna Mountains zurück und überflog Romans letzte E-Mail: »Also, ich hab, wie es aussieht, die bislang beste Karte gefunden.« Ich packte erst mal aus und las nicht weiter. Dabei war in dem Thread die E-Mail versteckt – von mir eine weitere Woche übersehen –, die besagte, dass er vier Tage im Dschungel plante und einen Tag, um wieder rauszukommen. Sonst hätte ich gewusst, dass er schon am nächsten Tag von seinem Corcovado-Trip zurück sein wollte.

Der 15. Juli sollte sein *out-date* sein.

Der Sommer 2014 in Anchorage war sonnig. Peggy und ich hatten viel um die Ohren. Bis zur Lachssaison waren wir mit Arbeiten am Haus beschäftigt, dann fuhren wir zum Fischen auf die Kenai-Halbinsel. Wir zelteten am Strand, wo der milchig-blaue Kenai River in den gletschergrauen Cook Inlet mündet und die Meeresbrise die Juli-Mücken in Schach hält. Bei klarem Himmel und Sonnenschein genossen wir die Sicht auf die Berge und die Fischerboote auf ihrem Weg zurück in den Hafen, den Laderaum voll mit frisch gefangenem Rotlachs, von dem es in der Bucht wimmelte. Die Menschen standen Schulter an Schulter im Fluss, die Kescher gegen die Strömung gerichtet. Sobald einer in seinem Netz einen sanften Ruck spürte, holte er aufgeregt den Fisch ein. Wir trafen Freunde und füllten unsere Kühlboxen mit glänzendem Rotlachs.

Doch es ließ uns keine Ruhe, dass wir noch nichts von Roman gehört hatten. So oft es der löchrige Empfang am Kenai erlaubte, checkte ich mein Telefon nach neuen E-Mails. *Nichts.* Sechs Monate war es her, dass ich ihn das letzte Mal gesehen hatte. Er hatte nicht gesagt, wann genau er aus Lateinamerika zurück sein würde, aber ich hoffte, ihn bald wieder zu Hause zu sehen. Ich vermisste ihn.

Peggy und ich kehrten am 18. Juli vom Fischen zurück, nahmen die zwanzig Lachse aus, die wir gefangen hatten, und machten uns daran, weiter an der Verschalung unseres Hauses zu arbeiten. Die Tage zogen sich in die Länge. Noch immer keine Nachricht. Wir waren nicht beunruhigt, nur etwas verwundert. Seit Veracruz waren nie zwei Wochen vergangen, ohne dass er sich gemeldet hatte. Am 21. Juli – zwölf Tage nachdem er das letzte Mal geschrieben hatte – schickte ich eine sanfte Ermahnung: »Schreib, wenn du wieder zurück bist.« Seine Mail, die mit jener verknüpft war, die mit »die bislang beste Karte« begann, lag ungelesen in meinem Posteingang.

Am 23. Juli schlenderten Peggy und ich zwischen Schrauben und Farben durch die Gänge von Lowe's Baumarkt und fragten uns, warum wir nichts von Roman hörten. Zwei Wochen waren vergangen. Die längste Zeitspanne nach Veracruz, in der er sich nicht bei uns gemeldet hatte, waren zehn Tage, als er im Gebiet von El Petén und La Moskitia unterwegs war. Jetzt machten wir uns ernsthaft Sorgen.

»Ich muss mir noch mal seine letzte E-Mail ansehen«, sagte ich zu Peggy. »Ich habe sie nicht richtig gelesen und bin mir nicht sicher, was er geschrieben hat. Irgendwie ging es nur um Karten.«

In dem Moment, bei Lowe's, wurde Peggy übel. Unverrichteter Dinge zogen wir wieder ab und fuhren geradewegs nach Hause, um seine E-Mails sorgfältig zu lesen. Ich öffnete den Thread vom 9. Juli, wo mir die Worte »morgen geht's dann los, off-trail... 4 Tage im Dschungel und einen Tag, um wieder rauszukommen« ins Auge sprangen. Ich fühlte mich wie betäubt.

OH NEIN! Er sollte längst zurück sein – shit!

Ich hätte genauer hinsehen sollen!

Ein Schock durchfuhr mich. Dann kamen Schuldgefühle. Weil ich seine Mail nicht gründlich gelesen hatte, weil ich ihm nicht die Aufmerksamkeit geschenkt hatte, die er verdiente. Weil ich, wie Peggy mir in fast jeder Diskussion vorhielt, zu viel Zeit für meine eigenen Touren aufwendete, für meine eigenen Interessen.

»Peggy, die E-Mail bedeutet, dass er längst zurück sein müsste, seit …«, ich konnte kaum noch rechnen, »etwa zehn Tagen! *Irgendwas stimmt nicht!*« Ich schaute sie an. Ihre Stirn zusammengezogen, die Wangen schlaff. Sie sah mein Entsetzen; ihr eigenes wurde dadurch nur noch größer.

Wir wurden sofort aktiv. Sie schob mir ein Notizbuch und einen Stift über den Tisch, dann rief sie Jazz an. Ich setzte mich mit zitternden Händen an den Computer. Ich unterdrückte die in mir aufsteigende Panik und Übelkeit und googelte Corcovado National Park Guides, um jemanden zu finden, der uns helfen könnte.

Da ich nicht gut genug Spanisch sprach, um anzurufen, schrieb ich eine E-Mail an Osa Corcovado Tours:

> *Mein Name ist Roman Dial. Mein Sohn, Cody Roman Dial, 27 Jahre alt, ist im Corcovado-Nationalpark verschwunden. Er ist ungefähr 177 cm groß, hat blaue Augen, braune Haare und trägt eine Brille. Er wiegt rund 63 kg. Er müsste ein blaues Zwei-Personen-Zelt dabeihaben.*
>
> *Er reist seit einigen Monaten in Zentralamerika herum und unternimmt Dschungeltrecks, immer ohne Guide.*
>
> *Er hat uns am 9. Juli in einer E-Mail geschrieben, dass er am 10. Juli für fünf Tage in den Corcovado-Nationalpark aufbrechen wollte. Er hätte schon vor zehn Tagen zurück sein müssen, und er meldet sich immer bei uns zurück. Aber diesmal haben wir nichts von ihm gehört und machen uns Sorgen.*
>
> *Er schrieb, dass er östlich des Wegs von Los Patos nach Sirena off-trail wandern wollte. Er sagte, er würde rund 5 km am Tag wandern, insgesamt 20 km off-trail, dem Río Conte flussaufwärts folgend, dann über die Berge zum Río Claro und an ihm entlang bis zur Küste.*
>
> *Noch mal: Er sagte, er wäre fünf Tage weg – und das ist zwei Wochen her. Können Sie mir bitte einen Rat geben, was ich tun kann oder wie wir nach ihm suchen können? Ich spreche kein Spanisch, aber vielleicht kann ich mit jemandem telefonieren? Ich hänge ein zwei Jahre altes Foto an.*

Das erste Foto von Roman, das ich fand, war aus Bhutan. Er lächelt in die Kamera, ist etwas pummelig und hat einen Bartansatz, kurzes Haar und eine Brille mit Metallfassung. Er trägt ein blaues Shirt. Ich habe meinen Arm um ihn gelegt. Ich hängte das Foto und die »bislang beste Karte« an und schickte die Mail ab.

Dann kaufte ich ein Flugticket nach Costa Rica für den nächsten Tag. In Alaska konnte ich nicht bleiben. Ich würde die Suche nicht anderen überlassen. Er war mein Sohn. Ich trug Verantwortung für ihn. Zu den alaskischen Prinzipien gehört es, dass wir uns umeinander kümmern. Ich war bei genug Rettungsaktionen dabei gewesen, um zu wissen, dass unser System funktionierte. Roman hatte mir seine Pläne und eine Karte geschickt, weil er wusste, dass ich ihn, wenn ihm etwas zustieße, holen würde.

Ich hatte ihn in die Tropen eingeführt, in die Wildnis, ins Reisen. Niemand wusste besser, was Roman tun würde. Aber ich brauchte einen erfahrenen, zuverlässigen Helfer, dem wir vertrauen konnten. Ich rief Gordy an. Er war ein Globetrotter, der einmal sechs Fingerspitzen verloren hatte, als er seinen Versuch, den Mount Everest zu erklimmen, aufgab, um einen anderen Bergsteiger zu retten. Er hatte seinen Vater und zwei Geschwister bei einem tragischen Flugzeugabsturz verloren.

Nachdem ich ihm die Neuigkeiten erzählt hatte, schwieg Gordy einen Moment lang. Er hatte mit Roman und mir den Grand-Canyon-Trip gemacht. Er schätzte Romans Zähigkeit, seinen Witz und seine Bescheidenheit.

Gordys Stimme war langsam und bedacht, er bemühte sich, ruhig zu bleiben. »Nee, Roman, mein Spanisch ist für so was einfach nicht gut genug. Thai ist besser geeignet.« Thai Verzone, sein Wilderness-Classic-Geschäftspartner und Protegé, hatte Lateinamerikanistik studiert und als Bergführer in Peru, Ecuador und Bolivien gearbeitet. »Er spricht fließend Spanisch.«

Gordy fuhr fort: »Weißt du, was ich machen würde? Romans Kontoauszüge besorgen. Die können viel darüber verraten, wo er war und wohin er wollte.« Dieser Rat war hilfreich. Peggy versuchte in den folgenden Tagen, an die Bankauszüge ranzukommen, aber es dauerte letztendlich Jahre, bis man sie uns aushändigte.

Ich rief Thai an. »Thai, Roman ist in Costa Rica verschwunden.«

»*Was?*«

»Ja. Er schrieb, er würde fünf Tage im Corcovado wandern, aber er hätte schon vor zehn Tagen zurück sein müssen.«

»Oh, Mann, Scheiße – zehn Tage!«

»Hör zu, kannst du mit mir runterfliegen? Ich brauche dich. Ich fliege morgen und könnte deine Spanischkenntnisse und Dschungelerfahrung gut gebrauchen.«

Thais Frau Ana hatte vor drei Monaten ihr Baby Maia geboren. Thai half ihr zu Hause und arbeitete im Krankenhaus.

Peggy wusste, wie hilfreich Thai mit seinem Spanisch, seiner Dschungelerfahrung und im Umgang mit den Einheimischen wäre. »Ich kann auf Maia aufpassen und Ana helfen, während Thai weg ist«, bot sie sofort an.

Ich teilte das Thai mit: »Peggy sagt, sie kann Ana mit Maia helfen, wenn du mitkommst.«

»Lass mich das kurz mit Ana und der Klinik besprechen, aber ich denke, dass es klappt. Wie lange wären wir weg?« Thai hatte sein eigenes Leben.

»Wenn du zehn Tage einplanen könntest, wäre das super. Thai, ich benötige wirklich deine Hilfe.«

Panik schnürte mir die Kehle zu. Ich würgte sie herunter. *Nur wenn man ruhig ist, kann man klar denken.*

Ich hatte furchtbare Angst, dass Roman verletzt im Dschungel lag und darauf wartete, dass ich ihn da rausholte. *Hatte er mir nicht eine genaue Routenbeschreibung und eine Karte geschickt?*

Ich rief die US-Botschaft in San José an, besorgt, dass sie geschlossen sein könnte. »Wählen Sie im Notfall die Zwei!«

Ich wählte die Zwei. Jemand ging ran, sagte irgendwas von einem »Diensthabenden« und gab mir die E-Mail-Adresse eines Mr. Zagursky. Ich kritzelte sie in mein Notizbuch, dann schickte ich ihm das Foto, die Karte und alle Informationen. Ich fand eine E-Mail-Adresse der Polizei in Puerto Jiménez und schickte ihnen das Gleiche. Ich ergänzte Gordys Tipp, Romans Bankkonto zu prüfen. Ich sagte allen, dass ich runterfliegen würde.

Meine Unruhe und aufsteigende Panik waren kaum noch auszuhalten. Ich wollte *jetzt* dort sein. Jede Minute zählte. Die Tropen erscheinen zwar heiß und idyllisch, aber der Regen ist kalt und die Gefahr einer Infektion ist real.

Ich rief meine Chefin an: »Roman ist verschwunden.«

Ihre Reaktion war spontan und mitfühlend. »Oh, Roman«, sagte sie aufrichtig, »das tut mir so leid«, als ob er schon tot wäre, als ob ich ihn schon verloren hätte.

Verletzt und wütend erklärte ich ihr: »Ich fliege runter, um ihn zu finden, und weiß nicht genau, wann ich zurück sein werde.« Was ich meinte, war, dass er nicht tot war, dass es ihr nicht leidzutun brauchte, weil ich ihn lebend nach Hause bringen würde.

Am selben Abend packte ich meine Dschungelausrüstung. Schuhe, Shirts und Hosen und einen Rucksack. Kompass und Stirnlampe. Kocher und Kochtopf. Trockennahrung. Insektenschutzzelt und Tarp. Isomatte und Decke. Wir würden uns beeilen müssen. *Nimm nur das Notwendigste mit!*

Mein Schock ließ langsam nach, dafür hatte ich nun massive Schuldgefühle. Er hatte geschrieben, dass er am 15. zurückkehren würde. *Ich war zu Hause gewesen. Ich hätte seine E-Mail lesen müssen.*

Ich hätte nach vierundzwanzig Stunden, am 16., in Costa Rica anrufen müssen, um zu sagen, dass er schon vierundzwanzig Stunden verschwunden war, dann am 17. runterfliegen müssen. *Ich hätte das machen können.*

Aber ich tat es nicht. Ich flog eine ganze Woche später, als ich hätte losfliegen können. Ich stellte mir unweigerlich vor, wie er litt, wartete, sich wunderte: *Dad, wo bist du? Ich habe dir erzählt, was ich vorhatte. Ich habe dir gesagt, dass ich in fünf Tagen zurück sein wollte. Dad, komm und hol mich!*

Auf das Beste hoffend, schrieb ich ihm eine Mail: »Ich komme runter, um dich zu suchen!« Der Betreff lautete: »Bitte melde dich!«

Ich flog am Donnerstag, dem 24. Juli, um 20:30 Uhr nach Atlanta. Den ganzen Tag über hing ich am Handy oder über dem Computer, um in aller Eile alles Nötige in die Wege zu leiten. Mein Hirn versuchte zu funktionieren, als wäre nichts passiert, während mein Herz darum rang, die Kontrolle zu übernehmen und Panik auszulösen. Auch Peggy alarmierte Freunde und Familie. Innerhalb von vierundzwanzig Stunden richteten Freunde einen Fonds ein und zahlten Geld für unsere Suche ein.

The Tico Times, eine englischsprachige Zeitung in Costa Rica, brachte einen Artikel. Leute boten ihre Hilfe an. Dann machte Facebook mit. Jemand postete auf einer Website über die Osa-Halbinsel, dass er jemanden gesehen habe. Ich schickte ihm eine Nachricht, und er schrieb zurück:

> *Nach dem Foto zu urteilen, bin ich mir zu 90 % sicher, dass ich Ihren Sohn gesehen habe – hatte er ein hellbraunes Safari-Outfit (Shorts, passendes Shirt und einen Hut)? Ich erinnere mich, dass ich ihn die Straße langgehen gesehen habe. Ich hab ihn für einen der vielen Freiwilligen gehalten, die immer in der Gegend unterwegs sind und nie eine Mitfahrgelegenheit wollen. Ich hab Blickkontakt gesucht, und er hat mir zugenickt. Er hat in den Wald geguckt, wo etwas seine Aufmerksamkeit erregt hat. Wenn Sie wollen, können Sie mich anrufen. Hoffentlich ist er nur in irgendeinem schwierigen Gelände unterwegs und bahnt sich einen Weg zurück.*

Ich wünschte mir sehnlichst, dass das stimmte. Aber es konnte nicht Roman gewesen sein, der Safari-Klamotten anhatte und eine Mitfahrgelegenheit ausschlug. Ich wusste, dass er es nicht war. Wir hatten in zu vielen Jahren in zu vielen Ländern auf zu vielen Kontinenten zu viele Monate zusammen verbracht, als dass dies der Sohn gewesen sein konnte, den ich großgezogen hatte.

Er steckte in Schwierigkeiten. Das wusste ich.

18
Dondee

Dondee im MINAE-Hauptquartier, 25. Juli 2014.

Thai Verzone ist ein guter Freund und meine erste Wahl für Reisen, bei denen vielseitige Fertigkeiten gefragt sind. Der Sohn eines italienischen Vaters und einer vietnamesischen Mutter ist mit seinem schwer einzuordnenden Aussehen und dem gewinnenden Lächeln der ideale Traveller, der überall zurechtkommt. In seinen Zwanzigern war er als Führer auf Bergen in Alaska, Nepal, Südamerika, sogar in der Antarktis unterwegs. In seinen Dreißigern leistete er Freiwilligendienste in Flüchtlingslagern in Afrika und im Nahen Osten.

Jetzt, in seinen Vierzigern, arbeitet er als Arzthelfer in Anchorage. Eine Zeit lang bereiste er jeden Kontinent einmal im Jahr, inklusive der Antarktis. Wegen einer Not-Evakuierung flog er als Sanitäter sogar im Winter zum Südpol und erhielt für seinen Einsatz einen Brief von Präsident Obama.

2011 wollten ein Wissenschaftler und ich nach Westchina, um auf einer einmonatigen Expedition nach tibetischen Eiswürmern zu suchen. Drei Tage vor Abflug rief mein Kollege an und sagte, er könne nicht fahren. Kurz nachdem wir aufgelegt hatten, schickte ich Thai eine SMS: »Kannst du am Dienstag mit nach China?«

Thai antwortete sofort: »China? Klar! Muss es nur mit der Klinik klären.«

Er bekam frei und beantragte bei der chinesischen Botschaft ein Visum. Sein Pass wurde abgelehnt. »Zu verdreckt«, sagte man. Er würde sich einen neuen ausstellen lassen müssen, war aber zuversichtlich, dass das klappen würde und er eine Woche später in China zu mir stoßen könnte. Wir verabredeten, uns auf einem Flughafen in der abgeschiedenen Provinz Yunnan zu treffen.

In Yunnan stieg er mit einer jungen Frau aus dem Flugzeug. Ihre Körpersprache und angeregte Unterhaltung ließen darauf schließen, dass sie alte Freunde waren. Als er mich erspähte, grinste er und begrüßte mich mit einer Umarmung. »Hey, Roman! Wir haben es geschafft!« Er drehte sich zur jungen Frau und fragte mich: »Sag mal, könnten wir …«, brach jedoch mitten im Satz ab, um sich mit seinem herzerweichenden Lächeln bei ihr zu erkundigen: »Wie war noch mal Ihr Name?« Er wiederholte ihren Namen und schloss die Frage ab: »… eine Mitfahrgelegenheit in die Stadt geben?«

Das war Thai: Er fand Freunde, wohin auch immer er ging, und blieb gelassen, egal auf welche Probleme er stieß. Typisch Thai war aber auch, alles stehen und liegen zu lassen und mir zu helfen.

Als wir in Puerto Jiménez landeten, war es Freitagnachmittag, der 25. Juli. Durch den Nachtflug von Alaska via Georgia war ich noch wie benommen und unausgeschlafen. Thai mit seiner Outdoor-Erfahrung, seinen Fähigkeiten, Probleme zu lösen, und seinem Teamgeist dabeizuhaben, machte mich zuversichtlich. Wir würden Roman finden.

Wir fuhren zur Iguana Lodge, ein paar Meilen außerhalb von Puerto Jiménez. Eingebettet in einen Wald am Strand bietet das Iguana seinen Gästen eine Handvoll abgeschirmter Cabanas und bunt zusammengewürfelter Bauten. Das älteste Gebäude – The Pearl – beherbergt ein Restaurant und eine Bar, mit Gästezimmern im Geschoss darüber und einem grünen Rasen vor palmengesäumtem Strand. Das jüngste Gebäude ist ein zweistöckiges, rundum offenes Yogastudio mit Veranda zu einem Pool. Zwischen dem Pool und The Pearl steht an zentraler Stelle das größte Gebäude, eine postmoderne Hütte mit rundem, strohgedecktem Dach, einem kühlen, steingefliesten Erdgeschoss und einem offenen Bereich darüber für elegantere Abendessen. Das Büro hat einen Festnetzanschluss, einen Computer und einen Drucker, auf die wir noch angewiesen sein würden.

Toby und Lauren Cleaver, das amerikanische Paar, dem das Iguana gehört, begrüßten uns. Selbst Eltern erwachsener Kinder, drückten sie ihre Anteilnahme und ihren aufrichtigen Wunsch aus, zu helfen. Beide genießen hohen Respekt bei ihren einheimischen Angestellten und würden mir, wie Thai, bei der Suche nach Roman noch unentbehrlich sein. Thais Hilfe sollte jedoch nach ein paar Wochen enden. Die unerschütterliche Unterstützung der Cleavers reichte über Monate und Jahre. Das Iguana wurde auf fast jeder Reise auf die Halbinsel zu unserer Basisstation.

Lauren, ein Meter sechzig groß, blond und immer mit einem Lächeln auf den Lippen, war fit und voller Energie und sprach fließend Spanisch mit einem ausgeprägten amerikanischen Akzent. Sie war ständig in Bewegung, bot großherzig und erfüllt von einem starken Gerechtigkeitssinn Hilfe jeglicher Art an und war im Unterschied zu allen anderen auch in der idealen Ausgangsposition dafür. Ihre zwanzig Mitarbeiter auf Osa, von denen die meisten Englisch sprachen, mochten und respektierten sie ebenso wie ehemalige Angestellte, die inzwischen zu anderen Jobs weitergezogen waren.

Früher waren Lauren und Toby Anwälte, doch drängte es sie, den ethischen Zwiespältigkeiten zu entfliehen, denen sie sich als Strafverteidiger in Colorado ausgesetzt sahen. Vor zwanzig Jahren hatten sie das Pearl gekauft, es in Iguana Lodge umbenannt, die Größe verdreifacht und einen Pool gebaut. Ihr genaues, praktisches Wissen darüber, wie Costa Rica funktioniert, und ihr umfassendes Netz an Kontakten sollten für unsere Suche von unschätzbarem Wert sein.

Thai und ich fuhren zum Umwelt- und Energieministerium (MINAE), der staatlichen Einrichtung, die den Nationalpark verwaltet – einem flachen, einstöckigen, umzäunten Gebäudekomplex neben der Landebahn des Flughafens. Ein uniformierter Mann führte uns in einen Besucherraum mit einem Dutzend zusammengeschobener Stühle und Tische. Etwa die gleiche Anzahl an Personen sprach leise in Gruppen miteinander. Dünne ältere MINAE-Vertreter in Tarnuniformen kontrastierten mit kräftigen jungen Freiwilligen des Cruz Roja in dunkelblauen Westen mit einem roten Kreuz darauf. Beamte der örtlichen Polizei in schwarzen Stiefeln und ausgerüstet mit Dienstwaffen, auf dem Kopf Baseball-Mützen mit eingesticktem »Fuerza«, standen still etwas abseits. Im Corcovado, wo Kriminelle häufig untertauchen, gehen MINAE, Cruz Roja und Fuerza in Teams auf Suche.

Jemand hatte ein Poster mit dem Titel »Muchacho Perdido« und darunter in Englisch »Missing Person« zusammengestellt. Roman, mit Brille und zotteligem Bart, grinste darauf. Ich hatte das Foto erst vor zwei Tagen geschickt, und inzwischen hing es überall in Puerto Jiménez mit Angabe seines Namens »Cody Roman Dial« und seiner Körpergröße auf Spanisch und Englisch. Der Anblick des Aushangs überall machte mir Mut, schürte aber auch meine Unruhe. Es wurde etwas getan: Man suchte. Doch Roman blieb vermisst, und das drängte mich, selbst etwas zu unternehmen.

Die Polizei sollte inzwischen herausgefunden haben, wo Roman in Puerto Jiménez gewohnt hat.

Nach der E-Mail, die ich geschickt hatte, erwartete ich eine Einsatzbesprechung des Cruz Roja über deren Suche den Río Conte flussaufwärts, dreißig Minuten Fahrt entfernt. Stattdessen befragte mich ein dicklicher Mann mittleren Alters mit schütterem Haar und in einem orangefarbenen T-Shirt, das er über einem langärmligen darunter trug. Er war unrasiert und schwitzte in dem nicht klimatisierten Raum ebenso wie ich. Er stellte sich als Dondee vor.

Ich streckte ihm meine Hand entgegen und schüttelte seine, die schlaff und feucht war. Thai übersetzte, weil mein Spanisch unbrauchbar war. Ich dankte Dondee für seine Hilfe. Er nickte mit geschlossenen Augen und fragte: »Wann haben Sie Cody das letzte Mal gesehen?« Es hörte sich falsch an, von Roman als Cody zu hören, ein Name, den seine Tanten, Großmütter und all jene verwendeten, die ihn nur aus amtlichen Dokumenten kannten.

»Das letzte Mal habe ich ihn in Mexiko gesehen, im Januar. Aber er hat mir danach alle zwei Wochen gemailt. In seiner letzten E-Mail schrieb er, dass für den Corcovado ein Guide verpflichtend sei. Aber er wollte keinen Guide. Er hat während der ganzen sechs Monate, die er unterwegs war, keinen in Anspruch genommen.« Ich zitierte die genaue Beschreibung der Route am Conte und Río Claro, die er geschickt hatte. »Er hätte vor zehn Tagen zurück sein sollen.«

Während Thai übersetzte, schürzte Dondee seine Lippen, so als ob er mir nicht glaubte – oder schlimmer, nicht zuhörte. Ohne weitere Reaktion fragte er weiter, ob es irgendein ungewöhnliches Verhalten gegeben habe, als ob Roman einfach nur ein Kind in den Zwanzigern wäre, das sich eine Weile nicht bei seinen Eltern gemeldet hätte. Verdammt, als ich in seinem Alter war, war ich Monate weg, ohne meine Eltern zu kontaktieren. Aber Roman war nicht ich.

»Roman gibt uns immer Bescheid, wo er hingeht. Und dann gibt er uns Bescheid, wenn er zurückkommt. Dieses Mal haben wir nichts von einer Rückkehr gehört. Das ist ungewöhnlich. Deshalb sind wir hier«, wiederholte ich gereizt.

Dondee bedeutete uns, Platz zu nehmen. Er lehnte sich zurück, Arme verschränkt. Thai übersetzte: »Er fragt, ob Roman Drogen nimmt.« Ich war sprachlos. *Hatte sich Roman neue Gewohnheiten angeeignet?*

Wenn Roman auch nur annähernd dem ähnelte, wie ich in meinen Zwanzigern gewesen war, dann hatte er jede Menge Drogen ausprobiert. Er schien jedoch nie Interesse an ihnen gehabt zu haben. Wie Peggy immer sagte: »Er passt gut auf seinen Körper auf. Er will seinen Organismus nicht mit Drogen belasten.« In Anchorage trainierte er regelmäßig an Gewichten und ging gerne laufen. Er trank Alkohol, schnupfte manchmal Tabak und rauchte gelegentlich einen Joint oder eine Zigarette, so meine Vermutung. Aber den Kommentaren über »schmutzige Hippies« in seinen E-Mails nach zu urteilen, hatte er noch nicht damit angefangen.

»Nein, er nimmt keine Drogen. Er trinkt Alkohol. Aber möglich ist natürlich alles. Dann hätte sich sein Charakter allerdings sehr verändert.«

Dondee fuhr fort. »Cody wurde letzte Woche auf einem Trail nach Carate gesehen, und zwar in Begleitung eines bekannten Drogendealers. Er kam zurück in den Ort, bezahlte ihn an einem Geldautomaten in Puerto Jiménez und ist dann weiter nach Matapalo zum Surfen.«

Was? Kann das sein? Jetzt war ich geschockt.

Hat er sich die Touren durch El Petén und La Moskitia nur ausgedacht? War das ganze Corcovado-ohne-Guide-Gerede eine Lüge? Warum hat er uns nicht geschrieben? Es ist Wochen her. Reisen verändert Menschen, zum Guten wie auch zum Schlechten, aber das soll nun unser Sohn sein?

Dondees Geschichte passte nicht. Roman wusste im Alter von elf Jahren bereits mehr über die Ökologie der Tropen als die meisten meiner Collegestudenten. Er hing mit Freunden ab, die er seit dem Kindergarten kannte, paddelte im Packraft auf Flüssen, studierte molekulare Ökologie. Er nahm seine Familie und Freunde in die Arme. Dass er seinen Charakter so grundlegend geändert und uns alle auch noch belogen haben sollte, erschien mir nicht nur unwahrscheinlich, sondern *verdammt noch mal* ausgeschlossen. *Warum sollte er zudem jetzt einen Guide brauchen, nachdem er allein durch El Petén gewandert war?*

Mit Thais Hilfe als Übersetzer versuchte ich noch einmal zu erklären, dass Roman keinen Guide für einen Trail genommen hätte. Sämtliche seiner E-Mails hatten betont, dass er an den beliebten Touristenzielen an sich kein Interesse hatte. Sie waren bloße Ausgangspunkte für eine Reihe kreativer, unabhängiger Unternehmungen in Zentralamerika. Doch Dondee E-Mails zu zeigen oder ihm Romans Art zu reisen zu erklären, änderte nichts an seiner Meinung. Je mehr ich versuchte, Dondee zu überzeugen, umso mehr wehrte er sich dagegen.

Ich wollte, dass Dondee hilft. Er und die anderen waren da, *um zu helfen*. Ich war ihnen dafür so unendlich dankbar. Dennoch: Der Cody, den sie beschrieben, und der Roman, den ich kannte, waren zwei verschiedene Personen. Im Allgemeinen ist man der Auffassung, dass Eltern ihre Kinder einfach nicht gut genug kennen, um ihr Verhalten vorherzusagen. Aber bei Dondee war es noch etwas anderes. Jenseits seiner Rolle als Einsatzleiter der Suche strahlte er eine gewisse Selbstgefälligkeit aus. Da wurde mir klar, dass wir uns schon einmal begegnet waren.

2002 hatten wir beide an einem Abenteuerrennen auf Fidschi teilgenommen. Er gehörte zu einem costa-ricanischen Team, das sich, wie die meisten Teams, am ersten Tag mühsam durchquälte. Ich hoffte, unsere geteilten Erlebnisse von damals könnten eine gemeinsame Basis schaffen. Stattdessen schien er mich wieder als Konkurrenten zu betrachten. Aber das hier war kein Rennen zwischen Dondee und mir. Wir waren im selben Team in einem Rennen, in dem es galt, so schnell wie möglich meinen Sohn zu finden.

Ich konnte helfen, weil ich Roman gut kannte, besser als irgendwer sonst. Seit er drei war, seit Puerto Rico, sind wir gemeinsam auf und abseits von Dschungelpfaden unterwegs gewesen. Wir waren in den Tropen Asiens, in Australien – sogar zweimal im Corcovado. Es fiel schwer, diesen Erfahrungsreichtum in Worte zu fassen, ohne dabei überheblich und arrogant zu klingen. Aber meine Intuition würde ein besseres Bild zeichnen können als zwei Dutzend freiwillige Helfer des Cruz Roja.

Dondee widmete sich wieder seinem Computer. Ein Helfer des Cruz Roja setzte sich neben mich. »Bieten Sie eine Belohnung an?«, fragte er in einwandfreiem Englisch.

»Nein, noch nicht.«

»Gut. Es gab vor fünf Jahren diesen Amerikaner, David Gimelfarb, der in einem anderen Nationalpark verschwand. Über Monate wurde er vermisst, und niemand hatte irgendetwas gesehen. Dann setzten seine Eltern eine Belohnung aus. Plötzlich wollte man ihn überall gesehen haben, sogar in Nicaragua und Panama. Das Ganze hat aber nie zu etwas geführt. Verstehen Sie, Gringos mit blauen Augen und blondem Haar – die sehen alle gleich aus.«

Der Sohn der Gimelfarbs verschwand auf einer einfachen, zwei Meilen langen Wanderung im Nationalpark Rincón de la Vieja nahe der Grenze Costa Ricas zu Nicaragua. Die Belohnung der Gimelfarbs in Höhe von 100 000 US-Dollar brachte allen nur Probleme. Die einzigen Folgen, die sie hatte, waren falsche Informationen über den vermissten Jungen und falsche Hoffnungen für seine Eltern.

Der Tag zog sich in die Länge. Menschen kamen und gingen. Sie unterhielten sich leise, ignorierten mich. Der Erfolg einer Such- und Rettungsaktion hängt von den ersten Tagen ab, von den ersten Stunden, oftmals von der Initiative und dem Glück einer einzigen Person. Das wusste ich aus Erfahrung.

Als die Sonne um halb sechs wie ein schwerer Stein am Himmel herabsank, hatten wir lediglich erfahren, dass wir keine Belohnung aussetzen sollten, dass Cody mit einem Drogendealer gesehen worden war und dass niemand am Conte gesucht hatte, dem Fluss, an dem Roman, wie er gesagt hatte, starten wollte.

»Thai, frag Dondee, ob man herausgefunden hat, wo Roman im Ort abgestiegen ist.«

Dondee schüttelte seinen Kopf.

Die Antwort schockierte mich. Nach zwei Tagen der Suche, so schien mir, sollten sie es wissen, und doch war es nicht so. »Thai, lass uns gehen«, sagte ich. »Für uns gibt es hier nichts zu tun.«

19
Das Corners

Die gelbe Tasche, Corners Hostel, 25. Juli 2014.

Thai und ich zogen los, um herauszufinden, wo Roman abgestiegen war. Wir klapperten das halbe Dutzend Hostels in Puerto Jiménez ab. In fließendem Spanisch fragte Thai die Besitzer, ob sie den jungen Mann auf dem Foto, das er ihnen zeigte, gesehen hätten. Eine Stunde, nachdem wir das MINAE-Hauptquartier verlassen hatten, überquerten wir die einzige befestigte Straße im Ort, liefen an der Haltestelle der Fernbusse vorbei und erreichten das Corners Hostel. Schwere Metallplatten umschlossen das zweistöckige Gebäude bis zum Blechdach. Davor stand neben einem kleinen, leeren Parkplatz ein Klapptisch.

Wir gingen hinein. Eine alte Frau, nur etwa ein Meter vierzig groß, in einem blau karierten Kittel kam in Pantoffeln zu uns geschlurft. Es war Doña Berta, die Besitzerin. Sie hatte kurze Haare, hellblaue Augen und ein freundliches Lächeln, sprach aber kein Wort Englisch. Thai reichte ihr das Foto und fragte, ob sie den jungen Mann gesehen habe. »Sí. Er hat im Schlafsaal übernachtet«, sagte Doña Berta auf Spanisch.

Mein Puls raste. *Wir haben herausgefunden, wo er übernachtet hat. Vielleicht kommt er hierher zurück.* Doña Berta zeigte uns das Buch, in das er sich eingetragen hatte. Am 8. Juli hatte er dort seinen Namen *Cody Dial* und seine Passnummer eingetragen. Dieser Anhaltspunkt tröstete mich, auch wenn es bloß seine saubere, kleine Handschrift war. Ich sah zu den Computern für Gäste und fragte mich, ob er dort seine E-Mails geschrieben hatte. »Frag sie, ob die Polizei hier war.«

»No«, antwortete Doña Berta.

Thai und ich waren die Ersten, die nach ihm gefragt hatten.

»Ist er zurückgekommen?«

»No«, sagte sie, »aber er hat Geld für seine Rückkehr dagelassen.« Sie öffnete ein anderes Notizbuch. Ihre winzigen Finger zeigten auf einen Eintrag in ihrem Kassenbuch. Er hatte ein Dorm-Bett für seine Rückkehr vorausbezahlt.

»Hat er irgendetwas dagelassen?«, fragte ich, während ich an all die Reisen dachte, auf denen wir Sachen bei der Gepäckaufbewahrung im Hotel oder Flughafen abgegeben hatten, bevor wir die Berge, Flüsse oder Urwälder von Australien bis Alaska erkundet hatten. Doña Berta führte uns in eine vergitterte Ecke des Hauses. Ich erkannte sofort die kleine gelbe Sporttasche, gekennzeichnet mit »Forrest McCarthy, Jackson, WY«. Wieder hüpfte mein Herz vor Freude und Aufregung. Weil mir seine Sachen so vertraut waren, fühlte es sich so an, als wäre er ganz nah.

Wo ist er? Was macht er? Wann kommt er zurück?

In dem Sicherheitskäfig stand auch ein großer Rucksack, aber er kam mir nicht bekannt vor. Ich nahm an, dass er einem anderen Traveller gehörte, und beachtete ihn nicht weiter. Stattdessen durchwühlte ich die gelbe Tasche nach Anhaltspunkten. Sie enthielt einen roten Spiralblock. Ich riss eine Seite heraus und schrieb:

Freitag, 25. 7., 20:30 Uhr
Rome, wir haben uns Sorgen gemacht, weil du dich nicht zurückgemeldet hast. Deshalb sind Thai und ich runtergekommen, um dich zu suchen. Schick eine Mail oder geh zum Corcovado-Hauptquartier. Es gibt eine große Suchaktion. Hoffe, es geht dir gut!
Dad

Zurück im MINAE-Hauptquartier stiegen wir in unseren gemieteten Jeep und fuhren zum Iguana. Toby und Lauren warteten schon gespannt auf unsere Neuigkeiten. Wir erzählten ihnen, wie wir Romans Hostel gefunden hatten, dass die kleine alte Frau dort uns gesagt hatte, dass er zurückkehren wollte, aber es nicht getan hatte. Dann erwähnten wir die Geschichte mit dem Drogendealer und der Wanderung nach Carate.

Als Einheimische hatten sie schon von dem Typen gehört und kannten seinen Namen. »Uns ist auch zu Ohren gekommen«, sagte Toby, »dass Cody zusammen mit Pata Lora gesehen wurde. Unser Frühstückskoch hat einen Verwandten in Piedras Blancas, der Pata Lora mit deinem Sohn gesehen hat.«

»Pata Lora?«, wiederholte ich.

»Ja, Pata Lora«, erwiderte er. »Die Abkürzung von *Pata de Lora* oder Papageienfuß, eine Anspielung auf sein Hinken. Er ist ein echt mieser Typ. Ein Dieb. Handelt mit Drogen. Er stammt aus einer großen Familie auf der Osa, die es zu was gebracht hat. Aber er ist das schwarze Schaf. Keiner mag ihn. Du kannst ihm nicht trauen. Seine eigenen Eltern haben ihn enterbt.«

Lauren warf ein: »Das ist so typisch für die Fuerza, dass sie nicht mal das Hostel gefunden haben, in dem dein Sohn war. Die Behörden ermitteln nie schnell oder effektiv. Als unsere Freundin Kimberley vor ein paar Jahren in ihrem Haus ermordet wurde, fanden sie nie auch nur einen Verdächtigen. Wir mussten einen Privatdetektiv anheuern, um herauszubekommen, wer es getan hat.«

Nach dem Abendessen gingen Thai und ich in unser Zimmer. Es war ein langer Tag gewesen. In der Dunkelheit und Hitze wälzte ich mich unter einem wackeligen Ventilator hin und her und versuchte, Romans E-Mails der letzten sechs Monate mit der Geschichte von Cody, der außerhalb des Parks einen Drogendealer als Guide anheuert, in Einklang zu bringen.

Am nächsten Tag berichtete ich Dondee, dass wir im Corners Hostel Romans Sachen gefunden hätten. Es war ihm egal. Die vorherrschende Erzählung auf der Osa, der Dondee nun nachging, hatte mit Pata Lora zu tun, demselben siebenundzwanzigjährigen Dieb, Gelegenheitsgoldgräber, illegalen Guide und Taugenichts von der Osa, von dem Toby uns erzählt hatte.

Dieser Geschichte nach wanderten Cody und Pata Lora auf einem Reitweg von Dos Brazos durch die Goldgräbersiedlung Piedras Blancas und weiter auf einem Fußpfad nach Carate, eine Tour komplett *außerhalb* des Corcovado-Nationalparks. Dann kehrten sie per *colectivo* nach Puerto Jiménez zurück, wo Cody Pata Lora für seine Guide-Dienste mit Geld vom Bankautomaten bezahlte. Dann, behauptete Pata Lora, sei Cody zum Surfen nach Matapalo gegangen, das felsige Kap mit der besten Brandung der Osa. Das waren Einzelheiten, die Pata Lora der costa-ricanischen Version des FBI – Organismo de Investigación Judicial oder OIJ, ausgesprochen »oh-ih-chota« –, selbst erzählt hatte, als sie ihn zu seiner Tour mit dem Gringo befragt hatte. Laut Dondee hatte ein Guide namens Roger Muñoz beobachtet, wie Cody mit Pata Lora in Carate aus dem Dschungel gekommen war.

Das waren gute Nachrichten, wenn auch etwas verblüffend. Cody Roman lebte. Er benahm sich bloß merkwürdig. Seit Mexiko hatte er immer schnell auf unsere E-Mails reagiert. Doch nachdem

Peggy Romans Mail am 9. Juli beantwortet und ihn den nächsten Thai Verzone genannt hatte, hatte er sich nicht mehr gemeldet. *Roman schrieb uns zuletzt an dem Tag, als er El Petén und Las Moskitia verlassen hatte. Warum schickte er uns diesmal keine Mail?*

Thai und ich machten uns in unserem Mietauto um zehn Uhr hinter Dondees Cruz-Roja-Land-Cruiser auf den Weg nach Carate, um Roger Muñoz zu treffen. Als wir durch Puerto Jiménez fuhren, drehte ich mich jedes Mal um, wenn ich einen jungen Mann mit kurzen Haaren und Brille, Flip-Flops und Tanktop entdeckte. Sie sahen – selbst für mich – alle wie Roman aus. »Der Cruz-Roja-Volunteer hat recht«, sagte ich zu Thai. »Die Gringos sehen alle gleich aus.«

Die Straße nach Carate war von Schlaglöchern übersät. Die Wohngebiete von Puerto Jiménez wichen abrupt Viehweiden. Im Osten glitzerte eine leichte Brandung in der Sonne. Vor uns verlief der Weg meilenweit durch einen Tunnel aus Feigenbäumen, deren dicke Stämme mit Stacheldraht versehen waren und so als lebende Zaunpfosten dienten. Wir ruckelten vorwärts, so schnell die holprige Piste es zuließ.

»Danke, Thai, dass du mitgekommen bist. Ohne dich hätte ich das Hostel nie gefunden.«

»Klar doch, Roman. Freut mich, wenn ich helfen kann. Ich hoffe, wir finden Roman bald.«

»Weißt du, ich bin froh, dass alle zu glauben scheinen, dass er lebt. Aber es ist schon komisch, dass er sich nicht gemeldet oder zumindest seine Sachen vom Hostel geholt hat.«

Thai nickte.

»Und wenn er surfen gegangen ist, warum hat er dann seine ganzen Badesachen in Forrests Tasche im Hostel gelassen?« Es war unwahrscheinlich, dass er seine Sonnencreme und seinen Tauchschein zurückgelassen hätte.

»Ja. Und es ist auch komisch, dass er sich diesem Pata Lora angeschlossen haben soll. Das klingt für mich nicht nach Roman.«

Ich *wollte* die Pata-Lora-Geschichte glauben, aber irgendwie passte sie nicht. Die Wissenschaft widerlegt Hypothesen mit Beweisen durch den Prozess des Ausschlusses. Ich wollte liebend gern eines Besseren belehrt werden, vor allem, wenn es bedeutete, dass Roman okay war.

»Thai, ich hab keine Ahnung, was los ist, aber ich hoffe, dass diese Leute recht haben.«

20
Carate

Tamandua an der Straße nach Carate, 26. Juli 2014.

Carate besteht aus kaum mehr als ein paar aufgereihten Strandcamps, Wohnhäusern der Einheimischen und teuren, vor neugierigen Blicken versteckten Zweitwohnsitzen. Parallel zum palmengesäumten Strand erstreckt sich eine lange geteerte Start- und Landebahn, Ankunftsort von Besuchern, die in rustikalen Öko-Lodges luxuriöse Ferien verbringen. Steil ragen Berge über der tosenden Brandung am Strand auf. Über den Bäumen kreisen Hellrote Aras. Der Ort ist ein beliebter Ausgangspunkt für Tageswanderungen in den Nationalpark Corcovado, und am Ende der Straße befindet sich die Haltestelle der *colectivos* neben einer *pulpería*, deren Betreiber all jenen, die auf die Rückfahrt nach Puerto Jiménez warten, Getränke und Snacks verkauft.

Wir parkten und folgten dem Strandpfad, der zur Rangerstation La Leona an der Grenze des Corcovado führt. Roger Muñoz, ein schlanker junger Mann in seinen Zwanzigern, traf uns auf dem Pfad. Sein breites, offenes Lächeln, sein kurzes Haar und seine großen Ohren verliehen ihm ein angenehmes Äußeres, das ihm als Guide wahrscheinlich gutes Trinkgeld einbrachte.

»Nein, ich glaube nicht, dass er das war«, stellte er in einwandfreiem Englisch fest und musterte mich – den Vater – von oben bis unten, während er ein neueres Foto von Roman betrachtete. »Er war nicht so groß. Er wäre mir nicht aufgefallen, wäre er nicht mit diesem Typen zusammen gewesen, Pata Lora. Pata Lora ist ein übler Kerl, kein echter Guide.«

Dennoch: Carate *war* der Ort, an dem Roman seine Wanderung abschließen wollte. Und Roger *hatte* am 15. Juli einen Gringo mit Pata Lora gesehen, dem Tag, an dem Roman die Straße erreicht haben würde und Roger sich in das Logbuch von La Leona eingetragen hatte. Zeit und Ort passten. Nur der Gringo nicht.

Nachdem wir uns von Roger verabschiedet hatten, begegneten wir einer Gruppe britischer Jugendlicher. Sie kamen auf dem Weg von Piedras Blancas, der abgeschiedenen, vom Versorgungsnetz abgekoppelten Schürfergemeinde, auf halber Strecke zwischen Dos Brazos und Carate. Sie warteten auf den großen Mack-Laster, der als *colectivo* im Einsatz war. Wir fragten, ob ihnen andere Gringo-Wanderer begegnet seien. Nein, sagten sie.

Ein Einheimischer in Shorts und T-Shirt, Gummistiefel an den Füßen und umweht von einer Alkoholfahne, hievte sich auf den Vordersitz des *colectivo,* als es eintraf. Er lehnte sich aus dem Fenster und teilte Thai in konspirativem Ton mit, dass der Junge, nach dem wir suchten, mit einem sehr üblen Kerl auf dem Trail von Piedras Blancas gesehen worden war. Dann fuhr der Laster los und brachte die britischen Kids, den betrunkenen Schürfer und die Geschichte zurück nach Puerto Jiménez.

Zwischen 2009 und 2011 wurden vier Expats auf der Osa-Halbinsel ermordet. Zwei Österreicher, beide Mittsechziger, hatten in Dos Brazos gelebt und sich als Goldschürfer versucht, dann verschwanden sie während der Weihnachtstage 2009 aus ihrem blutbesudelten Haus. Auch ihr Wagen war nicht mehr da. Zwei Jahre später spülte Hochwasser die Überreste von Knochen an einem Strand frei, wo die Mörder die zerstückelten Leichen vergraben hatten. Im selben Jahr fand man Kimberly Blackwell, die dreiundfünfzigjährige kanadische Freundin von Lauren und Toby, zusammengeschlagen und erschossen am Tor zu ihrem Wohnhaus und ihrer Kakaofarm zwischen den Flüssen Barrigones und Conte, nicht weit von der Stelle, von der Roman gesagt hatte, er wolle dort seine Wanderung beginnen. Später in diesem Jahr wurde die zweiundfünfzigjährige Lisa Artz, Amerikanerin und eine weitere Freundin der Cleavers, erwürgt, als Diebe ihr Laptop und ihren iPod raubten.

Dass diese Morde am Ende zu Verurteilungen führten, war die seltene Ausnahme. Tatsächlich mussten Lauren, Toby und andere Freunde von Kimberly Blackwell einen Privatdetektiv anheuern, um den Mörder ausfindig zu machen. Insgesamt geht aus den Statistiken hervor, dass in weniger als fünf Prozent der Mordanklagen in Costa Rica am Ende eine Verurteilung steht: In vielleicht neun von zehn Fällen kommen Mörder ungestraft davon. Auf Osa gibt man sich alle Mühe, diese dunkle Seite auszublenden, in dem man Surfkurse, Yoga-Ferien und geführte Wanderungen anbietet. Manche Einheimische sehen sich dennoch häufig zu illegalen Aktivitäten genötigt, um für ihr Auskommen zu sorgen, und zu denjenigen, die sich im Dschungel am besten auskennen, gehören Wilderer und Goldschürfer, die es irgendwie schaffen, den Giftschlangen, Baumstürzen, Schlammlawinen, wilden Tieren und Springfluten aus dem Weg zu gehen und sich dabei vor den Parkrangern zu verstecken, die ihre illegalen Lager niederbrennen.

Es war durchaus denkbar, dass sich Romans Wege mit Gestalten gekreuzt hatten, die in Verbindung mit den Morden auf Osa standen. Ein früher Verdächtiger im Mordfall von Kimberly lebte in den Hügeln über dem Río Conte. Pata Loras Cousin wurde zu fünfzig Jahren Haft für den Mord an den beiden Österreichern verurteilt. Cody wurde Berichten zufolge nahe Matapalo gesehen, wo Lisa Artz in ihrem Bett ermordet worden war.

Während unseres Aufenthalts in Carate hatte Doña Berta, die kleine Alte aus dem Corners Hostel, ihre Geschichte geändert. Sie erinnerte sich jetzt, dass Cody doch zurückgekehrt und dann wieder gegangen sei. Wir begleiteten Dondee und Tony, einen in Puerto Jiménez stationierten Mitarbeiter des Cruz Roja, zurück zum Corners, um dem nachzugehen. Die beiden betrachteten eingehend Doña Bertas kryptische Einträge und stellten Fragen, die für meine Ohren wie ein Verhör klangen.

Ich hatte auf etwas Konkretes in dem Gästebuch gehofft: »Dial« oder »Cody«. Stattdessen sah ich »XXXX« und »₡5,000 pago« mit grünem Leuchtstift markiert. Finger deuteten auf Text, blätterten Seiten um und verharrten bei »Martes 22 Julio«. Die drei schlussfolgerten, dass Cody am Montag, dem 21. Juli, zurückgekommen, am Dienstag, dem 22. Juli, wieder nach Dos Brazos aufgebrochen war und Geld für ein Bett bei seiner Rückkehr am Mittwoch, dem 23. Juli, hinterlegt hatte. Heute war Samstag, der 26. Juli. Nach dieser Darstellung war Cody vor gerade einmal vier Tagen hier gewesen und wurde jeden Tag zurückerwartet.

Die Erleichterung über diese Nachrichten umhüllte mich wie eine warme Decke, die um ein Schockopfer gelegt wird. Ich grinste Thai breit an. Ich freute mich darauf, meinen Sohn wiederzusehen. Sechs Monate war unser Rafting-Ausflug her, die längste Zeitspanne in seinem Leben ohne physischen Kontakt zwischen uns, ohne Umarmung, ohne eine gemeinsame Mahlzeit, Wortspielereien oder eine lustige Geschichte. Es gab mit Sicherheit einige neue Geschichten, die er mir über seine Wochen auf der Osa-Halbinsel zu erzählen hatte.

Vor unserer Ankunft gab es aus allen Gegenden der Osa-Halbinsel Meldungen, dass Cody gesichtet worden sei. Man hatte ihn in Safarikleidung zwischen Carate und Matapalo registriert. Ein Busfahrer hatte ihn in Dos Brazos abgesetzt, Goldschürfer hatten ihn in Piedras Blancas beobachtet. Pata Lora behauptete, er sei mit Cody in Puerto Jiménez gewesen und dass Cody anschließend surfen gegangen sei, wo man ihn in der Nähe einer Bar in Matapalo gesehen hatte.

Angesichts solcher Berichte schien es für alle am einfachsten, Cody als verantwortungslosen jungen Kerl abzutun, der zu geizig war, einen Guide anzuheuern, anstatt in Betracht zu ziehen, dass sich Roman in der Wildnis des Corcovado verirrt haben und verletzt sein könnte. Die allgemeine Haltung war: »Warten wir einfach, bis Cody wieder auftaucht. Wenn er es nicht tut, dann will er es auch nicht.«

Überdies schien der Junge nur allzu töricht: illegal im Park, allein und *off-trail* in der Wildnis. Nach Roman in einem unwegsamen Dschungel voller giftiger Schlangen, gesetzloser Goldschürfer und mit nur wenigen Pfaden zu suchen, käme der Suche nach einer Nadel im Heuhaufen gleich. Je stärker ich betonte, dass sich der Roman, den ich kannte, von dem Cody, den alle anderen als stereotypen Gringo darstellten, unterschied, umso mehr bedauerten sie mich als Vater, der sich der Realität verschloss, der die erste Trauerphase durchlief.

Diese Reaktion erinnerte mich an ein Ereignis, das zehn Jahre zurücklag. Einer meiner ehemaligen Studenten an der APU, Joe, ein beliebter, unkomplizierter Typ, hatte mit dem Klettern angefangen. Joe und ein erfahrener Bergsteiger kletterten nicht angeseilt an einem Gipfel bei Anchorage, als sich eine Wechte löste, die Joe Hunderte Meter in die Tiefe riss und tötete. Als sein Vater von dem Unfall erfuhr, eilte er nach Alaska, um sofort weiter zur Unglücksstelle auf den Gletscher zu fliegen, weil er dachte, Joe könne vielleicht noch am Leben sein.

Der Vater hatte keinerlei Erfahrung mit Gletschern. Er hatte Abfahrtskier und Stiefel dabei, die für den Weg bergauf ungeeignet waren. Obwohl er sich die Gefahr natürlich ausmalen konnte und es ihm klar war, dass ihm das Können der Profis fehlte, deren Suche nach seinem Sohn erfolglos geblieben war, war er immer noch ein Vater, der seinen Sohn innigst liebte. Seine Instinkte hatten ihn beschworen zu handeln. Der Vater hat keinen Fuß auf den Berg gesetzt, vielleicht weil es ihm der Leiter des Suchtrupps ausgeredet oder weil er seine eigenen Grenzen dann doch erkannt hatte. Nachdem Joes Vater zurückgekehrt war, telefonierte ich mit ihm, zum einen, um meine Anteilnahme auszudrücken, vor allem aber, um ihm das Mitgefühl von Vater zu Vater entgegenzubringen. »Ich habe selbst einen Sohn«, sagte ich. »Ich kann mir nichts Schlimmeres vorstellen, als ihn zu verlieren.«

Am Ende wehrte ich mich nicht mehr gegen die warme Decke des Cruz Roja. Nachzugeben dämpfte meinen Schock. Es fühlte sich gut an. Cody war überall, und es ging ihm gut. Er meldete sich nur gerade nicht bei seinen Freunden oder Eltern.

Erleichtert schrieb ich Roman an diesem Abend eine E-Mail:

Bin auf der Suche nach dir. Alle suchen. Wünschte, du hättest uns gemailt, als du Gelegenheit hattest. Es heißt, du seist mit diesem Typen, Pato de Lorra oder so ähnlich, zusammen gewesen. Er ist verhaftet und wird vernommen. Man erzählt, du hättest die Berge inzwischen zweimal überquert. Mit Pato de Lorra. Üben für den Darién? Hoffe, dich bald gesund und munter wiederzusehen.

Ich bat Thai, sich bei Tony, der in Puerto Jiménez lebte, zu erkundigen, wo man im Ort das beste Essen bekäme. Milde gestimmt wollte ich Dondee, Tony und Thai zum Abendessen einladen. Während wir auf Seafood, Reis und Kochbananen warteten, wehte eine sanfte Brise die Abendluft ins Restaurant. Ich trat hinaus an das betriebsame Ufer und rief Peggy von meinem Handy aus an.

Ich wartete, dass sich die Verbindung aufbauen würde, starrte hinaus in die tropische Nacht und blickte voller Hoffnung jeden jungen Mann mit kurzem Haar und in Tanktop in der Erwartung an, er würde sagen: »Dad! Was machst du denn hier?«

Peggy hob ab. Allein ihre Stimme zu hören, beruhigte mich.

»Es scheint, dass Leute Roman in der Gegend gesehen haben. Er hat ein paar Sachen im Hostel gelassen, und die alte Frau, die das Hostel leitet, erinnert sich, dass er noch einmal zurückgekehrt ist. Sieht so aus, als ob alles in Ordnung ist. Ich hoffe, er ist nicht sauer auf mich, dass ich hier bin.« Wir lachten beide leise in uns hinein.

»Oh, gut«, gurrte sie. »Hört sich an, als sei er wieder zurück und nur noch nicht eingecheckt.«

»Ich denke nach wie vor, dass es richtig war, herzukommen.«

»Natürlich war es das. Er hätte uns nicht geschrieben, wenn er nicht denken würde, dass wir uns auf den Weg machen, um zu helfen. Du musstest das tun, um sicherzugehen, dass er okay ist. Du bist sein Vater. Was wirst du ihm sagen, wenn du ihn siehst?«

»Ich weiß nicht. Vielleicht: *Lass uns ein wenig im Corcovado wandern?*«

Wir verstummten. Unser Schweigen unterstrich in aller Deutlichkeit, wie unwahrscheinlich das Ganze war. Aber es tat gut, sich keine Sorgen zu machen. Zu denken, dass er in Sicherheit war. Dass es ihm gut ging.

21
Der Hubschrauber

Luftaufnahme der Corcovado-Berge, 27. Juli 2014.

Nach dem Abendessen teilte Dondee uns mit, dass es am nächsten Morgen eine Hubschraubersuche geben würde. Das ließ vermuten, auch wenn es nicht ausgesprochen wurde, dass Pata Loras Geschichte nicht nur mich nicht hundertprozentig überzeugt hatte. Oder dass Doña Berta vom Corners Hostel Dondee glaubhaft versichert hatte, dass Cody ein zweites Mal in den Dschungel aufgebrochen – und nicht zurückgekehrt – war. Wahrscheinlicher war, dass die Hubschraubersuche eine Reaktion auf amerikanischen Druck war, intensiver nachzuforschen. Seit dem Tag, an dem ich Alaska verlassen hatte, hatte der Vizegouverneur des Bundesstaats, Mead Treadwell, auf die Einbindung der US-Nationalgarde gedrängt. Meads Bemühung um militärische Hilfe erreichte schließlich den Vier-Sterne-General John F. Kelly, eine Stufe unter Präsident Obamas Verteidigungsminister und als Befehlshaber des Southern Command verantwortlich für Süd- und Mittelamerika und die Karibik.

Thai und ich gingen zurück zum Iguana und hörten auch dort die Geschichte von Pata Lora, die sich auf der gesamten Osa wie ein Gipsabguss verfestigt hatte. Immer wenn ein Einheimischer »Pata Lora« flüsterte, nickte ein anderer ernst oder verzog sein Gesicht. Vielleicht bestand das Gesetz des Dschungels ganz einfach darin, für das jüngste Verbrechen den örtlichen Paria verantwortlich zu machen. Unschuldig oder nicht, völlig egal, so war man die Ratte wenigstens los.

Je nachdem, mit wem man sprach, hatte Pata Lora gerade mit Drogen, Diebstahl oder sogar Mord zu tun. Pata Lora hatte dem OIJ erzählt, dass der Gringo ihn am 16. Juli, nachdem Roger Muñoz sie in Carate gesehen hatte, an einem Geldautomaten bezahlt hatte. Damit hatten wir etwas, das wir überprüfen konnten: Wann hatte Roman zuletzt Geld abgehoben?

Ich kritzelte mein Notizbuch mit Namen, Zahlen, Hinweisen und Zitaten voll. Noch immer halb überzeugt, dass Cody Roman irgendwo herumlief und bloß zu bekifft war, um seine E-Mails zu checken, hatte ich an den Rand geschrieben: »Wir könnten einfach warten, bis er wieder auftaucht – aber es sind zu viele Leute beteiligt, zu viel ist ins Rollen gekommen.«

Im Iguana teilten Thai und ich uns ein Zimmer, das mit Ausrüstung vollgestopft war. Er hatte seine langen schwarzen Haare zu einem Pferdeschwanz gebunden, der ihm über die Schulter reichte. Um den Hals trug er eine enge Kette aus Dzi-Steinen und anderen Perlen, um die er im Jahr zuvor hart gefeilscht hatte, als wir in Tibet waren, um in Himalaja-Gletschern ein zweites Mal nach Eiswürmern zu suchen. Thai war ein Abenteurer, der alles konnte – klettern, paddeln, skifahren, gleitschirmfliegen, zügig wandern, mountainbiken, navigieren, Menschenleben retten. Und, wichtig, mit seiner goldenen Haut und seinen mandelförmigen Augen passte er überall hin. Den Leuten gefiel sein warmes Lächeln, sein offenes Lachen und seine ehrliche Begeisterung.

»Wir müssen zum Río Conte, wo Roman hinwollte«, bat ich ihn. »Das Cruz Roja scheint nicht zu glauben, dass er überhaupt dort war. Und diese Pata-Lora-Story kommt mir seltsam vor, so sehr ich sie auch glauben möchte. Wenn Roman den Dschungel verlassen hätte, hätte er *zumindest* Freunde verständigt, wenn nicht mich und Peggy.«

Thai runzelte mitfühlend die Stirn. »Ja, ich weiß. Aber zuerst müssen Dondee und die Mitarbeiter des Parks davon überzeugt werden, dass wir Ahnung haben. Wir müssen ihnen zeigen, dass wir im Dschungel klarkommen, ohne Fehler zu begehen. Es passieren immer wieder Unfälle, und wenn wir beide da herumlaufen ... na ja, wir könnten eine zweite Rettungssuche auslösen. Das ist ihre Sorge.«

Thai hatte natürlich recht, aber mein Sohn war verschwunden. Mein Sohn, von dem ich hoffte, dass er einmal ein besserer Vater sein würde als ich. Ich hatte Romans sensible Seite kennengelernt, seine Geduld mit kleinen Kindern und seine Freude, mit ihnen zu spielen – Eigenschaften, die bei jungen Männern selten sind. Außerdem wünschen sich Eltern normalerweise – so wie Peggy und ich – eines Tages Enkelkinder.

Anstatt verzweifelt und untätig in der Stadt zu hocken, wo ich nichts anderes tun konnte, als darüber nachzugrübeln, warum die Pata-Lora-Story sich hartnäckig hielt, wollte ich selbst im Park Nachforschungen anstellen. Deshalb war ich hergekommen, auch wenn mich alle wie Joes Vater am Flughafen von Anchorage betrachteten, der mit Alpinskiern auf einem Berggletscher verzweifelt nach seinem Sohn suchen wollte.

An unserem zweiten Morgen in Costa Rica war die Euphorie, dass Roman jeden Moment auftauchen könnte, verflogen. Die Erleichterung während des Telefonats mit Peggy am Abend zuvor war ein kurzzeitiger Höhepunkt auf einer Achterbahnfahrt, die nun steil in Richtung Angst abstürzte. Thai und ich fuhren zur Suchzentrale, wo wir von Cruz Roja, MINAE und Fuerza informiert – und befragt – wurden. Cody war nicht aufgetaucht. Bei den Postern überall war es kaum vorstellbar, dass nicht jeder auf der Osa sein Foto gesehen hatte.

Dondee stand im Besprechungszimmer mit dem Suchtrupp und erzählte allen, dass ein Hubschrauber mit Wärmebildgerät aus San José unterwegs zu uns sei. Er mischte sich unter die Freiwilligen vom Cruz Roja, nickte, wenn er angesprochen wurde, hatte die Hände in die Hüften gestemmt oder hob den Zeigefinger, wenn er redete, oder gab mit den Armen Befehle. Thai und ich bemerkten, dass wir nicht die Einzigen waren, denen Dondee nicht behagte. »Er ist wie eine Ballerina, die Aufmerksamkeit braucht«, flüsterte ein einheimischer Guide.

Die Cruz-Roja-Leute waren überwiegend blasse Männer aus San José. Sie saßen mit ernsten Mienen in khakifarbenen Uniformen auf Stühlen. An der Wand standen sonnengebräunte schlanke und tatkräftige Männer, die Hemden über der Hose. Das waren die örtlichen Ranger, die den Park, die Pfade der Goldschürfer und Wilderer, die Bergrücken und Schluchten kannten. Sie – vor allem die Jüngeren – waren diejenigen, die ich für meinen eigenen Suchtrupp haben wollte.

Die Fuerza fragte mich, ob wir irgendwelche Feinde hätten. Gab es jemanden, der uns schaden wollte? Ich dachte an E-Mails, die Roman an Freunde geschickt hatte und in denen er erwähnte, in Costa Rica ein Mädchen kennenlernen zu wollen. Ich fragte mich, ob er irgendwo einen Ex-Freund oder gar einen Ehemann verärgert hatte. Roman hatte auch eine dunklere, aggressivere Seite, das hatte ich immer geahnt, aber nie erlebt. Einige Sprüche in diesen Mails deuteten das an, weshalb jetzt bei der Frage meine Fantasie mit mir durchging.

»Nein«, antwortete ich. »Nicht dass ich wüsste.«

»Hatte er ein Handy?«

»Nein, es wurde ihm in Mexiko gestohlen.«

»GPS?«

Ich hatte gehört, dass der Gringo mit Pata Lora eins dabeihatte. »Nein, es sei denn, er hat hier eins gekauft.«

»Was ist mit Facebook und anderen Social Media?«

Nach der Trennung von seiner Freundin und Vinces Tod hatte Roman aufgehört, Facebook zu nutzen. »Das ist bloß ein Haufen Leute, die nichts tun und damit angeben«, meinte er. Ich hatte mich allerdings gefragt, ob es nicht daran lag, dass seine Ex-Freundin viel in den sozialen Medien unterwegs war.

»Wir bleiben über E-Mails in Verbindung«, erklärte ich der Fuerza.

Noch einmal erwähnte ich die Mails, die er über die Notwendigkeit eines Guides und seine Absicht, den Park auf eigene Faust und *off-trail* zu erkunden, geschrieben hatte, und dass er sich möglicherweise darauf vorbereitete, den Darién Gap in Panama zu überqueren.

»Die Freiwilligen setzen alles daran, Ihren Sohn zu finden«, sagte Dondee und sah mir in die Augen. Er fuhr auf Englisch fort: »Diese Männer leben dafür. Sie leben dafür!«

»Das ist gut!«, erwiderte ich aufrichtig und lächelte. »Das ist es, was wir brauchen. Ich bin all den Leuten, die uns helfen, so dankbar. Ich möchte nicht, dass sie aufhören.«

Dann betonte ich noch einmal, dass Roman den Park abseits der Pfade erkunden wollte.

»Der Parkvorsteher meint, dass *Off-trail*-Wanderungen im Corcovado unvernünftig sind«, übersetzte Thai. Das Ganze kam mir wie eine Prüfung vor, bei der ich lauter falsche Antworten gab.

»Sag ihnen: Als er in Guatemala *off-trail* unterwegs war, hat er seinen Weg markiert.«

»Wie hat er seine Route markiert?«, fragte ein Ranger.

»Mit einer Machete«, sagte ich, auch wenn es sich wie eine weitere falsche Antwort anfühlte.

»Das macht jeder«, übersetzte Thai die Antwort und eine weitere Frage: »Hat er jemals kleine Reflektoren benutzt?«

»Was?«

Thai sprach auf Spanisch mit einem Ranger. »So was wie Reißzwecken? Hat er jemals Reißzwecken benutzt? Der Typ, mit dem Pata Lora unterwegs war, hat reflektierende Reißzwecken in Bäume gesteckt.«

Das hörte sich tatsächlich nach etwas an, das Roman probiert haben könnte. Es war schlau, so wie er bei Monitoring-Projekten kleine Säugetiere am Fell markiert hatte. Reflektierende Reißzwecken wären einfacher als eine Machete, aber schwieriger wiederzufinden, außer vielleicht in der Dunkelheit mit einer Stirnlampe.

»Wär möglich«, sagte ich vorsichtig. Aber warum würde er einen Touristenpfad markieren, wenn er GPS und einen Guide dabeihatte? Das wäre so, als würde man einen Gürtel mit Hosenträgern um einen Overall tragen.

Ich sortierte im Stillen diese neuen Fragen, während ich das Hauptquartier verließ und zum Flugplatz ging, wo der Hubschrauber wartete. Die robuste schwarze Maschine bot fünf Personen Platz. Keiner außer mir sprach Englisch. Die Aktion erinnerte mich an eine Suche vor rund zehn Jahren.

In Alaska, wo die Wälder offen sind, hatte ich einmal einen Hubschrauber gechartert, um nach drei Teams zu suchen, die in einer von mir organisierten Wilderness Classic überfällig waren. Eine Läuferin hatte sich mit einem Rauchsignal auf einen kahlen Hügel gestellt; sie war leicht zu finden. Die anderen, die sich im Wald versteckt hatten, habe ich nie entdeckt. *Wie sollen wir jemanden in einem dreimal so hohen und fünfmal so dichten Wald finden?*

Wir hoben ab. Ich sah auf die Landschaft hinunter, die Viehweiden und Subsistenzbauernhöfe. Der Flickenteppich wich steilen, bewaldeten Bergen. Wir flogen in niedriger Höhe außerhalb des Parks zwischen Dos Brazos und Piedras Blancas, wo Cody angeblich Pata Lora gefolgt war. Zu erkennen waren nur Flüsse, die Erd- und Gesteinsmassen vergangener Erdrutsche, das Weideland von Piedras Blancas. Ich sah überwiegend ausladende grüne Baumkronen und gelegentlich einen schlanken weißen Stamm in einem dichten Blätterdach. Bananenartige Helikonien verdeckten alte Erdrutsche, Adlerfarn die neueren. Die jüngsten Verschiebungen, zu erkennen an der frischen Erde, weckten mein Interesse. *Was für eine dynamische Landschaft!*

Wir bemühten uns, Spuren von Roman zu entdecken. Ein bunter Farbfleck auf dem Kiesstreifen eines Bachs oder Tümpels oder irgendwelche Ausrüstung, die er auf die Oberfläche eines neuerlichen Erdrutsches gezogen haben könnte. Aber da war nichts und niemand. Kein Goldschürfer, kein Tourist und kein verirrter oder verletzter junger Mann.

Ich konnte nicht umhin, die Anstrengungen, die Unkosten und die Sinnlosigkeit zu würdigen. Ich wollte ihn dort unten sehen. Aber ein Blick auf das dichte grüne Blättermeer unter uns machte klar, warum alle hofften, dass Cody auf dem Weg nach Carate war, mit Pata Lora Gras rauchte oder in einer Bar in Matapalo abhing. Ihn außerhalb des Corcovado zu finden, schien wenigstens möglich.

Vierzehn Minuten, nachdem wir Puerto Jiménez verlassen hatten, erreichten wir den Pazifik. Wir kreisten über sein in Küstennähe aquamarinfarbenes Wasser und setzten dann am Strand nahe Carate einen Cruz-Roja-Freiwilligen ab. Es schien sinnvoll, dass auch auf dem Boden möglichst viele Leute nach Roman suchten. Wir flogen über die Nord- und Westseite des Parks zurück nach Puerto Jiménez. Aus der Luft sahen die Berge des Corcovado wie eine geballte Faust aus, mit den Knöcheln als Erhebungen, dem Handrücken als Abhang Richtung Dos Brazos, den Fingergelenken als Abbruchkanten über den felsigen Schluchten der Flüsse im Norden und Westen: Sirena, Rincón und Claro – Romans Ziel. Hier und da stießen Baumriesen mit gelben Blüten durch das Blätterdach und Wasserfälle stürzten sich von Steilhängen in die Tiefe. Es war schön, aussichtslos, herzzerreißend. *Wahrscheinlich hat er inzwischen nichts mehr zu essen.*

Ich hoffte, dass der Hubschrauber ihm signalisierte, dass wir unterwegs zu ihm waren, dass wir ihn finden würden. Der Flug war aber auch in anderer Hinsicht nützlich. Er bestätigte, dass ich, um Roman zu finden, seiner Route in den Dschungel folgen musste. Fünfzig Minuten später landeten wir wieder in Puerto Jiménez. Die Beamten schrieben schließlich neun großzügig bemessene Stunden

Hubschraubereinsatz auf. Ich war dankbar für die Mühen, wenn auch enttäuscht von dem nicht unerwarteten Ergebnis.

Nach dem Flug gingen Thai und ich noch einmal zum Corners Hostel, um zu sehen, ob Roman vorbeigekommen war, um seine Sachen zu holen, ohne es uns zu sagen. Doña Berta sagte, dass es ihr leidtäte, dass mein Sohn verschwunden sei. Sie sagte, Gott würde uns helfen. Dann bat sie mich, die gelbe Tasche mitzunehmen und nicht wiederzukommen.

22
Río Conte

Pancho im Tal des Río Conte, 30. Juli 2014.

Den Rest des Tages verbrachte ich im Auto am Mobiltelefon mit Anrufen bei der Botschaft, dem FBI und Peggy. Ich hasste es, mit dem Handy zu telefonieren. Es lief immer nur auf leere Versprechungen, Enttäuschungen und hohe Rechnungen hinaus. Das FBI teilte mit, dass die letzte E-Mail, die Roman von seinem Account verschickt hatte, vom 10. Juli stammte, dem Tag, nachdem er uns geschrieben hatte. Er hatte seiner College-Liebe am Morgen eine Nachricht mit zwei Wörtern geschickt: »so verrückt«. Peggy sagte, Vizegouverneur

Treadwell und sie hätten es geschafft, von widerwilligen Bankangestellten zu erfahren, dass Roman nach dem 9. Juli keine Transaktionen mehr auf seinem Konto durchgeführt habe. Wenn Pata Lora am 16. Juli mit Geld aus einem Automaten in Puerto Jiménez bezahlt wurde, dann nicht durch Roman.

Romans Fall wurde in Costa Rica offiziell als Vermisstenfall behandelt, das FBI konnte daher nicht in die Untersuchung eingreifen. Dafür müsste es Anhaltspunkte für einen Mord, eine Entführung oder Erpressung geben. Die US-Botschaft war uns, dem FBI und dem OIJ als Vermittler zwischengeschaltet, das Schicksal unseres Sohnes lag aber in den Händen der Costa Ricaner. Jorge Jiménez – mit siebenundzwanzig im gleichen Alter wie Roman und Pata Lora – war der leitende Ermittler des OIJ. Er war wegen eines anderen Falls von Ciudad Neily, zwei Stunden Autofahrt entfernt, nach Osa gekommen.

Lauren besaß das Talent, Leute ausfindig zu machen und gleichzeitig das Iguana reibungslos am Laufen zu halten. Sie rief den OIJ-Ermittler an und vereinbarte ein Treffen. Ort der Zusammenkunft von Jorge Jiménez, Lauren und mir war eine *pulpería* an Osas asphaltierter Zufahrtsstraße. Ein milchgesichtiger junger Mann stieg aus einem dunklen SUV. Er trug schicke schwarze Schuhe, lange Hosen und ein Hemd, das am Kragen aufgeknöpft war. Jorge war hinreichend höflich, aber auch wortkarg. Er sagte, bei Roman handle es sich um einen Fall einer vermissten Person mit keinerlei Hinweisen auf ein Verbrechen. Es gäbe zum Beispiel keine Leiche.

»Was ist mit Pata Lora?«, fragte ich. »Ich höre, Sie haben ihn festgenommen.«

»Gegen Pata Lora wird in einer Sache ermittelt, die mit dieser hier nichts zu tun hat. Wir haben von den Gerüchten gehört und ihn dazu befragt.«

»Hatte Roman Kontakt mit ihm?«

»Pata Lora«, erwiderte er, »ist kein glaubwürdiger Zeuge.«

Jiménez erkundigte sich nach Codys Kreditkarten. Es gab keine – in der gelben Tasche fanden sich nur seine Bankkarte, sein Bibliotheksausweis, sein PADI-Brevet und sein Personalausweis. Der Ermittler fragte nach dem roten Notizbuch, das ebenfalls im Corners Hostel zurückgeblieben war, und den Einträgen darin nach dem 10. Juli. Jorge wusste nicht, dass diese Einträge von 2011 stammten, als Roman zu Feldstudienzwecken in der arktischen Region Alaskas unterwegs war. Sie betrafen Schnee-Eulen, das Fangen von Spitzmäusen, das Ködern von Asseln und die Arbeit mit Kollegen. In rührenden Worten beschrieb er außerdem den Kummer, nachdem ihm seine Freundin im Jahr davor den Laufpass gegeben hatte.

Das Interesse des OIJ-Beamten an Romans drei Jahre alten Tagebuchaufzeichnungen war nur ein weiteres Beispiel für ihre Ignoranz, so wie es auch schon die Annahme gewesen war, Cody hätte Pata Lora für einen Trail außerhalb des Corcovado angeheuert. Ich wusste die Mühe zu schätzen, aber der Blick aus dem Helikopter brachte mir die ernüchternde Einsicht, dass es höchstwahrscheinlich auf das Geschick und Glück eines kleinen Teams ankäme, das Romans Route Stück für Stück zusammensetzte, wollten wir ihn in der unübersichtlichen Landschaft finden. Roman hatte seine Pläne kundgetan. Warum wurde ihnen von niemandem Beachtung geschenkt?

Dondee hatte verhindert, dass ich Zugang in den Park erhielt, doch von einflussreicher Seite wurde interveniert. Zwischen Laurens Anrufen bei lokalen Beamten und einem Empfehlungsschreiben von Vizegouverneur Treadwell an einen gut vernetzten Costa Ricaner mit Namen Juan Edgar Picado sah es so aus, als kämen wir rein. Lauren selbst wählte einen Ranger und Guide aus, den ich dafür bezahlen würde, dass er Thai und mich zum Río Conte begleitete.

Die Verantwortlichen lehnten die Idee ab. Es käme der Aussetzung einer Belohnung zu nahe. Dondee selbst fuhr daher Thai, mich und Laurens empfohlenen Ranger, Pancho, auf einer steilen, holprigen unbefestigten Straße zur Feldstation La Tarde im Norden des Parks, nahe dem Conte. La Tarde, verstand ich, würde uns als Basislager für die Suche am Río Conte dienen.

Früh am nächsten Morgen verließen wir La Tarde und gingen eine halbe Meile bis zu einer Weggabelung. Ein Weg folgte dem zentralen Bergkamm, der Fila Matajambre, nach Dos Brazos. Der andere führte hinunter zum oberen Río Conte. Dondee sagte, er wolle dort mit Panchos Rucksack warten, während Pancho uns ins Tal des Conte führte. Der Besitzer einer kleinen Farm gab an, dass seit Monaten kein Gringo durchgekommen sei. Ich bestand darauf, selbst zum Wasserlauf vorzudringen, um mir ein Bild zu machen und intuitiv nachzuspüren, wohin Roman gegangen sein könnte.

Wir folgten dem Conte flussaufwärts zur Schlucht in seinem Quellgebiet. Klares Wasser ergoss sich über rutschiges, algen- und moosbewachsenes Gestein. Philodendren suchten sich ihren Weg an nahezu senkrechten Felswänden zwischen Farnen und Bäumen, die es irgendwie schafften, sich in Spalten und an Auswölbungen festzuklammern. Es war grün, heiß und feucht.

Pancho drängte mich weiterzugehen und gab mir gestikulierend zu verstehen, dass ich nach Spuren Ausschau halten solle. Vorsichtig bahnte ich mir den Weg, suchte nach zerbrochenen Zweigen, zertretenen und abgebrochenen Pflanzen, einem Fußpolster, erflehte das Einwickelpapier eines Schokoriegels – irgendetwas, das besagte: »Ja! Roman war *hier*!« Doch statt Hinweisen, dass hier vor drei Wochen ein menschliches Wesen entlanggekommen war, entdeckte ich nur Belege dafür, dass ein Tapir – jenes 250 Kilo schwere, dreizehige Tier, das wie eine Chimäre aus Elefant, Nashorn und Schwein wirkt – sich drei Stunden zuvor an Palmen und Pfeffersträuchern vorbeigedrückt hatte.

Wir kehrten zur Weggabelung zurück. Dondee und Panchos Rucksack waren verschwunden. Pancho marschierte zurück zur Station La Tarde, um festzustellen, dass Dondee mit unserem Fahrzeug weggefahren war. Pancho kehrte zu uns zurück und erklärte wütend, Dondee sei *loco*. Zu dritt gingen wir zur Station und warteten.

Stunden später kam Dondee wieder angefahren. Mit unserem Missfallen konfrontiert, monierte er, dass unsere zweistündige Suche am Conte zu lange gedauert habe. Er wandte sich mir zu. »*Sie* müssen hier weg«, sagte er. »Gehen Sie zurück in die Stadt und bleiben Sie dort. Sie sind labil. Und wenn Sie versuchen, in den Park zu gelangen, lasse ich Sie verhaften.«

»Aber genau hierher wollte Roman kommen«, verteidigte ich mich. »Hier müssen wir suchen, entlang dem Matajambre. Dorthin führt der Trail vom Conte.«

Thai begann eine lange Diskussion mit Dondee. »Es scheint, sie versuchen dich zu isolieren, Roman. In einer kleinen Blase zu halten. Sie sagen, es sei deshalb, weil sie sich um deine Sicherheit sorgen.« Thai handelte eine Suche am Matajambre aus. »Du kannst nicht mit, aber mich lassen sie mit Pancho und Kique, einem weiteren Ranger, suchen.« Thai würde die Nacht in La Tarde verbringen und am nächsten Tag die Fila Matajambre entlang nach Dos Brazos gehen.

Ein Mitarbeiter des Cruz Roja brachte mich auf einer langen, einsamen Fahrt zurück ins Iguana, das wir bei einem nachmittäglichen Regenguss erreichten. Allein in meinem Zimmer stellte ich mir alles mögliche Unheil vor, durch das man im Dschungel leidvoll zu Tode kommen konnte. Langsam durch den tödlichen Biss einer Buschmeister oder Lanzenotter ins Bein. Langsamer und schmerzvoller durch den Biss der baumbewohnenden Greifschwanz-Lanzenotter. Erschlagen von einem umstürzenden Baum. Durch eine Blutvergiftung im Arm oder im Bein. Durch Dengue, Malaria oder andere Fiebererkrankungen. Geschwächt und ausgehungert nach einem Sturz von einer Klippe oder einem Wasserfall. Und dann gibt es ja auch noch die anderen *Schlangen* – die auf zwei Beinen.

Übelkeit überkam mich in dem Zimmer. Ich sah Roman vor mir, wie er in einem durchnässten Zelt kauerte, zu verletzt, um weiterzugehen, Echsen und Käfer aß. Er hatte auf der Petén-Tour eine Echse gegessen. Beschwerlichkeiten waren ihm nicht fremd. Er konnte einen klaren Kopf bewahren. Er konnte durchhalten. Ich musste ihn nur finden, bevor es zu spät war. *Was habe ich nur getan?*

Ich war allein und ohne Aufgabe, die es zu erledigen galt. Meine Augen füllten sich mit Tränen, ich schluchzte, als ich an unsere Familientrips in die Tropen dachte. Es war unmöglich, nicht in Erinnerungen zu schwelgen. Diese Erlebnisse machten unser Familienwissen aus, unsere Geschichte: die Gesänge der Gibbons in der Morgendämmerung zu hören, einen Flugdrachen in Händen zu halten, exotische Früchte zu essen. *Ich habe meinen achtjährigen Sohn mit in die Wildnis Borneos genommen. War das fahrlässig?* Damals schien es nicht so, jetzt aber quälten mich Gewissensbisse. Nicht weil wir sein Leben oder das von Jazz in Borneo, Australien oder an anderen Orten, an denen seit Jahrtausenden Menschen wohnen, riskiert hatten – Peggy hätte ihre Kinder nie in Gefahr gebracht –, sondern wegen des Lebens, das dadurch angeregt wurde.

Ich warf mir vor, dass ich Roman in die Welt der Wildnisabenteuer eingeführt und ihm die spannenden Seiten gezeigt hatte. Vielleicht hätten wir uns als Eltern auf Mannschaftssport, Ausflüge zu Chuck E. Cheese's oder ins örtliche Cineplex beschränken sollen. Aber das wäre für Peggy und mich undenkbar gewesen. »Was, du willst es sicher und langweilig haben?«, hätte sie dann gefragt.

»Die Geburt ist die häufigste Todesursache«, stellt mein Freund Brad Meiklejohn immer wieder gern fest. Brad sagt aber auch, die Formulierung »Wenigstens starb er bei seiner Lieblingsbeschäftigung« sei falsch. »Am meisten bewundere ich die, die ihr Leben lang das tun konnten, was sie am liebsten taten, und dann hochbetagt friedlich in ihrem Bett gestorben sind.«

Hartnäckig, zermürbend – vielleicht auch einfach nur instinktiv – zerren Schuldgefühle und die Frage der Verantwortung an Eltern, deren Kinder verletzt, vermisst oder gar getötet werden, selbst nachdem sie rational begreifen oder erkennen, dass es sicher nicht ihr Fehler war. Schlaf verschaffte mir in Costa Rica die einzige Pause von Sorgen und Schmerzen. Sobald ich jedoch aufwachte, noch bevor ich die Augen aufschlug, schoss es mir als erster Gedanke wieder ins Bewusstsein: *Roman wird vermisst!*

Am nächsten Tag, dem 30. Juli, holte mich ein Land Cruiser des Cruz Roja vom Iguana ab und brachte mich zur Rangerstation El Tigre in Dos Brazos. Eliécer Arce, der Direktor des Nationalparks Corcovado, und Carlos Herrera, der Chef des Cruz Roja, waren ebenfalls dort. Thai, Pancho und Kique würden am Ende ihres Wegs entlang der Fila Matajambre nach Dos Brazos gelangen, wo wir uns wieder treffen wollten.

Pata Lora und Cody waren in Dos Brazos zu ihrer Wanderung nach Carate aufgebrochen: Zeugen hatten sie dort zusammen gesehen. Während ich in einer kleinen Cantina am Ende der Straße auf Thai wartete, schnappte ich die Wörter *Pata Lora* und das costa-ricanische Wort für Marihuana, *mota*, in Gesprächen um mich herum auf. Ich schüttelte meinen Kopf. Diese Version der Geschichte ließe sich nur widerlegen, wenn man Romans Leiche fände. Ich betete, dass dies nicht geschehen möge.

Der Besitzer der Cantina hieß Elmer. Er war einer der Zeugen und sprach gut Englisch. Sein dreijähriges Kind in den Armen haltend, erzählte er, wie er Pata Lora und Cody auf dem Weg nach Piedras Blancas an seiner Cantina hatte vorbeilaufen sehen.

Während ich Elmar noch zuhörte, kam Thai herbeigerannt. Er lächelte, war außer Atem und mit Schlamm beschmutzt. Es tat gut, ihn zu sehen. »Roman, hey!« Er reichte mir die Hand, umarmte mich verschwitzt. Er war sichtlich erregt. »Es scheint, jemand hat Roman gesehen!«

»Was? Wo?«

»Hier unten, nur ein paar Häuser entfernt! Ein Typ ist jemandem im Dschungel begegnet, der sagte, sein Name sei *Roman*!«

Die Nachricht gab mir so viel neue Hoffnung, wie ich seit meiner Ankunft in Costa Rica vor fünf Tagen nicht mehr gehabt hatte. Hier, endlich, war ein Beweis.

23
Jenkins

Jenkins, Dos Brazos, 30. Juli 2014.

Für einen Costa Ricaner beinhaltet der Name »Cody Roman Dial« zwei Nachnamen – Roman und Dial. Jeder, der behauptete, er habe unseren Sohn *Cody* getroffen, log entweder oder irrte sich. Seit unserer Wanderung über Umnak vor zwanzig Jahren stellte er sich immer als *Roman* vor. Kein Costa Ricaner käme auf die Idee, ihn Roman zu nennen, wenn er ihn nicht tatsächlich kennengelernt hätte. Das war ein weiterer Grund, weshalb Pata Loras Geschichte nicht schlüssig war.

Thai führte mich zu einem kleinen, gelb gestrichenen Holzhaus mit Blechdach, das auf einer Betonplatte stand. Zwei Mädchen guckten aus den Fenstern. Ein junger, muskulöser Mann mit Schnurrbart und kleinem Unterlippenbart, der nur Shorts anhatte, stand davor. Wie Thai lächelte er viel und breit. Wie Roman war er siebenundzwanzig. Er sprach erstaunlich gut Englisch. Thai musste nicht dolmetschen.

Atemlos und aufgeregt stieß ich hervor: »Hi, ich heiße Roman. Mein Freund Thai sagt, dass Sie vielleicht meinen Sohn im Dschungel gesehen haben.«

»Ja, das stimmt«, antwortete er langsam und wohlüberlegt. »Ich heiße Jenkins Rodriguez und bin Goldgräber.« Er reichte mir seine Hand, und ich schlug ein.

»Wo haben Sie ihn gesehen?«

»In den Bergen an einem kleinen Pfad. Wir haben dort noch nie Gringos oder Ausländer gesehen, deshalb waren wir sehr überrascht.«

»Wann war das?«

»Vor etwa fünfzehn bis siebzehn Tagen. Er meinte, dass er seit zwei Tagen im Dschungel sei.«

Ich rechnete. Es musste Mitte Juli gewesen sein, als Jenkins ihn gesehen hatte. Aber die Leute führten hier keine Taschenkalender oder Tagebücher. Die Zeit spielte keine große Rolle. Nur wenige in den Dörfern und im Dschungel trugen Uhren.

»Wo haben Sie ihn gesehen?« Meine Hand zitterte, während ich mir Notizen machte.

»An einem kleinen Bach namens Zeledón. Von Dos Brazos ungefähr drei Stunden flussaufwärts.«

»Hat er Ihnen gesagt, wie er heißt und woher er kommt?«

»Ja. Er sagte, sein Name sei Roman. Er käme aus Alaska und sei Biologe.«

Ich holte tief Luft, geschockt. Außer Doña Berta im Hostel war dies die erste Person, der ich glaubte, dass sie Roman begegnet war. Ich zermarterte mir das Hirn, was in den Zeitungen gestanden hatte, wie viel von dem, was Jenkins erzählt hatte, er aus den Nachrichten wissen konnte. Sicherlich die Tatsache, dass er aus Alaska kam, vielleicht auch die Sache, dass er sich Roman nannte, aber definitiv nicht die Info, dass er Biologe war. Jenkins' ungefähre Daten hielt ich für plausibel. Er schien ehrlich und hatte nichts zu gewinnen, wenn er log, und wenig zu verbergen.

»Was machte er und was hatte er bei sich? Haben Sie mit ihm gesprochen?«

»Ja, wir haben uns unterhalten. Als wir näherkamen, saß er da und kochte sich sein Frühstück auf einem Kocher. Ich glaube, Reis oder so. Zuerst sind wir an ihm vorbeigegangen, überrascht, ihn da zu sehen, und sagten Hallo. Dann drehten wir uns um und gingen wieder zurück, um mit ihm zu reden, weil es sehr ungewöhnlich war, einen Gringo in diesem Teil des Waldes zu treffen Er sprach sehr langsam Spanisch und war gut zu verstehen, aber wir wechselten ins Englische.«

An diesem Punkt dachte ich an den blauen Jetboil-Kocher, den ich ihm zu Weihnachten geschenkt hatte. Er war nicht in der gelben Tasche gewesen. »Wie sah der Kocher aus?«

»Es war keiner von hier.« Jenkins zeigte mit seinen Händen, dass er höher als breit war, und kompakt. *Wie ein Jetboil.*

»Wer war bei Ihnen?«

»Als wir ihn sahen, war ich mit Luiz und Arley unterwegs, aber wir warteten noch auf einen anderen Goldgräber, Coco, der bald kam. Wir waren zu viert.«

Lauter Fragen schwirrten in meinem Kopf herum. »Hatte er ein Lager aufgeschlagen?«

»Nein. Er meinte, er wäre am Tag zuvor den Fluss hochgekommen, auf einen Wasserfall gestoßen, einen Felsen hochgeklettert und hätte oben gecampt. Am nächsten Morgen ist er zu dem kleinen Bach runtergegangen, um zu frühstücken. Er hatte einen grünen Rucksack dabei, mit einer zusammengerollten Isomatte, glaub ich. Ich hab von dem Vermissten gehört und dachte, es wäre derselbe, der durch den Ort gelaufen ist. Der, den Elmer gesehen hat. Aber jetzt denke ich, es waren zwei verschiedene Männer.«

»Hatte er eine Brille?«, fragte Thai.

»Ich kann mich nicht an eine Brille erinnern. Er war rasiert und ein bisschen ernst. Er meinte, er wär Biologe und würde sich bloß die verschiedenen Bäume und anderen Sachen im Dschungel ansehen. Er hat gefragt, ob er in Golfito wäre, deshalb dachte ich, er wäre etwas durcheinander. Er hat mir seine Karte gezeigt. Sie war ungefähr so groß wie Ihr Notizbuch. Ich wollte ihm keine Angst machen, indem ich ihn anstarrte oder so. Ich war einfach nur freundlich an dem Tag.«

Mir rauchte der Kopf. Selbst die »Golfito«-Bemerkung ergab Sinn, denn der »ESRI world topo«-Link, den ich Roman geschickt hatte, verortete die Grenze zwischen den Kantonen Osa und Golfito innerhalb des Corcovado-Parks. Roman würde sich auf den Kanton Golfito auf der Karte bezogen haben, nicht auf die Stadt Golfito gegenüber von Porto Jiménez auf der anderen Seite der Bucht.

Ich wollte mit Arley, Coco und Luiz sprechen. Ich wollte, dass Jenkins eine Karte zeichnete, wo das alles passiert war. Und vor allem wollte ich zu diesem Zeledón-Bach gehen, der letzte Ort, an dem Roman gesehen worden war.

Dort würde ich suchen, und zwar bald. Es war mir egal, dass Dondee damit gedroht hatte, er würde mich verhaften, falls man mich im Park erwischte. Niemand konnte mich jetzt mehr davon abhalten, dort zu suchen.

24
Zeledón

Vargas und Jefe, an Cody Romans letztem bekannten Aufenthaltsort, 31. Juli 2014.

Jenkins bot an, Thai und mich an die Stelle am Zeledón zu führen, wo er Roman gesehen hatte. Endlich hatte ich das Gefühl, Romans Spuren wirklich zu folgen und nicht nur in der Stadt herumzulaufen oder still und stumm im dünn besetzten MINAE-Hauptquartier herumzusitzen. Wenn die einzige Möglichkeit für eine Suche im Dschungel darin bestand, die Hilfe illegaler Goldschürfer und anderer Krimineller der Halbinsel in Anspruch zu nehmen, dann war es eben so. Lauren stellte den Kontakt zu einem weiteren Mann her – Vargas –, der zwar weder Ranger noch Guide, mit dem Park aber so vertraut wie kein Zweiter war.

Thai, Lauren und ich trafen Vargas bei der Bank in Puerto Jiménez. Es war fast acht am Morgen, bald schon würde die unbehagliche Hitze wie jeden Tag in das Leben aller drängen. Ein paar Einheimische parkten ihre Laster im Schatten breit bekrönter, über die Straße ragender Bäume, um Rambutans zu verkaufen.

»Das ist er«, sagte Lauren, während wir auf die Ecke zuliefen. »Er war ein Verdächtiger im Mordfall von Kimberly. Er ist Wilderer und auch Bauer. Sein Bruder wurde von einer Buschmeister getötet, als sie jung waren. Vargas kennt die Berge im Corcovado wahrscheinlich besser als irgendjemand sonst.«

Vargas, von sechs Jahrzehnten tropischer Sonne dunkel gegerbt, war klein und kompakt, mit einem breiten Grinsen und schwarzem Haarschopf. Seine Hand, muskulös vom bäuerlichen Leben, schüttelte mit kräftigem Druck meine. Er sah mir direkt in die Augen. Vargas war wegen Geschäften in der Stadt und hatte sich mit einem Hemd mit Druckknöpfen und makelloser Bluejeans über spitzen Cowboystiefeln schick gemacht. Er war mit dem Bus von seiner kleinen Ölpalmenplantage etwas südlich des Río Conte gekommen.

Lauren berichtete Vargas von den vier Schürfern, die Roman vor zwei Wochen im Dschungel begegnet waren. Sie sagte, dass Cruz Roja und MINAE Thai und mir den Zutritt in den Park verboten hätten, wir aber trotzdem nach Dos Brazos und den El Tigre hinaufwollten. Vargas schüttelte seinen Kopf, kickte mit seinen Stiefeln gegen den Straßenstaub, während er das MINAE und dessen eiserne Kontrolle über den Park mit verächtlichem Schnauben bedachte.

»Lauren«, sagte ich, »frag Vargas, ob er heute mit uns und dem Typen, den wir in Dos Brazos getroffen haben und der Roman gesehen hat, den Tigre hinaufgehen kann. Sag ihm, es sind etwa drei oder vier Stunden flussaufwärts.« Lauren rasselte meine Anfrage in ihrem starken amerikanischen Akzent herunter.

»Sí.« Vargas nickte, blickte mir erneut in die Augen, meinte dann, er hätte vorher aber noch ein paar Einkäufe zu erledigen.

Vargas und sein achtzehnjähriger Sohn Jefe fuhren mit uns in unserem gemieteten Suzuki die Holperpiste nach Dos Brazos. Es war neun, als wir Jenkins abholten.

Jenkins wohnte an dem zu Piedras Blancas gehörenden Flussarm des Río Tigre in Dos Brazos, würde uns aber am Flussarm von El Tigre in den Corcovado führen, wo sich seine Schürfstelle und sein *rancho* befand, eines jener kleinen Zeltlager aus schwarzen Plastik-Tarps, die regelmäßig von den Rangern niedergebrannt wurden, um anschließend von den Schürfern wieder aufgebaut zu werden. Wir parkten den Wagen am Ende der Straße. Ein schmaler Pfad oberhalb des Wasserlaufs führte an einer stacheldrahtumzäunten Wellblechhütte vorbei, an einem Pfosten lehnte ein Fahrrad. Ein zahnloser Typ in Shorts und mit freiem Oberkörper rief uns *Hola* zu, während wir weitergingen.

»Das ist Pata Loras Onkel Willim«, klärte Jenkins uns über den hageren Mann auf, der um die Mitte fünfzig zu sein schien.

Bald erreichte der Pfad den knietiefen El Tigre. Jenkins führte uns in den Bach, und wir platschten unter Farnen, Philodendren und Würgefeigen, die sich an dunkle Felswände klammerten, stromaufwärts. Aus Seitenarmen ergossen sich Wasserfälle. Das Wasser des Bachs war klar und kühl, angenehm in der wachsenden Hitze. Weil das Gestein am Ufer rutschig war, gingen wir direkt auf dem sandigen Flussbett.

Jenkins trug kniehohe Gummistiefel, Shorts und ein Tanktop: die Uniform lokaler Schürfer. Vargas stapfte in seinen Stadtklamotten, abzüglich der Cowboystiefel, durch das Nass. Er wirkte unpassend gekleidet, um hüfthoch durch das Wasser zu waten und sich an Felswänden, rutschig von Algen und Schlamm, hochzuhangeln.

Von uns aufgescheucht, rannten Basilisken – Jesus-Christus-Echsen – über das Wasser. Ihre unglaubliche Geschwindigkeit erinnerte mich an Roman mit dreizehn, als er auf unserer zweiten Tour in den Corcovado lernte, wie man diese wundersamen Geschöpfe fangen konnte. Zuerst jagte er einen jungen Basilisken über das Wasser ans Ende eines Bachs. An einen Felsen geklammert, beäugte das Tier

Roman misstrauisch, bis er zu dicht heranwatete und das Reptil ins kühle Wasser abtauchte, um sich im Gestrüpp am Grund zu verstecken. Dann steckte Roman, unerschrocken, was sich noch alles darin verbergen könnte, seine Hand durch Stöcke und Blätter und ergriff die kleine Echse. Erfreut über seinen Erfolg, zog er sie wie eine Trophäe hervor, inspizierte ihren dinosaurierartigen Kamm und ihre übergroßen Hinterläufe, wärmte sie in seinen Händen und gab sie dann wieder frei, um sie wie ein aufziehbares Wasserspielzeug über die Wasseroberfläche davonhuschen zu lassen.

Ich versuchte, die Echsen zu ignorieren – die Erinnerung machte mich traurig –, doch es gelang mir nicht. Jeder einzelnen sah ich nach, wie sie über den Bach flitzte.

Unser Tempo nahm zu. Ungeduldig hielt ich Ausschau nach Spuren, wo Roman zuletzt gesehen wurde, und wollte gleichzeitig unter Beweis stellen, dass Thai und ich, anders als Touristen-Gringos, in dem Gelände bestens zurechtkamen. Vorbei an Schürfercamps folgten wir dem Bach in einer Reihe von Untiefen und Schluchten. Wir kletterten unkenntliche Pfade an Felskanten über Schluchten hoch, deren Spalten zu eng oder zu steil waren, um sie auf Wasserebene zu überwinden. Wir schoben die breiten Blätter von Pflanzen zur Seite, die an ihr Dasein im Schatten angepasst und zu Hause als Zimmer- oder Büropflanzen bekannt waren.

Nach etwa einer Stunde machte Jenkins auf die Parkgrenze aufmerksam. Weiterzugehen war verboten. Uns drohten saftige Strafen, würden uns die Behörden aufgreifen. »Sie können zurückgehen, Jenkins, aber ich muss weiter«, sagte ich und war gewillt, mein Glück zu versuchen und den Weg zum Zeledón nur mit der Kartenskizze von Jenkins in meinem Notizbuch anzugehen. »Was können die Ranger schon groß sagen, wenn sie mich erwischen?«, fragte ich. »Ich suche meinen Sohn. Wie herzlos können sie da sein? Ich nehme jede Schuld auf mich.« Nun selbst angespornt, waren sich die anderen einig, ebenfalls weiterzugehen.

Vargas und Jenkins brachten ihre aufrichtige elterliche Anteilnahme zum Ausdruck. Vargas war bereit, seine schicke Stadtkleidung und sein in Plastik gewickeltes Klapphandy aufs Spiel zu setzen. Beide waren bereit, das Risiko einer Verhaftung einzugehen, um mir zu helfen an den Ort zu gelangen, an den ich unbedingt wollte. Der junge Schürfer und der alte Wilderer waren fit und kräftig und kannten den Dschungel gut.

Aus seinen engen Schluchten öffnete sich El Tigre. Im Sonnenschein gingen wir unterhalb jäher, vom Bach bis zum Kamm mit Helikonien bewachsener Berghänge. Die Helikonie, eine große, krautige Pflanze mit breiten grünen Blättern, lockt mit ihren kräftigen, sprossenartig versetzten leuchtend roten und orangen Blüten nicht minder farbenprächtige Kolibris an. Die Vögel wiederum ziehen eigene Räuber an: giftige Greifschwanz-Lanzenottern, die in Lauerstellung an ihren Greifschwänzen herabhängen.

Es ist gar nicht so ungewöhnlich, eine dieser bestens getarnten Greifschwanz-Lanzenottern zu übersehen. Obwohl nicht aggressiv, zögern die kleinen Schlangen nicht, zuzuschlagen, und beißen, ihrem natürlichen Verhalten als Baumbewohner entsprechend, nichts ahnende Menschen häufig ins Gesicht oder in den Hals. Roman wusste das und würde sich von Helikonien-Dickichten fernhalten, solange er keinen Weg mit der Machete freigeschlagen hätte.

Aufgeschichtete Steine und aufgehäuftes Sediment deuteten auf aktive Goldsuche hin. Wir kamen an Verstecken mit Handwerkzeugen vorbei – Schaufeln und kurzen Waschrinnen –, die Osas Schürfer verwendeten, um Gold aus dem Bachbett zu sieben. Nach einer Stunde Wegstrecke im Park und zwei Stunden von der Straße entfernt wies Jenkins auf eine niedrige Klippe, die die grüne Vegetation teilte: »Hier müssen wir den Tigre verlassen und auf einem versteckten Pfad der Schürfer weitergehen.«

Mit Abstand zueinander stiegen wir den dreißig Meter hohen, brüchigen und glitschigen Kalkfels entlang scharfkantiger Haltepunkte für Hände und Füße nach oben und gelangten auf einen kaum erkennbaren, von Lianen überwucherten Pfad. Wir kletterten an den Rand einer tiefen Schlucht, die, wie Jenkins sagte, auf Wasserniveau unpassierbar sei. Oben war vor Kurzem ein großer Baum umgefallen und hatte den Pfad unter sich begraben. Die Temperatur war inzwischen auf über 30 Grad bei 99-prozentiger Luftfeuchtigkeit gestiegen. Wir waren so durchnässt vom Schweiß, als wäre Regen auf uns niedergeprasselt.

Jenkins zog seine Machete aus der Scheide und hackte einen Weg durch die uns fast verschlingen wollende Krone des umgestürzten Baums. Jeder Hieb – und man braucht viele, um selbst kleinstes tropisches Hartholz durchzuschlagen – scheucht Schwärme kleiner Insekten auf. Manche beißen, andere stechen, und alle hinterlassen einen Ausschlag. Jenkins schnitt uns einen Tunnel, der sich nach zwanzig Metern am Doppelstamm des Baums lichtete. Wir stiegen auf seine rutschige Oberseite und schreckten dabei eine zwei Meter lange Schlange auf, die sich ins Unterholz davonmachte.

Als er mich zurückweichen sah, sagte Jenkins: »Die ist nicht gefährlich.« Ich behielt wegen eventueller Vipern das Blattwerk dennoch genau im Auge. Das unmittelbarere Hindernis war ohnehin der Baum, und die Frage war, wie wir den über einen Meter dicken Stamm am Rand einer fünfundvierzig Meter aufragenden Klippe überwinden sollten. Nervös balancierten wir an der Stelle, wo der Stamm eine senkrecht in den Abgrund klaffende Spalte überspannte, und sprangen dann einer nach dem anderen erleichtert herunter auf den festen Boden des schmalen Fußpfads.

»Der umgefallene Baum ist neu«, sagte Jenkins, als er noch einmal einen Blick zurück auf den Stamm über dem Abgrund warf. »Wir haben einen anderen Weg, vorbei an meinem *rancho*. Ich komme hier nicht oft entlang.«

Wir ließen den Rand der Schlucht hinter uns und folgten einem schmalen Bach in den Wald. Der Dschungel war dunkel und dampfig, durchfeuchtet von den Wasserläufen, die sich überall ihren Weg bahnten, und den Rinnsalen, die aus dem offenen Gestein sickerten. Die Luft war kühl und roch nach Moosen, Farnen und Pilzen. Der Pfad führte einen flachen Graben entlang, der in die Kammlinie schnitt. In beeindruckend aufwendiger Handarbeit hatten Schürfer eine drei Meter tiefe, von runden Steinen gesäumte Miniaturschlucht gegraben. Sie war gerade breit genug, um uns durch knöcheltiefes Wasser passieren zu lassen.

Der Graben öffnete sich und wir erreichten eine unscheinbare Stelle, an der die steilen Wände abflachten, sodass man hinauf- oder hinunterlaufen konnte. Jenkins blieb stehen und sah sich um. Gefiltertes Sonnenlicht betupfte braune Blätter und schwarze Felsen. Die Wedel kurzer, hüfthoher Palmen schwangen vor und zurück wie im Wind, doch es wehte keine Brise. Überall um uns herum zirpten Laubheuschrecken und sirrten Zikaden ohne Unterlass. Doch die beiden lautesten Kreaturen des Waldes konnten mir nichts von dem berichten, was ich wissen wollte.

»Das ist der Zeledón«, verkündete Jenkins.

25
Cruz Roja

Cruz-Roja-Mitarbeiter und die MINAE-Leitung, 31. Juli 2014.

»Hier!« Jenkins wies auf drei Steine. »Es sieht jetzt ein bisschen anders aus. Aber an dem Tag kamen wir den Pfad entlang, so wie jetzt, und auf dem größten Stein saß ein Typ und frühstückte. Es war morgens, bevor es zu heiß wird, vielleicht acht oder neun. Wir kamen von meinem *rancho*, der hinter dem Bergrücken liegt. Ich, Arley und Luiz. Coco war noch beim *rancho*. Wir waren auf dem Weg zur Mine und zu einigen Stollen, die wir gegraben hatten. Es war unmöglich, nicht dicht an ihm vorbeizugehen.«

In der Tat. Entlang des Flussbetts gab es nur einen gut einen Meter breiten Streifen, auf dem man gehen konnte, und dieser wurde häufig von Verzweigungen des Flüsschens beansprucht, die sich über die Felsen ergossen.

Ich konnte hier Romans Gegenwart spüren, mir leicht vorstellen, wie er dort alleine saß, die Morgenfrische genoss, die beste Zeit des Tages, eine Reihe Termiten auf einem nahen Stamm betrachtete oder die Brettwurzeln eines Baums auf dem Hügel darüber, während er darauf wartete, dass sein Wasser kochte und sein Essen sich abkühlte. Ich suchte die Hügel, die Steine und die Vegetation genau nach Hinweisen ab und fragte mich: *Wo hast du kampiert? Wo bist du abgestiegen? Und vor allem: Wohin bist du von hier aus gegangen?*

Ich legte die Hände an meinen Mund und rief: »Roman! *Roooomann! Rooo-ooo-mann!*«

Doch es kam keine Antwort, außer dem unaufhörlichen Piepen, Pfeifen und Summen des mittäglichen Dschungels. Jenkins führte uns durch seine Mine, die sich über dem südlichen Arm des El Tigre befand, einem Nebenfluss, den er Negritos nannte. Er zeigte uns die verkohlten Überreste eines *rancho*, den MINAE niedergebrannt hatte, dann führte er uns andere versteckte Pfade hinab, die er und seine Partner benutzten. An jeder Biegung suchte ich den Waldboden nach Zeichen von Roman ab: einem Schuhabdruck, einer Verpackung, irgendetwas, das uns voranbringen könnte. Die Pfade führten in einer Schleife zurück zum Fuß des Bergrückens am Ufer des Negritos-Arms des El Tigre. Dort liefen wir flussabwärts; raus aus dem Dschungel waren wir schneller, da wir nun mit der Route vertraut waren.

Es war aufwühlend, den Ort zu besuchen, an dem Roman zum letzten Mal gesehen worden war. Ich rechnete damit, bald zum Zeledón zurückzugehen. Roman war nah, das spürte ich. Ich hoffte, dass es ihm gut ging – ich betete, dass er am Leben war.

Beim Auto steckte ich Jenkins Geld zu. Er schien überrascht und zögerlich. Er lehnte das Geld ab. »Ich hab auch Kinder. Sie brauchen mich nicht zu bezahlen.«

»Bitte, nehmen Sie es! Und danke, Jenkins«, sagte ich. »Ich weiß, das war ein Risiko für Sie.« Er drehte sich um, um das Geld mit Vargas und Jefe zu teilen, die neben ihm saßen.

»Nein, das ist alles für Sie, Jenkins. Ich bezahle die beiden auch.«

Ich händigte Vargas die gleiche Summe aus. Er lächelte und nahm das Geld höflich mit beiden Händen an.

Nachdem wir Jenkins bei seinem Haus und Vargas in Puerto Jiménez abgesetzt hatten, fuhren Thai und ich zurück zum Iguana, zogen uns um und gingen zu einer großen Versammlung beim MINAE, um die Lage zu besprechen und über die Suchaktion zu diskutieren, die nun den siebten Tag andauerte. Dreißig Leute füllten den Raum: Cruz Roja, MINAE, Fuerza. Viele kamen frisch von der Suche und hatten noch ihre Einsatzkleidung an. Allein das Cruz Roja hatte fünfundzwanzig Leute angeworben, fast alle Freiwillige. Da ihre verblichenen Shirts ganz schmutzig geworden waren, scherzte Thai, man müsse sie »Cruz Chocolata« nennen.

Ein Projektor warf eine Google-Earth-Karte der Osa an die Wand. Über hundert rote virtuelle Stecknadeln markierten, wo die Suchtrupps GPS-Wegpunkte aufgezeichnet hatten. Drei aus einem großen Block Papier gerissene Blätter waren an die Wand geheftet. Auf eines war Romans Vermisstenanzeige geklebt. Eine Zeitleiste der letzten Wochen erstreckte sich auf dem zweiten. Auf dem dritten standen sieben Teamnamen mit Daten neben den Hauptwegen und Wasserläufen. Herrera, der Leiter des Cruz Roja, fragte in die Runde:

»Was machen wir als Nächstes?«

Dondee stand auf. Gestikulierend erklärte er, dass eine Menge Leute und viele Gruppen alle naheliegenden Wege abgesucht hätten. Er fügte hinzu, dass MINAE unmittelbar vor dieser Suche den Park nach illegalen Bergbauaktivitäten durchforstet hätte. Das geschah, kurz nachdem Jenkins Roman gesehen hatte, als Jenkins' *rancho* niedergebrannt worden war.

Dondee stellte die Teamführer vor, die auf einer hundert Quadratmeilen großen Fläche des Corcovado Pfade und mögliche Routen abgesucht hatten. Sie stießen nur selten auf Spuren anderer Teams, die nur wenige Tage vor ihnen dort gewesen waren; Regen und Streufall hatten ihre Spuren verwischt. Cruz Roja und MINAE, begleitet von Fuerza, hatten jeden Wasserlauf, den Roman in seinen E-Mails erwähnt hatte, untersucht. Sie hatten sich sogar mühsam über das verwirrende Plateau namens Las Quebraditas gekämpft und deren höchste Erhebungen, Mueller und Rincón, aufgesucht, die durch geodätische Vermessungspunkte gekennzeichnet sind – das sind in Betonplatten eingefasste Metallscheiben.

Die viertägige Suche im Nebelwald von Las Quebraditas wurde von einem dünnen jungen Mann mit einem Schlapphut angeführt, der meine erste Wahl für einen Suchtrupp gewesen wäre – wenn Dondee mir gestattet hätte, einen zusammenzustellen. Sein Team war zwei Stunden einem Touristenpfad in Richtung Las Quebraditas gefolgt. Der Pfad ging dann über in einen nicht gewarteten Wildererpfad. Sie mühten sich, der undeutlichen Spur sechs Meilen zu folgen. Da sie von umgefallenen Bäumen gekreuzt wurde, mussten sie immer wieder ins Bambusdickicht ausweichen, das von seichten, rutschigen und schmalen Schluchten durchschnitten wurde. Jeder Schritt abseits der Spur gemahnte die Teammitglieder daran, wie leicht sie sich verlaufen konnten.

Unter einem Blätterdach, das keine GPS-Signale durchließ, und in einer Vegetation, die zu dicht war, um Kompassangaben zu folgen, stellten die Suchenden fest, dass sie im Kreis gelaufen waren. Die einzigen Spuren, die sie entdeckten, waren ihre eigenen. Das Problem war, dass der wahrscheinlichste Ort, sich zu verlaufen, auch am schwierigsten zu durchsuchen war.

Kein einziges Team stieß auf irgendeine Spur von Roman. Parkdirektor Arce wies darauf hin, dass manche Orte zu unzugänglich und unwahrscheinlich wären, um dort zu suchen.

Nachdem die sieben Teams die Anwesenden informiert hatten, wandte Dondee sich mir zu. In herausforderndem Ton sagte er, er wisse, dass wir unerlaubterweise den Park betreten hätten. »Wer waren die drei anderen im Wagen mit Ihnen?«, fragte er anklagend. »Und wo waren Sie?«

Um die, die mir unter hohem Risiko für sich selbst geholfen hatten, zu schützen, gab ich Vargas' Namen nicht preis und behauptete, dass Jenkins uns nur bis zur Parkgrenze und nicht weiter begleitet hatte. Thai und ich wären allein weitergegangen, log ich, um den Ort aufzusuchen, an dem Roman zuletzt gesehen worden war. Ganz Costa Rica und die USA wollten uns unterstützen, aber ein Wilderer und ein illegaler Goldgräber waren am hilfreichsten gewesen. Ich würde sie nicht verraten.

Dondee durchschaute meine Lüge und blickte mich finster an. Um dem Ganzen noch eins draufzusetzen, sagte er zum Schluss, dass die Suche bald beendet würde. MINAE würde weiterhin im Rahmen ihrer Parkrunden nach Hinweisen suchen, aber seiner Meinung nach hatte Cody den Park sowieso nie betreten: Er war mit Pata Lora auf dem Piedras-Blancas-Pfad.

26
Whiteout

Oberhalb des El Doctor, 1. August 2014.

Dondees Meinung kümmerte mich gerade so sehr wie ihn meine.

Das Cruz Roja sollte die Suche drei Tage später offiziell einstellen. War den gesellschaftlichen Erwartungen vielleicht Genüge getan, ich wollte mich nicht damit zufriedengeben, ich würde erst Ruhe geben, wenn man meinen Sohn gefunden hatte. Für Eltern ist der Verlust eines Kindes so einschneidend, dass sie alles tun und sich jedem widersetzen, um ihr Kind zu retten. Dondee wusste das. Er warnte uns, Leute stünden bereit, um uns zu verhaften, sollten wir verbotenerweise im Park auf die Suche gehen, insbesondere wenn wir Einheimische bezahlten, die keine lizenzierten Guides wären. Damit würden wir nur noch mehr gegen die Parkregeln verstoßen.

Durch die Beschreibungen von Jenkins und seinen zwei Partnern sowie Romans E-Mails war ich überzeugt, dass mein Sohn in den Park gegangen und am Zeledón gesehen worden war – vor vielleicht gerade einmal sechzehn Tagen. Es war nicht ausgeschlossen, dass er noch am Leben war, irgendwo stromaufwärts. Warum nicht anstelle von dreißig Leuten, Computerauswertungen und Helikoptern, die 1000 US-Dollar pro Stunde kosteten, eine gezielte Suche von Vargas, seinem Sohn, Thai und mir, von der Stelle aus, an der Roman das letzte Mal gesehen wurde? Wir könnten von dort hoch in die Quebraditas vordringen, die wahrscheinlichste Gegend, um sich zu verirren und zu verletzen. Wir verabredeten uns, um sechs am folgenden Morgen.

Die Erinnerung an eine dreißig Jahre zurückliegende Suche gab mir neuen Mut. Es war zu einer Zeit, als es in Fairbanks noch keine spezialisierten Seilrettungsteams gab und wir uns als Klettergemeinde selbst darum kümmern mussten, unsere Leute sicher wieder nach Hause zu bringen. Wir erhielten eines Abends einen Anruf von den Alaska State Troopers, sie meinten, es hätte einen Kletterunfall in der Hayes Range gegeben. Unsere Gemeinde war klein. Wir alle wussten, es konnte nur Carl Tobin oder Matt Van Enkevort sein, denn die beiden waren unterwegs am Peak 9448, einem Berg, dessen Besteigung Carl und mir drei Jahre zuvor nicht gelungen war. Nach und nach trudelten weitere Informationen ein, bis wir erfuhren, dass Carl von einer Lawine weit mitgerissen worden war und dabei schwere Verletzungen erlitten hatte. Matt, der Carl in einem kleinen Biwakzelt zurückgelassen hatte, musste zwanzig Meilen auf Skiern und zu Fuß zurücklegen, bis er auf das Lager eines Elchjägers stieß, der ein Funkgerät bei sich hatte, über das er dann den Rettungsruf absetzte. Noch war das Ausmaß von Carls Verletzungen nicht klar, wir wussten nur, dass er sich beide Beine gebrochen hatte, einschließlich eines Oberschenkelknochens. Carl war mein Kletterpartner, und ich fürchtete, er könnte sterben.

Am nächsten Morgen brachen vier von uns vor Sonnenaufgang in einem Armeehubschrauber auf, der uns an der Zunge des Gillam Glacier absetzte. Ein Sturm umtoste die Range, aber wir machten uns dennoch auf den Weg gletscheraufwärts. Hinter uns ein großer Schlitten, mit dem wir Carl zurückbringen wollten. Whiteout beschränkte die Sicht auf ein paar Meter und zwang uns, dem Wind zu folgen und uns vom Kompass leiten zu lassen. Im Unklaren darüber, wo wir uns befanden, wussten wir nur über die Richtung Bescheid, in die wir uns bewegten.

Auf Skiern und durch ein Seil miteinander verbunden, gerieten wir in einen Sturm, der so kräftig war, dass er uns einfach umwehte. Wie durch ein Wunder flaute der Blizzard ab, und ein Loch tat sich auf, das nicht nur den Gletscher zu erkennen gab. Durch dieses Fenster sah ich, dass wir dem Peak 9448 nahe waren, und dank der besseren Sicht entdeckte ich Carls Zelt auf einer Moräne, einer niedrigen, durch die Bewegung des Gletschers angehäuften Geröllablagerung.

Das Unwetter hatte genau im richtigen Moment eine Pause eingelegt. Mit neu ausgerichtetem Kompass fuhren wir auf Skiern gegen den Wind, als sich das Fenster wieder schloss. Mit mir an der Spitze der Seilschaft steuerten wir auf die Moräne zu, während ich meine schlimmsten Befürchtungen bekämpfte. Bei näherem Herankommen stellten wir jedoch fest, dass es nicht Carls Zelt, sondern ein Felsbrocken war. Angst machte sich in mir breit, voller Entsetzen dachte ich daran, was wäre, wenn wir ihn vielleicht gar nicht finden. Der Gletscher war groß, und das Whiteout-Phänomen verbarg alles, was mehr als fünfzig Meter entfernt war.

Ich führte uns trotzdem zu dem Felsblock und ließ meinen Blick von oben talwärts schweifen, sah zum ersten Mal hinter die Moräne. Und *da* war das Zelt! Eilig stiegen wir von der Moräne herunter. Meine Gedanken rasten. *Werden wir Carl lebend finden? Und was, wenn nicht? Was dann?* Das Zelt flatterte wild im Wind, doch es gab auch ein merkwürdig dumpfes Geräusch. Als ich näher an das halb begrabene Zelt kam, hörte ich lautes Fluchen.

»Carl!«, rief ich. *»Carl!«*

»Wow!« Ich hörte Carls Stimme aus dem Zeltinnern. »Wahnsinn! Und hey, wer ist bei dir?«

Wir waren erleichtert, dass er am Leben war. Es schien unglaublich in Anbetracht der Bedingungen, auch, dass wir ihn überhaupt entdeckt hatten. Wir sicherten Carl auf dem Schlitten und manövrierten ihn durch den Sturm den Gletscher hinunter zur Landestelle des Helikopters. In Gedanken resümierte ich noch einmal, wie wir ihn ausfindig gemacht hatten: eine kleine Gruppe von Freunden, die das Können und die Erfahrung besaßen, um zu wissen, wo zu suchen sei und wie man dorthin gelangte, gepaart mit zusätzlicher Unterstützung, so durch den Armeehubschrauber.

Die eigentliche Lehre aber war diese: *Folge der Intuition. Sie führt oft in die richtige Richtung, wenn auch nicht auf direktem Weg zum Ziel.* Wenn wir Carl auf dem Gillam Glacier im Sturm hatten finden können, dann konnten wir auch Roman im Dschungel finden.

Die Ankündigung des Cruz Roja, die Suche bald einzustellen, hatte unseren Entschluss nur noch beschleunigt, uns selbst auf den Weg zu machen. Thai und ich besorgten als Ergänzung für die gefriergetrockneten Abendmahlzeiten, die wir aus Alaska mitgebracht hatten, Lebensmittel für drei Mittagessen. Nur das Nötigste nahmen wir mit: ein Moskitozelt mit Tarp-ähnlichem Regenschutz, Kocher und Topf, Isomatten, dünne Schlafsäcke, trockene Kleidung und Stirnlampen, alles wasserdicht in unseren Rucksäcken verstaut. Wir waren bereit für den Aufbruch bei Sonnenaufgang.

In der Nacht, als ich versuchte, in der Iguana Lodge Schlaf zu finden, klingelte mein Handy und zeigte eine mir unbekannte Nummer an. Der Anrufer tat geheimnisvoll, bot aber seine Unterstützung an.

»Wie?«, fragte ich.

»Erzählen Sie mir, was bislang geschehen ist.«

Ich berichtete ihm die ganze Geschichte und wie uns am Ende das costa-ricanische Rote Kreuz den Zugang zum Park verwehrt hatte.

»Das Cruz Roja nervt«, sagte er. »Aber ich kann helfen. Mir ist zu Ohren gekommen, dass eine Schwarze Schlange Ihren Sohn hat.«

»Eine Schwarze Schlange?«

»Oh ja, wirklich übel. Aber dafür sind wir da. Wir kümmern uns um Schwarze Schlangen und führen da bestimmte Maßnahmen durch. Ich hab da gerade einen Mann in Costa. Normalerweise kostet das dreißig, aber wir können es für fünfzehn machen.«

Unsicher darüber, was ich gerade hörte, hielt ich mich an die Fakten. »Ich werde jedenfalls morgen in den Park reingehen. Jemand hat meinen Sohn gesehen, hat vor zwei Wochen mit ihm gesprochen. Ich war heute drin, dort, wo er zuletzt gesehen wurde, und wir gehen noch mal zurück.«

»Mit wem gehen Sie?«

»Einem Einheimischen. Er kennt die Gegend gut.«

»Haben Sie jemanden, der Ihnen den Rücken freihält?«

»Mir den Rücken freihält?«

»Ja. Können Sie dem Typen vertrauen? Was haben Sie als Waffe?« Das ließ mich aufhorchen.

»Äh, nichts. Keine Waffe. Aber ein Freund aus den Staaten wird mich begleiten.«

»Ah, okay«, sagte die geheimnisvolle Stimme. »Hören Sie, ich werde Ihnen meine Nummer simsen, und wenn Sie Hilfe mit der Schwarzen Schlange brauchen, rufen Sie mich an.«

Dann legte er auf.

Was zum Teufel war das gewesen?

27
Las Quebraditas

Vargas in Las Quebraditas, 1. August 2014.

Früh am nächsten Morgen nahmen Thai, Vargas, sein Sohn und ich, mit Proviant und Campingausrüstung beladen, Jenkins' Route zum Zeledón wieder auf. Ich sehnte mich nach irgendeinem Hinweis, der mir helfen würde, Roman zu finden. Deshalb suchte ich bei dem unscheinbaren Felsen, auf dem er vor Wochen gefrühstückt hatte, nach Anhaltspunkten. War er bis dahin gekommen, war er wahrscheinlich weitergegangen, in Richtung des unübersichtlichen Dschungels von Las Quebraditas, wo wir als Nächstes hingehen würden.

Nach 150 Metern nahmen wir an der Weggabelung die rechte Abzweigung und folgten einem kaum erkennbaren Pfad zum Gipfel des Höhenzugs. Am Tag zuvor hatte Jenkins uns nach links zu Stollen geführt, die in die Wand einer Schlucht über dem Negritos geschlagen worden waren. Roman hatte Jenkins gegenüber angegeben, dass er weiterziehen würde. Nach der in Mexiko und Guatemala aufgestellten Regel, hätte er wahrscheinlich die linke Abzweigung gewählt, die durch das tägliche Pendeln der vier Goldschürfer gut ausgetreten war.

Vargas entschied sich aber für den rechten Pfad. Dieser folgte einem schmalen Kamm, der zu beiden Seiten steil abfiel. Ich hielt Ausschau nach Abdrücken von Salomon-Schuhen, wie Roman sie trug. Ich rief in die Schluchten: *»Ro-man! Ro-mannn!«* Jefe tat es mir nach. Thai blies in eine laute, faustgroße Signalpfeife. Nur Echos kamen zurück.

Unzählige Erinnerungen drängten sich mir auf. Einmal hatte Roman mich nach der Schule aufgefordert: »Dad, lass uns Schach spielen.« Er war damals fünfzehn, unsere goldenen Jahre. Er holte ein kunstvoll verziertes balinesisches Kästchen aus seinem Zimmer, das sich zu einem Schachbrett entfalten ließ und gleichzeitig handgeschnitzte Schachfiguren enthielt. Er montierte das Brett schnell zusammen und hielt mir dann seine Hände hin, in jeder einen Bauer. Ich wählte den schwarzen, und er begann. Seine Züge waren geschickt, spielentscheidend. Er schlug mich mühelos. »Wow! Gut gemacht! Lass uns noch eine Runde spielen«, sagte ich perplex.

»Okay«, stimmte er zu und schlug mich ein zweites Mal.

»Du hast Glück«, sagte ich.

Aber als er ein drittes Mal gewann, grinste er mich über den Tisch hinweg an und meinte: »Das ist kein Glück.«

Ich musste ihm zustimmen. Er war gut.

Es war einer dieser Augenblicke, die einen Entwicklungsschub markierten, wie der, als Roman als Kleinkind in Fairbanks das erste Mal ohne Hilfe aufgestanden war, oder als er mir am Flughafen von Mexiko-Stadt gesagt hatte, er würde den letzten Bus nehmen. Ich betete, dass dieser Ausflug in den Corcovado ebenfalls ein Schritt nach vorn für ihn war und kein Ende.

Eine halbe Stunde vom Zeledón lag ein entsetzlicher Gestank in der feuchten Luft. Das Schlimmste befürchtend, verließ ich den Pfad und entdeckte den verwesenden Kadaver eines Tamanduas, eines kleinen schwarzen und cremefarbenen Ameisenbärs, der in ganz Zentralamerika verbreitet ist. Thai und ich hatten an dem Tag, als wir nach Carate gefahren waren, ein lebendes Exemplar gesehen. Roman interessierte sich für die sonderbaren Säugetiere der Neuen Welt – die Faultiere, Gürteltiere und Ameisenbären –, die zusammen die Ordnung der Nebengelenktiere bilden. Ich hatte damals gehofft, dass der Tamandua am Straßenrand ein gutes Omen wäre.

Wir folgten nun einem Pfad, den Wilderer und illegale Goldgräber nutzten – und Parkranger, die ihnen auf den Fersen waren. Er war so schmal, dass die meisten Wanderer ihn schnell aufgaben oder als Tierfährte abtun würden. Nur die gelegentlichen Kerben von Macheten an Helikonien, Palmen und Farnen gaben zu erkennen, dass er absichtlich freigemacht worden war. Ansonsten war er überhaupt nicht markiert.

Kleine Lichtungen auf dem Kamm stellten die wenigen Stellen dar, wo es einen minimalen Handyempfang gab. Vargas wickelte sein Klapphandy aus einer kleinen Plastiktüte und rief seine Tochter an. Es würde bald regnen, sagte er, und er wollte ihr nur Bescheid geben, dass bei uns alles in Ordnung sei. Thai witzelte: »Ist wohl eine kleine Dschungel-Telefonzelle.«

Unsere erste Nacht im Herzen von Las Quebraditas wollten wir auf dem Gipfelplateau der Osa verbringen. Der Ort war ein Labyrinth von mit Bambus überwucherten Kluften in einer abgeschiedenen Wildnis. Kein Wunder, dass der Teamleiter vom Cruz Roja hier die Orientierung verloren hatte. Ohne Vargas wären auch wir im Kreis gelaufen.

Der Pfad wurde schmaler und schmaler. Vargas verließ ihn, und wir wanderten durch Bambusdickicht und rutschige Kluften, auf der

Suche nach einer Stelle mit fließendem Wasser, um hier zu campen. Bevor wir einen Platz gefunden hatten, der flach genug war, um ein Zelt aufzuschlagen, setzte der erwartete Regen ein. Klitschnass bauten Thai und ich unser Tarp auf, dann spannten wir darunter das Insektennetz, sodass wir selbst im strömenden Regen trocken bleiben würden. Es tat gut, raus aus den nassen Klamotten zu kommen, trockene anzuziehen und unter unsere Decken zu schlüpfen.

Vargas und Jefe holten unterdessen ihre Macheten hervor, um sich ihr Lager zu bauen. Zuerst hackten sie einen Ast ab und befestigten ihn an zwei Bäumen, um eine Plane über ihn zu hängen und so vor dem Regen geschützt zu sein. Als Nächstes schnitzten sie Bettpfosten, einen Rahmen und Latten und setzten sie zusammen, um in einem handgefertigten Bambusbett zu schlafen, einen Meter über dem Boden, außer Reichweite von Schlangen, Ameisen und Spinnen. Sie benutzten Farnwedel als dünne Matratze. Während die beiden schliefen, hielt ein Räucherbündel unter ihrer Plane die Insekten fern.

Am nächsten Morgen brachen wir auf, ein niedriger, dichter Dschungel lag vor uns. Um zehn war der Himmel bewölkt. Ohne die Sonne als Kompass war ich schnell verloren und fiel beim Test, den Vargas mit uns veranstaltete, durch: Er wollte wissen, aus welcher Richtung wir gekommen seien. Ich zeigte in die eine Richtung, Thai in eine andere. Grinsend wies Vargas in eine dritte. Während wir zwischen den unauffälligen Gipfeln der Bergrücken Mueller und Rincón wanderten, blieben wir dicht hinter Vargas. Mitunter schien selbst er unsicher, bahnte sich einen Weg hin und wieder zurück, indem er den Hufabdrücken von Pekaris folgte.

Als es in die schmalen Schluchten, die Las Quebraditas ihren Namen gaben, hinunterging, liefen wir auf den Fersen, damit wir nicht rutschten, und versuchten, keineswegs die Palmstämme mit ihren zwei Zentimeter langen Stacheln zu berühren. Um nicht aus dem Gleichgewicht zu geraten, stützte ich mich auf einen Wanderstock, wünschte aber, es gäbe ein Geländer zum Festhalten. Immer wieder hackte Vargas mit einem einzigen Schlag ein Bambusrohr, so dick wie mein Arm, ab und bot uns das süße, kalte Wasser aus dem hohlen Stamm zum Trinken an.

Um die Mittagszeit führte Vargas uns aus dem Bambuswald heraus und auf einen breiten Kamm mit offenem Regenwald voller Bäume mit Brettwurzeln und Unterwuchs aus Philodendren. Er schnitt lange Helikonienblätter ab und legte sie zum Schutz vor Ameisen und Pilzen auf die Baumstämme, auf die wir uns zum Mittagessen setzten.

Thai hatte Mühe, Vargas' starken Dialekt zu verstehen, mehrmals fragte er Jefe, was sein Vater gesagt hätte. Thai zeigte nach unten, wo ein Tapir oder vielleicht ein Jäger vorbeigekommen war. »Vargas sagt, das ist der Weg zum Río Claro.«

Ich war noch nicht so weit, diesen Weg zu nehmen. Angesichts des Labyrinths von Las Quebraditas und seiner kaum erkennbaren Pfade schien es unwahrscheinlich, dass Roman es durch dieses Nadelöhr vom Gipfelplateau hinunter zum Pazifik geschafft hatte. Ich studierte meine topografische Karte. Ganz oben auf der Osa bildet der Berg Mueller den Mittelpunkt eines fünfzackigen Sterns, wobei jede Spitze zu einem anderen Abfluss zeigt: drei zum Pazifik und zwei zum Golfo Dulce.

Ich bat Vargas, uns direkt zu einem Seitenarm des Piedras Blancas, einem Nebenfluss des Río Tigre, und zurück nach Dos Brazos zu bringen, wo wir gestartet waren. Das steilere Terrain und die weniger dichte Vegetation würden einen Wanderer naturgemäß in diese Richtung lenken. Falls Roman vom Zeledón aus den Weg des geringsten Widerstands gewählt hatte, dann hätten ihn diese grob von Ost nach West verlaufenden Schluchten in Richtung Las Quebraditas geschleust.

Hatte er sich auf seine Intuition und den Kompass verlassen, auch in Anbetracht seiner in El Petén gemachten Erfahrungen, wäre Roman davor zurückgeschreckt, Las Quebraditas' verwirrende Landschaft zu durchqueren. Es schien klüger, näher am Zeledón zu suchen, wo er zuletzt gesehen worden war, als hier auf der anderen Seite des Labyrinths.

Als wir die Hänge hinunterstiegen, gab es keine Spuren von Menschen, Tapiren oder Pekaris. Nur dichten Dschungel. Selbst Vargas zögerte. Er war abseits der Pfade angespannt, vielleicht verfolgte ihn die Erinnerung an die Buschmeister, die seinen Bruder gebissen und auf der Stelle getötet hatte. Einmal aufgeschreckt, macht diese Schlange selten einen Rückzieher.

Vargas bewältigte den steilen rutschigen Hang, indem er die Hacken in den Boden schlug. Es war schwierig, hinterherzukommen, obwohl er die krautartigen Pflanzen mit seiner Machete bearbeitete, während er sich durch das Dickicht schlug. Die Klinge verursachte ein beruhigendes Geräusch – *Tsing, Tsing, Tsing* – und schuf einen Pfad, der frei von Schlangen und mit frischen grünen Blättern bedeckt war, sodass wir ihn wiederfinden würden, falls wir, so wie Roman in El Petén, umkehren mussten.

Auf halbem Weg zwang uns eine Reihe von Wasserfällen, unsere Rucksäcke abzusetzen und einander weiterzureichen. Das hiesige Gelände zeigte mir, wie leicht Roman sich hätte verletzen können, wenn er in eine tiefe Kluft oder Schlucht gerutscht wäre, wie jene des Negritos unterhalb des Zeledón. Ich schwor mir, zum Zeledón zurückzukehren und die Schlucht des Negritos mit Seilen und Kletterausrüstung abzusuchen.

Die Wanderung war schwierig, nicht körperlich, sondern emotional, besonders wenn ich Romans Namen rief. In meinem Kummer hatte der Dschungel etwas Finsteres, trotzdem beeindruckte mich die Wildnis auf der Osa. Jeder neonfarbene Pfeilgiftfrosch, jeder smaragdgrüne Vogel, jedes faszinierende Dschungeljuwel, an dem wir vorbeikamen, gab mir einen Stich ins Herz, erinnerte mich all das doch daran, wie unsere Familie gemeinsam die Wunder des Regenwalds bestaunt hatte. Diese lebhaften Erinnerungen riefen mir wieder ins Gedächtnis, weshalb ich hier war. Sie trieben mir die Tränen in die Augen und machten mich traurig.

Aber ich konnte die Freude über den Anblick eines blau aufblitzenden Eisvogels oder anmutig schaukelnden Klammeraffen nicht auf Dauer unterdrücken. Dieses Vergnügen zu ignorieren, wertete die Lebenszeit ab, die wir zusammen an Orten wie diesen verbracht hatten, wo uns die Wunder der Natur in Erstaunen versetzt hatten. Irgendwann am dritten Tag vermochte ich wieder die Farben des Regenwalds wahrzunehmen und mich an einem Helmbasilisk, der über einen Bach lief, oder an einem urzeitlich anmutenden Motmot im Bambus zu erfreuen.

Nachdem wir zu dem Netz aus Goldgräberpfaden zurückgefunden hatten, tötete Jefe in einem aufgegebenen Schürferlager eine kleine Lanzenotter. Junge Giftschlangen sind am gefährlichsten. In ihrer Unerfahrenheit haben sie noch nicht gelernt, die Giftmenge zu regulieren und überdosieren oft, um sich zu verteidigen. Eine vierzig Zentimeter lange jugendliche Schlange kann leicht einen Menschen töten.

Kurz darauf stieg Thai über einen Baumstamm, auf dem, ohne dass er es bemerkte, eine olivgrüne Greifschwanz-Lanzenotter nur Zentimeter von seiner Oberschenkelarterie entfernt angriffsbereit zusammengerollt war. Er hätte sie leicht mit der Hand streifen oder sich auf sie setzen können.

Thai war fünf Schritte vor mir, als ich ihm zurief: »Hey, Thai! Du wärst gerade fast von einer Schlange gebissen worden, die auf diesem Baumstamm lag!« Ich hielt ihm die kleine grüne Schlange hin, deren Schwanz sich um meinen Wanderstock wickelte.

Thai lächelte nur wie üblich, dann schüttelte er ein paarmal ungläubig den Kopf, drehte sich um und eilte in der Hitze weiter, zurück in die Stadt, wo das Cruz Roja die offizielle Suche nach Roman einstellte.

28 Negritos

Steve Fassbinder, einen Wasserfall am Negritos abseilend, 11. August 2014.

Die offizielle Suche war vorbei. Müde Freiwillige des Cruz Roja kehrten nach Hause und zu ihren Jobs zurück. In einem Meeting wies Dondee Thai und mich darauf hin, dass mein Sohn geplant hatte, entgegen den Vorschriften in den Park zu gelangen, dass Suchaktionen nach solch unerlaubtem Eindringen von vorherein schwierig zu genehmigen seien und dass man in seinem Fall eine Ausnahme gemacht habe. Kräfte, die an anderer Stelle benötigt worden wären, seien hier verschwendet worden. Das Cruz Roja und MINAE würden die Suche ohne handfeste Beweise nicht wieder aufnehmen.

Dondee riet auch von jedweder Aussetzung einer Belohnung ab und erinnerte an die schmerzvolle Geschichte von David Gimelfarb. 2013, vier Jahre nach seinem Verschwinden, erhielten seine Eltern mehrere Telefonanrufe. Der Anrufer behauptete, ein Drogenkartell halte ihren Sohn als Geisel. Für das Doppelte der Belohnung würde der Anrufer den Aufenthaltsort des Sohnes preisgeben. FBI-Ermittler kennen die Praxis, dass lateinamerikanische Kriminelle die Angehörigen vermisster Personen versuchen auszunutzen, und stuften das Telefonat als Schwindel ein. Es gab nur wenig Grund zur Annahme, dass jemand über so lange Zeit eine Geisel festhielt, bevor ein Lösegeld gefordert wurde.

Am selben Tag, an dem Dondee sagte, es sei der letzte für das Cruz Roja, flog Thai nach Hause zu seiner Frau und seiner kleinen Tochter und ließ mich deprimiert und allein zurück. Zur Untätigkeit verdammt, saß ich im Iguana, wissend, dass jeder Tag mehr zählte als der letzte, und fing kurz an zu schluchzen, wie ich oft in Momenten tat, in denen ich allein war. Ich unterdrückte es rasch, um wieder Fassung zu erlangen. Schuldgefühle folgten.

Was für eine Art Vater war ich eigentlich?

Eltern sollen keine Pillen an ihre Kinder verteilen, keine Joints mit ihnen rauchen und auch keinen Alkohol mit ihnen trinken, und das haben wir auch nie getan. Stattdessen kauften wir ihnen Flugtickets in exotische Länder. Das Reisen selbst kann eine Sucht sein. Das Abenteuer ist es. Hier war ich nun und suchte nach Roman, der auf einem Trip verschwunden war, dessen Ursprung direkt zu mir zurückführte. Ich hatte ihn nicht nur in das internationale Reisen und die Risiken von Abenteuern in der Wildnis *eingeführt*. Ich hatte ihn *einbezogen*, wieder und wieder, so sehr, dass ein großer Teil unserer Beziehung – sein eigener Name – auf Erlebnissen aufbaute wie eben sein illegales Vordringen ins Dickicht des Corcovado.

Ich konnte den Gedanken nicht abschütteln, dass alles, was ich mit ihm in der Wildnis unternommen hatte, ein Fehler gewesen war, und dass ich letztlich der verantwortungslose Vater war, den die Cowboys auf Umnak in mir gesehen hatten. Ich mochte den sechsjährigen Jungen damals nicht verletzt haben, doch das Leid eines siebenundzwanzig Jahre alten Mannes, verschollen und verzweifelt im Dschungel, empfand ich jetzt als meine Schuld. Jedes Mal jedoch, wenn mich diese Gedanken umkreisten, fielen mir auch Zeilen von Alfred Tennyson ein:

Für mich ist's wahr, wohl habe ich's erkannt,
Ich fühl's, wenn ich am tiefsten bin betrübt,
S'ist besser, Du verlierst, was Du geliebt,
Denn dass Dein Herz die Liebe nie empfand.

Die Liebe, die ich für Roman empfand – und natürlich auch für Peggy und Jazz – war durch die Zeit, die wir gemeinsam an Orten in der Wildnis verbracht hatten, stärker und tiefer geworden. Das wollte ich nicht aufgeben, auch wenn ich mich hilfloser denn je fühlte. Und obgleich mich Momente wie diese quälten – und noch immer quälen –, bin ich der Überzeugung, dass die Beziehungen, die wir mit anderen Menschen in der Natur aufbauen, die aufrichtigsten sind. Unsere Zeit in Australien, auf Borneo oder in der Wildnis Alaskas mochte der Grund sein, warum Roman verschollen war und vielleicht im Sterben lag, aber es war auch genau diese gemeinsame Zeit, die mich zwang zu kommen und alles in meiner Macht Stehende zu tun, um ihn jetzt zu finden.

Bald trafen Thais Freund Ole Carillo aus Anchorage, mein Freund Steve Fassbinder und seine Spanisch sprechende Kollegin, eine junge Frau namens Armida Huerta, beide aus Colorado, ein. Ole besaß zwar nicht Thais Geschicklichkeit in der Wildnis, war aber noch entspannter und ein fast ebenso erfahrener Traveller. Auch sprach er fließend Spanisch. Steve kannte ich gut von einem 200 Meilen langen Bike- und Packraft-Trip entlang der Südküste Alaskas, Armida würde ich neu kennenlernen. Keiner von ihnen hatte Tropenerfahrung.

Inzwischen war die Pata-Lora-Geschichte bis in jeden Winkel von Osa durchgesickert, in jede *pulpería* und in jede noch so schäbige Hütte. Ein Gerücht machte die Runde, dass wir eine Belohnung aussetzten. Die Situation entglitt meiner Kontrolle. Das Leben mit Risiken hatte mich jedoch gelehrt, dass ein ruhiger Geist besser funktioniert als ein aufgewühlter. Auf dieser, der wichtigsten Reise meines Lebens kontrollierte ich das, was ich kontrollieren konnte: meine Emotionen.

Schwindlig und mit pochenden Kopfschmerzen wachte ich mit verstimmtem Magen auf und stürzte zur Toilette. Das Kauen von Pepto-Bismol-Tabletten fügte dem Durchfall nur Übelkeit hinzu. Die Treffen mit Offiziellen am Morgen trugen auch nicht dazu bei, dass ich mich besser fühlte. Meine Pläne, das Cruz Roja um Hilfskräfte und ein langes Seil für die Suche am Negritos zu bitten, wurden durchkreuzt. Der Parkdirektor Eliécer Arce, selbst Vater und meiner Notlage mit Verständnis begegnend, blieb unnachgiebig dabei, dass das Gebiet für alle außer für Parkmitarbeiter gesperrt sei.

Ich beschloss, meinen Plan über das Abseilen in die Schlucht für mich zu behalten. Jeder Beamte gab mir deutlich zu verstehen, dass man schon genug Ärger mit mir gehabt hatte, sowohl was meine bekannten Streifzüge in den Corcovado betraf als auch jene, die ich vermutlich schon unternommen hatte oder bald unternehmen würde.

In Alaska bewältigte Peggy unterdessen Anrufe und ging Hilfsangebote von Facebook-Freunden durch. Die meisten waren von der Sorte »Wir haben Kontakte in Costa Rica«:

Ich hab gerade kurz etwas über euren Sohn gehört. Interessanterweise gehört dem Neffen meines Nachbarn ein Anwesen in Costa Rica, das Good Times, ein Surfercamp. Er ist dort schon eine Weile und spricht Spanisch. Wenn ihr mir Informationen durchgebt, kann ich sie weiterleiten, und vielleicht kann er sich ein wenig für euch umhören.

So viele *wollten* helfen. Doch Fragen am Rand des Corcovado, in Jiménez und Carate ergaben immer nur wieder die Pata-Lora-Geschichte. Wir brauchten direkte Unterstützung von Menschen mit Erfahrung, sowohl was Suchaktionen in den Tropen als auch technische Fragen für die Rettung betraf. Mead Treqdwell und sein Freund Josh Lewis – beide aktive Mitglieder aus Alaska im angesehenen Explorers Club – waren eifrig bemüht, diese Hilfe zu erwirken. Mead opferte sogar kostbare Zeit während seiner Kampagne für einen Sitz im US-Senat und tat, was er konnte.

In einem Empfehlungsschreiben an costa-ricanische Behörden beschrieb Mead mich als »namhafte Persönlichkeit für Erkundungs-, Such- und Rettungseinsätze unter sehr schwierigen Bedingungen in vielen Klimata einschließlich tropischer Regenwälder«. Er schrieb der Botschaft, dass ich »mehr als ein verzweifelter Vater« sei, vielmehr »ein (für ihn) wünschenswerter Gewinn für jede Suche unter derlei Bedingungen«. Am Ende gestattete mir das MINAE doch den Zutritt in den Park.

Josh, Sohn eines erfolgreichen Ölunternehmers in Colorado, hatte Kontakt zu einem alten Freund der Familie in Costa Rica, Juan Edgar Picado, der als Anwalt in San José tätig war. Juan Edgars Vater hatte großen politischen Einfluss in Costa Rica gehabt, so wie auch Juan Edgar selbst. Juan Edgar war ein persönlicher Freund des costaricanischen Präsidenten Luis Guillermo Solís und des Ministers für öffentliche Sicherheit Celso Gamboa Sánchez, vergleichbar mit dem Amt des Verteidigungsministers in den USA.

Minister Gamboa setzte seine Unterschrift unter einen Brief, der mir und meinen Freunden per Sondergenehmigung Zutritt in den Park verschaffte. Im Gegenzug mussten wir Kopien unserer Pässe sowie unterschriebene und notariell beglaubigte Erklärungen nach San José faxen, die Costa Rica von jedweder Verantwortung entband, sollten wir verletzt oder getötet werden. Eine weitere Bedingung war, nur mit Erlaubnis vom MINAE und dessen Rangern im Park unterwegs zu sein.

Voller Ungeduld, so schnell wie möglich wieder in den Dschungel zu kommen, notierte ich die GPS-Koordinaten des Zeledón auf den Dokumenten, faxte sie ans MINAE und schlug vor, unsere Genehmigung mitsamt dem Ranger reinzuschicken, sobald sie fertiggestellt war. Ole, Steve und ich brachen ohne Erlaubnis oder Ranger nach Dos Brazos auf. Ich beherzigte Dondees Drohung, mich zu verhaften, sollte man mich aufgreifen, rasierte meinen Bart ab und duckte mich auf der Rückbank, wenn Fahrzeuge der Polizei, des MINAE oder des Cruz Roja vorbeifuhren. Wenn ich darüber nachdachte, war es deprimierend, dass die Beamten inzwischen womöglich mehr Anstrengungen unternahmen, mich aufzuhalten, als im Park nach Roman zu suchen.

Steve, ein athletischer Multisportler und Abenteurer, trug zwei sechzig Meter lange Seile und Kletterausrüstung mit sich, um sich in die Schlucht des Negritos abzuseilen. Oben und unten versperren Wasserfälle den Weg, und ohne Seile ist die Schlucht unzugänglich. Wir folgten dem Zeledón, schlugen unser Lager an einer der wenigen flachen Stellen oberhalb des Wasserlaufs auf und stiegen dann hinunter zum Negritos, wo sich der erste von einem halben Dutzend Wasserfällen ergießt. Jenkins sagte, Roman sei am niedrigsten Wasserfall herausgeklettert. Vielleicht, dachte ich, war er danach irgendwie hineingestürzt, bei einem verhängnisvollen Fehltritt ausgerutscht, wie es Hollywood inszenieren würde.

Es war früher Nachmittag, und Wolken verdunkelten die Sonne. Regen kündigte sich an. Wir bereiteten den ersten Abstieg am Seil hinunter in ein Becken vor, das aus dem kiesigen Gestein gegraben war. »Ole, bist du schon viel geklettert?«, fragte Steve beiläufig.

»Nein, nicht viel«, antwortete Ole. »Aber Abseilen hab ich schon gemacht.«

»Wie steht's mit Klettern an einem festen Seil mit Steigklemmen?«

Lächelnd schüttelte er seinen Kopf. »Nein, tut mir leid, das habe noch nicht probiert.«

Steve und ich streckten das lange Seil und ließen uns erst einen Wasserfall hinunter, dann noch einen. Ole folgte. Steve drang als Kundschafter tiefer in die enge Schlucht stromabwärts vor. Als er zurückkehrte, regnete es kräftig. Das laute Prasseln übertönend, rief er: »Mit mehr Seil wird es gehen! Aber ich denke, wir sollten raus, und zwar *jetzt*!«

Steve hatte genügend Sturzfluten erlebt, um zu wissen, wann es Zeit war zu gehen. Und tatsächlich – bis wir alle wieder aus der Schlucht geklettert waren, war der Bach unpassierbar. Wir hatten es gerade noch rechtzeitig geschafft. Als wir uns über die schlüpfrigen Wände der Schlucht nach oben zurückkämpften und in mir die Sorge um die beiden Freunde an einem solch gefährlichen Ort wuchs, verstand ich plötzlich die Bedenken der Parkverwaltung und des Cruz Roja mir gegenüber.

Am nächsten Morgen blieb Ole im Camp. Steve und ich seilten uns die Wasserfälle des Negritos hinab und kappten am Fuß jeden Gefälles unser Seil, um mithilfe von Steigklemmen später wieder hinaufkraxeln zu können. Zwischen Wasserfällen kletterten und schwammen wir im Negritos auf seinem Weg durch die schmalen, von grünen Algen und Moos überwucherten Schluchtenspalten.

An jedem Wasserfall türmten sich Baumstämme und Geäst. Auf halber Strecke entdeckten wir eine zerbrochene Machete, deren rostige Klinge in einem quer über dem Bach liegenden Stamm steckte. Sie schien zu alt, als dass sie vor wenigen Wochen von Roman hätte zurückgelassen sein können. Abgesehen von der Machete fanden wir keine Hinweise darauf, dass irgendjemand jemals hier gewesen wäre. Am Ende des letzten Wasserfalls wichen die Felswände gerade weit genug zurück, um aus der Schlucht herauszukommen, genau wie Roman es Jenkins bei ihrem Aufeinandertreffen beschrieben hatte.

Als wir uns am dritten Tag auf den Rückweg machten, war ich überzeugt, dass auch in den von Wasserfällen durchzogenen Seitenschluchten des Negritos und an seinem Nebenfluss, El Doctor, gründlich gesucht werden müsste. Der Zeledón selbst verlief zwischen dem Negritos und einem weiteren Arm des El Tigre, den wir ebenfalls noch nicht erkundet hatten. Es war nur verdammt schwer, angesichts der bürokratischen Hürden dorthin zu kommen.

29
Piedras Blancas

Roy Arias' Haus, Piedras Blancas, 10. August 2014.

Während wir die Schluchten im Corcovado absuchten, befragte Armida Huerta Leute im Ort. Die meisten erzählten ihr die Pata-Lora-Geschichte. Aber sie hörte auch eine neue. Sean Hogan, ein Amerikaner, der auf der Osa lebte, beschrieb ihr einen Gringo, den er an einem Morgen unter der Woche um den 7. oder 8. Juli in Puerto Jiménez gesehen hatte. Der Gringo »sah ähnlich aus wie der auf dem Plakat, aber er war dunkler, etwas dünner und auch älter, in abgetragenen Klamotten, so als wäre er schon eine Weile unterwegs gewesen«. Der junge Mann, den

Sean getroffen hatte, war still und gab nicht viel von sich preis. Stattdessen stellte er Sean Fragen. Das hörte sich für mich nach Roman an.

Lauren holte uns kurz vor zwölf in Dos Brazos ab. Zurück im Iguana, setzten wir uns mit Josh Lewis und seiner Frau Vic zusammen. Die Familien von Josh und Juan Edgar Picado kannten sich von der Fellowship, einem christlich-politischen Verein, der seinen Sitz in den USA hatte, aber international ausgerichtet war. Ich war bald beeindruckt von der Reichweite und Effizienz dieser Gruppe und dankbar für ihre Bemühungen, Rettungskräfte des US-Militärs einzubinden. Josh und seine Frau waren von Alaska hinuntergeflogen, um zu helfen. Mit seinem langen weißen Bart und dem Hawaii-Hemd sah er aus wie der Weihnachtsmann im Sommerurlaub.

Josh hatte in San José einen Tico-Fahrer angeheuert. Beim Mittagessen gab dieser mit ernster Miene die Pata-Lora-Geschichte wieder, die er am Abend zuvor in einer Bar gehört hatte. Ich rollte mit den Augen und versuchte zu erklären, dass *das* nicht mein Sohn sei. Allein der Blick des Fahrers besagte: »Dieser Vater sieht seinen Sohn durch eine rosarote Brille.«

Am Telefon meinte Peggy: »Du solltest die Leute, die behaupten, dass dieser Pata Lora mit Roman unterwegs war, befragen. Wir wissen, dass er gelogen hat, was seine Bezahlung am Geldautomaten betrifft. Wir sollten wenigstens herausfinden, warum.«

Ich hegte überhaupt keinen Zweifel daran, dass Pata Lora die Dos Brazos-Carate-Tour mit einem Gringo unternommen hatte. Mehrere Personen hatten sie zusammen gesehen. Was ich herausfinden musste, war, ob Pata Loras Cody unser Roman war. Es war an der Zeit, Piedras Blancas zu besuchen, auf halber Strecke der »Pata-Lora-Route« von Dos Brazos nach Carate.

Im Zentrum von Piedras Blancas steht das einzige feste Gebäude des Orts, das zweistöckige Haus von Roy Arias – laut Lauren ein verantwortungsbewusster Schürfer. Pata Lora und Cody hatten Roy auf dem Weg nach Carate besucht und sogar in der Nähe des Hauses kampiert. Der Gärtner der Iguana Lodge mit dem Spitznamen Chico war bereit, uns hinzuführen.

Nach vier Stunden anstrengender Wanderung gelangten wir zu Roy Arias' Haus. Weiße Ponys grasten auf einer Weide nebenan. Im offenen Innern hingen Hängematten zwischen Pfosten; bunte Wäsche trocknete auf einer Leine im ersten Stock. Wir befragten mehrere Goldgräber aus Piedras Blancas, deren Geschichten weitgehend mit denen von Zeugen in Dos Brazos übereinstimmten. In meinem Notizbuch hielt ich Luis' Beschreibung von Cody fest: »Über dreißig; hellbraune Haare; keine Brille; kein Bart; mehr Haare als ich, zurückgekämmt; trug Crocs; und rauchte Gras, das er aus einer großen Tasche holte.«

Als Nächstes machten wir uns auf die Suche nach Roy Arias. Er trug die Goldgräberuniform aus kniehohen Stiefeln, Bermudashorts und ärmellosem T-Shirt und schien in den Vierzigern zu sein. Mit seinem Partner Chelo grub er an einer Goldseifenlagerstätte. Die beiden schürften nur mit Muskelkraft nach Gold im Fluss, indem sie das Erz mit einer alten Schaufel aufbrachen und mit einer neunzig Zentimeter langen Waschrinne siebten. Ich zeigte ihnen aktuellere Fotos von Roman. Sie lachten und blickten anerkennend auf das Foto, auf dem Roman dicht neben einer Freundin im Bikini steht.

Ole übersetzte: »Roy und Chelo sagen, der Typ mit Pata Lora war nicht der auf dem Foto. Er sah ganz anders aus.« Die Goldschürfer meinten noch, der Gringo mit Pata Lora hätte kaum Spanisch gesprochen, nicht gekocht, in einem hellbraunen Zelt geschlafen und Crocs getragen. Die Sache mit den Crocs schien mir nicht zu Roman zu passen.

Auf dem Trip mit der APU in den Corcovado, als wir den Park durchquert hatten, erlebte der elfjährige Roman, wie ein Student in Sandalen auf einen fünfzehn Zentimeter langen Palmstachel trat. Carl und ich schickten ihn auf einem Pferd zum Krankenhaus nach Golfito. Um die anschließende Infektion zu behandeln, brauchte der Student ein Antibiotikum, das er sechs Monate lang in einer Bauchtasche mit sich herumtrug. Es mochte zwar einen Cody geben, der mit Pata Lora in Crocs durch Piedras Blancas und weiter nach Carate lief, aber es war nicht mein Cody Roman.

Ein Monat war inzwischen vergangen, Roman hätte längst von seiner Corcovado-Tour zurück sein müssen. Verzweifelt genug, alles

Mögliche auszuprobieren, ging ich so weit, die geografischen Koordinaten zu checken, die mir ein spirituelles Medium übermittelt hatte – auch wenn ich wusste, dass die Erfolgsaussichten gering waren. Die Stelle war *off-trail* nahe Sirena, Corcovados Haupttouristenzentrum, und einen Tagesmarsch von Carate entfernt. Da man Sirena nur zu Fuß, per Boot oder Flugzeug erreichen kann, ist der Flug von Puerto Jiménez teuer, aber kurz; wir flogen, weil es schnell ging.

Ole, Steve, Armida und ich brauchten einen lizenzierten Guide für den Park. Der Pilot empfahl Nathan. Als der junge Mann von unserem Plan erfuhr, machte er große Augen. »Wir dürfen den Pfad nicht verlassen«, erklärte er. »Ich verliere sonst meine Arbeit und wahrscheinlich meine Lizenz als Guide.« Schließlich erklärte Nathan sich doch bereit, uns zu führen, trotz des Risikos, seine Existenzgrundlage zu verlieren. Die Familie hat in Costa Rica einen hohen Stellenwert, und alle, die wir trafen, wollten helfen, soweit sie es konnten. Alle wünschten sich, dass ich meinen Sohn wiederfand.

Der Flug nach Sirena folgte einer wahnsinnig schönen Küste, wo der Dschungel direkt ins Meer abfällt. Ich überblickte eine Landschaft, die ich gut kannte, wenngleich der Grund dafür leider ein trauriger war. Eine Viertelstunde nachdem wir Puerto Jiménez verlassen hatten, setzte die Cessna polternd auf dem Rasen auf. Auf den Veranden und Wegen rund um die Station waren lauter Grüppchen von Mittagstouristen, jedes mit einem jungen Guide wie Nathan, der ein Stativ mit einem Teleskop schleppte und sie auf Affen, Tukane und Faultiere in den Bäumen aufmerksam machte.

Fünfzehn Jahre zuvor, als Ökotouristen selten waren und man noch keine Guides brauchte, waren Roman und ich mit dem APU-Kurs von Los Patos nach Sirena gewandert, wo wir ein paar Tage blieben. Im Wald veranstaltete Roman Kämpfe zwischen Ameisen und Termiten, Erzfeinden im Krieg um den Dschungel.

»Wer gewinnt?«, fragte ich ihn.

»Die Soldaten der Termiten haben sich mit ihren Drüsen am Kopf, mit denen sie Klebstoff verspritzen, gut geschlagen«, antwortete er. »Aber die Ameisen gewinnen immer. Sie haben mehr Soldaten.«

Roman schnüffelte sogar in einem Lagerraum herum und fing dort eine Blütenfledermaus. Ein Tier, das fliegen kann, in der Hand zu halten, ist besonders berauschend. Während Roman sie umfasste, streckte die Fledermaus ihre Zunge heraus, um seine behandschuhte Hand zu untersuchen. Er staunte über ihre lange, dünne und rosafarbene Zunge, mit der sie gewöhnlich den Nektar röhrenförmiger weißer Blumen schlürft, die sich nur nachts öffnen.

Es gab hier auch einen zahmen Tukan. Roman hatte dessen gelben und kastanienbraunen Schnabel berührt.

»Wie fühlt er sich an?«, fragte ich.

»Er sieht schwer und fest aus, ist er aber nicht. Er ist hohl und leicht.«

Die Erinnerungen an Sirena waren so lebendig, dass ich mir verstohlen die Tränen wegwischte, während ich hinter meinen Freunden herlief.

In der Nähe der von dem Medium ermittelten GPS-Koordinaten sah Nathan den Pfad hinauf und hinunter. Als die Luft rein war, flüsterte er uns zu, wir würden nun den Touristenpfad verlassen und den Tieflandwald betreten. Weniger als fünfzig Meter *off-trail* stießen wir auf ein Dutzend Pekaris. Diese Wildschweine von der Größe eines Pitbulls waren neugierig und hätten uns beinahe berührt, während sie mit ihren Schnauzen unsere Knie beschnüffelten.

Ich hielt nach Romans Kelty-Zelt mit dem marineblauen Dach Ausschau, das er aus Alaska mitgebracht hatte. *Was werde ich ihm sagen? Was ist das bestmögliche, was das schlimmste Szenario? Warum ist er ausgerechnet hier gelandet?*

Die Pekaris folgten uns sicher zwanzig Minuten durch das knöcheltiefe Wasser unter Palmen und dem Kronendach hoher Brettwurzelbäume hindurch. Pekaris sind wie alle Schweine Aasfresser. Ich konnte nicht anders, als mir das Furchtbarste auszumalen. Wir liefen weiter in den matschigen Wald hinein, aber außer Palmblättern, die von heruntergefallenen Ästen auf dem Boden festgeklemmt wurden, schien alles unberührt. Kein Zeichen, keine Fußabdrücke, kein Zelt, kein Gestank, nichts als eine weitere Sackgasse.

30
Heimatfront

Unsere Küche in Anchorage, August 2014.

Das Kübler-Ross-Modell geht von fünf Phasen der Trauer aus: Leugnen, Zorn, Verhandeln, Depression und Akzeptanz. Über Wochen wirbelten diese Gefühle abwechselnd in mir. Jeder Tico und jede Tica empfahlen Kraft – *fuerte* –, um meine Trauer zu bewältigen. Ich versuchte mein Bestes, indem ich normale Dinge tat: schreiben, Fotos machen, Geschichten erzählen, lachen. Fast alles konnte jedoch eine Erinnerung wachrufen, die manchmal so stark war, dass eine Welle der Trauer anschwoll, hoch aufwogte und schließlich mit voller Wucht über mich hereinbrach. Einen kurzen Moment weinte ich, dann widmete ich mich wieder meiner Arbeit.

Nach der Rückkehr von Sirena rief ich Peggy vom Iguana aus an und sagte ihr, dass ich die Halbinsel verlassen und nach San José gehen würde, wo Josh und Mead eine Medienkampagne angeregt hatten, um für Unterstützung durch das Militär zu werben. Allein ihre Stimme zu hören, sanft und präsent, gab mir neuen Mut nach den Sackgassen am Negritos, in Piedras Blancas und Sirena. Sie klang nie niedergeschlagen oder deprimiert: immer nur optimistisch, mitfühlend, unterstützend und voller Liebe. Peggy gab mir von allen am meisten *fuerte*.

Zu Hause in Alaska musste sie sich weit größeren Herausforderungen stellen als ich. Wenigstens konnte ich vor Ort direkt etwas tun, anstatt mich nur auf das Handeln anderer verlassen zu müssen. Im Unterschied zu mir nahm Peggy Anrufe entgegen, beantwortete E-Mails und koordinierte Unterstützungsangebote. Sie sprach mit jedem, von Reportern, die auf der Jagd nach einer Story waren, bis zu Fremden, die ihre Hilfe anboten. Es war ein Vollzeitjob.

Auch der finanzielle Aufwand wurde immer größer angesichts der Ausgaben für Verpflegung und Unterkunft, Mietwagen, internationale Telefonate vom Handy, die logistische Organisation für Freunde, die zum Helfen anreisten, und Guides. Peggy verwaltete die Zuwendungen, die wir von der Familie, von Freunden, ehemaligen Studenten und sogar großzügigen Fremden erhielten, um all die Kosten zu decken.

Der Startschuss für das Wilderness Classic 2014 fiel, während ich fort war. Ich hatte geplant, mit einem Freund teilzunehmen und in einem Zwei-Personen-Packraft den Tana River, einen großen Gletscherfluss nahe dem Ende der Route, wagemutig flussabwärts zu paddeln. Tragischerweise kam genau in diesem Jahr einer der Wettkämpfer, ein beliebter, freundlicher und erfahrener Veteran des Rennens, auf dem Tana ums Leben, als sein Boot in einer eisigen, von Gletscherschmelze angeschwollenen Stromschnelle kenterte. In der dreißigjährigen Geschichte des Rennens ist es zwar immer wieder zu kritischen Situationen gekommen, doch dieser Unfall war der einzige mit tödlichem Ausgang. Sämtliche Teilnehmer hatten vor Rennbeginn ihr Startgeld für die Suche nach Roman gespendet. Peggy sagte, der Scheck des toten Wettkämpfers auf dem Küchentisch mache auf schmerzvoll mahnende Weise deutlich, dass Abenteuer mitunter einen unwiederbringlichen Preis forderten.

Ähnlich einer Bärenmutter sah Peggy jeglicher Gefahr für ihren Nachwuchs direkt ins Auge. Das Telefon stets in Reichweite und Tag und Nacht einsatzbereit an ihrem Computer, leitete sie Meldungen von mir weiter und beantwortete die gleichen Fragen anderer wieder und wieder. Gemeinsam durchlebten wir Gefühle, die sich in höchste Höhen schwangen, wenn wir überzeugt waren, unser Sohn wäre am Leben und es ginge ihm gut (er würde uns gerade nur ignorieren und aus dem Weg gehen), und ins Bodenlose stürzten, wenn wir uns vorstellten, er hätte sich verirrt, wäre verletzt, krank oder noch schlimmer.

Peggy kümmerte sich um Details, die sich nur von zu Hause aus bewerkstelligen ließen. Da wir den costa-ricanischen Behörden ein veraltetes, 2012 aufgenommenes Bild von Roman geschickt hatten, suchte sie nach aktuelleren: mit seinem Freund Denali auf Hawaii, zu Hause in Anchorage mit seiner Schwester, in einem Boot beim Angeln in Alaskas Prince William Sound mit Katelyn, in Guatemala mit Reisegefährten. Auf jedem zeigte er seine geraden weißen Zähne hinter einem breiten Lächeln. Peggy schickte sie alle nach Costa Rica zur Weiterleitung an die Fuerza, das Cruz Roja und MINAE.

Es existiert ein wenig bekanntes internationales Abkommen, nach dem die Nationalgarde jedes US-Bundesstaats mit jeweils einem bestimmten Verbündeten Amerikas eine Partnerschaft unterhält, um im Fall einer humanitären Krise zu helfen. Vizegouverneur Treadwell schlug vor, Costa Rica solle die Nationalgarde New Mexicos in die Suche miteinbeziehen. Peggy beschwor Politiker Alaskas, diesen Vorschlag weiter zu verfolgen.

Sie flehte außerdem Bankvertreter an, endlich Romans letzte finanzielle Transaktionen offenzulegen. »Wenn es eins gibt, was man daraus lernen kann«, erzählte sie Freunden, »dann, dass auf alle Fälle noch jemand anderes eine Vollmacht für die Konten seiner Kinder haben sollte. Ansonsten wird man nie verfolgen können, wo wann welches Geld hingeflossen ist, wenn man einmal herausfinden muss, wo sie sich zuletzt aufgehalten haben.«

Das Büro des damaligen Senators – Demokrat Mark Begich – rief Peggy an und teilte ihr mit, der Senator selbst würde sich manchmal in Vermisstenfällen engagieren. Weder er noch sein Büro hatten dies jemals zuvor verlauten lassen, und es erschien uns auch als recht unwahrscheinlich, dass sich ein amtierender demokratischer Senator, dessen Wiederwahl anstand, mit dem Republikaner Treadwell, der sich seinerseits um Begichs Sitz in der bevorstehenden Wahl im November bewarb, zusammentun würde.

Sämtliche offiziellen Stellen, von der Botschaft über das FBI bis zu den Büros der Senatoren, stellten dieselben Fragen: Hatte Roman eine Facebook-Seite, ein Handy, ein GPS, nahm er Drogen, wie erfahren war er, wann hatten wir das letzte Mal von ihm gehört und so weiter. Peggy beantwortete die Fragen der amerikanischen Behörden in der gleichen Weise, wie ich an meinem ersten Tag in Costa Rica dem Cruz Roja.

Roman und Peggy hatten Facebook gemieden, jetzt aber sah sie darin ein nützliches Hilfsmittel, um den Kontakt zu anderen aufzunehmen und sie auf dem Laufenden zu halten. Facebook-Freunde boten Hilfe an. Doch was sie nicht wissen konnten, war, dass selbst eine Armee wohlmeinender Bekannter und Freunde von Freunden auch nicht mehr Glück als wir haben würden, eine Erlaubnis für den Zutritt in den Corcovado zu erhalten.

Selbst wenn sie in den Park hineinkämen – wie viele Facebook-Freunde hatten genügend Dschungelerfahrung, um schmalen, unmarkierten Pfaden zu folgen, die von Wilderern und illegalen Goldschürfern genutzt wurden, Wegen, die eigentlich unsichtbar waren? Wie viele waren in der Lage, grünen Vipern in Augenhöhe und Lanzenottern zu ihren Füßen auszuweichen, während sie bei jedem Schritt durch das matschige Gelände aufpassen mussten, nicht nach stacheligen Palmen zu greifen, um Halt zu suchen? Wer im Dschungel unterwegs sein will, braucht vier Augen und einen sechsten Sinn für Gefahren. Wie viele hatten das und zudem die Zeit anzureisen, selbst wenn unsere GoFundMe-Kampagne die Kosten dafür übernehmen konnte?

Anfangs führte Peggy eine Liste mit den Namen und den dazugehörigen Kontaktdaten. Manche boten Unterkunft an, Einheimische Übersetzungsdienste. Da unsere privaten Suchaktionen sowohl illegal als auch riskant waren, ließ sie die Liste ruhen und dankte stattdessen höflich all jenen, die sich angeboten hatten. Nach zwei Wochen schlafloser Nächte, ununterbrochenen Informationsaustauschs und der aufreibenden Sorge um ihren vermissten Sohn war Peggy am Ende ihrer Kräfte. Die Vorstellung, was ihr Sohn durchmachte – ohne etwas zu essen und drei Wochen überfällig – machte es zunehmend schwieriger, sich zusammenzureißen.

Sie vertraute sich ihren Freunden an, erzählte von ihren Ängsten; mit mir sprach sie jedoch nie darüber. Sie war zuversichtlich, dass Roman am Leben war, und ich brauchte ihren Glauben daran. Schon früh war sie zusammengebrochen und hatte lange und heftig geweint, hatte den Kummer aus ihrem Körper gespült, um sich besser auf die bevorstehenden Aufgaben konzentrieren zu können. Um sie vom Telefon und dem Computer loszueisen, luden Freunde sie ein, Beeren zu pflücken oder einfach nur spazieren zu gehen und zu reden. Sie sprachen ihr Hoffnung zu, gaben ihre Liebe, ihr Geld. Und zur Zerstreuung erzählten sie Geschichten über ihre eigenen Kinder.

Peggys Schwager Steve brachte zusammen mit ihrer Schwester Maureen, Carl Tobin und anderen Freunden und Nachbarn die Verkleidung am Haus vollständig an, ein Projekt, das ich unfertig hatte stehen und liegen lassen, um nach Süden aufzubrechen. Steve und Maureen halfen Peggy, den Boden unseres Wohnzimmers abzuziehen und zu schleifen. Peggy schickte mir Fotos ihrer Arbeit. Es sah alles wunderbar aus und verschaffte ihr eine Ablenkung von ihren Sorgen. »Es ist gut, etwas zu tun zu haben«, schrieb sie. »Es hilft, die Zusammenbrüche im Zaum zu halten.«

Bereits sehr früh, am 29. Juli, ging eine Reihe hochrangiger Politiker – Treadwell, Alaskas Senatorin Lisa Murkowski und Senator Mark Begich, der Kongressabgeordnete Don Young, Floridas Senator Bill Nelson und eine Handvoll Generäle, darunter John F. Kelly – davon aus, dass schon bald Angehörige der Nationalgarde kavalleriegleich zur Rettung entsandt würden.

Mitte August dann hatte Peggy die zögerliche Haltung der Nationalgarde satt. Das ganze Hin und Her, das Einschmeicheln bei der Presse, die Bitten an Menschen, ihren Kongressabgeordneten zu schreiben, die Ausweitung des Kontaktkreises, um endlich jemanden zu finden, der Präsident Obama in Kenntnis setzen und die Einsatzgenehmigung für eine kleine Gruppe ausgebildeter Rettungskräfte – etwa die Fallschirmretter der Air Force – bekommen könnte, hatte sich von Tagen zu jetzt Wochen ausgedehnt. Alles, was Peggy und ich sehen konnten, war die tickende Uhr.

»Allmählich schenke ich diesem ganzen Mist keine Beachtung mehr und habe Roman gesagt, er soll einfach wieder in den Dschungel gehen und auf alle scheißen. Wenn er noch lebendig ist, dann stirbt mein Sohn gerade, oder er ist schon tot wegen diesem ganzen Bockmist«, schrieb sie einer Freundin und machte ihrem Ärger Luft, wie sehr sie die leeren Versprechungen und geplatzten Träume leid war. Frustriert angesichts des schleppenden Vorgehens übte sie in einer E-Mail an Begichs Büro harsche Kritik:

> *Bis heute konnte niemand mit einschlägiger Dschungel-/Seilerfahrung aufgetrieben werden – seit Wochen kämpfen wir darum. Wir haben das Gefühl, so nah dran zu sein, und werden dann wieder zehn Schritte zurückgeworfen. Ich weiß nicht, was Mark tatsächlich unternommen hat, aber ich habe den Eindruck, er könnte mehr tun. EIN ANRUF VON IHM. BITTE.*

> *Die Partei der Republikaner leuchtet hell im Moment. Wirklich hell. Besonders hell. Ich würde mich freuen, wenn Mark da noch etwas drauflegen könnte.*

Das zog. Begich rief mich am nächsten Tag an. Doch alle Versprechungen der Politiker von Washington bis San José lieferten am Ende auch nicht mehr als die falsche Hoffnung, die das spirituelle Medium mit den GPS-Koordinaten nahe Sirena in mir geweckt hatte.

31
The Fellowship

Juan Edgar Picado, San José, August 2014.

In San José schloss ich mich Josh und seiner Frau Vic an. Ich fühlte mich wie ein trauriges Pony, das angetrabt kommt, um gestreichelt zu werden. Wir hofften, dass Juan Edgars politische Kontakte und die Berichterstattung in costa-ricanischen Medien die Regierung veranlassen würden, für die Suche militärische Unterstützung aus den USA anzufordern. Derweil bemühte sich Mead im Hintergrund, Spezialkräfte wie Rettungsfallschirmspringer (PJs) nach Costa Rica zu bekommen.

Mead, Josh und Juan Edgar waren alle sicher, dass es klappen würde. Lauren war skeptisch. Die Costa Ricaner, so meinte sie, seien stolz darauf, keine Streitkräfte zu haben. »Ich würde liebend gern einen Black-Hawk-Hubschrauber in Puerto Jiménez landen sehen, aber ich sage euch« – sie lächelte –, »das wird nicht passieren.«

Inzwischen hatte es Romans Verschwinden in die amerikanischen Nachrichten geschafft. *Men's Journal*, ABC News – und alle möglichen Promis, Medien und einflussreiche Kontakte der Fellowship und des Explorers Club traten an mich heran. Mitten in einer unendlich langen Telefonkonferenz hörten wir von Mead: »Ich hab gerade mit der Nummer eins beim Southern Command telefoniert – General Kelly!«

Vier Jahre zuvor hatte der Viersternegeneral John F. Kelly seinen neunundzwanzigjährigen Sohn verloren – einen Marine, der in Afghanistan von einer Landmine getötet worden war. General Kelly hatte Mead angerufen und ihm erklärt, dass er gerade erst an dem Tag von der Bitte erfahren hatte, Spezialkräfte nach Costa Rica zu schicken. »Ich weiß nicht, was ich tun kann oder was mein rechtlicher Spielraum ist«, sagte er zu Mead, aber General Kelly war an der Sache dran.

Ich fühlte mich geehrt, geschmeichelt und ein bisschen überwältigt. Ich konnte es nicht glauben. Endlich war Verstärkung unterwegs!

Diese mächtigen und erfolgreichen Leute – Medienstars, Generäle, Senatoren, Gouverneure – waren starke, aber nicht überhebliche Persönlichkeiten. Sie bewegten etwas, mit Weitsicht und Überzeugungsarbeit. Und sie verfügten über ein Netzwerk von Beziehungen, das als ihr verlängerter Arm handelte, um gemeinsame Ziele zu erreichen. Für Josh und Mead (und ihr ganzes Umfeld) spielten Familie und Freunde eine große Rolle – sie waren wenig ichbezogen und knüpften und pflegten Beziehungen.

Meine eigenen Eltern, Großeltern, Onkel, Tanten und Cousins sind gute Menschen, aber unsere Großfamilie war auseinandergefallen. Ich war nicht in Virginia geblieben. Mein Vater ebenfalls nicht, meine Schwester war nach London gezogen, und meine eigene Mutter hatte ihr Zuhause mit sechzehn verlassen.

Sie hatten ihre Gründe – gute Gründe. Aber meine waren selbstsüchtig und egoistisch: Ich war nach Alaska gegangen, um machen zu können, was ich wollte.

Peggy und ich hatten uns sehr bemüht, eine bessere Familie zu sein als die, in denen wir aufgewachsen waren. Unsere Ehe hatte, wie viele, Höhen und Tiefen. Peggy sagte einmal: »Du warst nicht immer ein guter Ehemann, aber du bist ein guter Vater.«

Meine Kinder zeigten mir, dass sie mich liebten, auch wenn ich meinte, es nicht zu verdienen. Als Roman vom College nach Hause zurückkam, antwortete er einmal auf meine Entschuldigung, kein idealer Vater zu sein: »Nein, Dad, du warst – du bist ein toller Vater. Ich liebe dich.« Meine Hoffnung war, dass Roman einmal ein besserer Vater sein würde als ich.

Am nächsten Tag schrieb mir die republikanische Senatorin von Alaska, Lisa Murkowski, eine E-Mail mit schlechten Nachrichten. Der Southern Command, die Air Force und die Joint Chiefs of Staff (Vereinte Stabschefs) »sind zu dem Schluss gekommen, dass sie keine rechtliche Befugnis haben, weil die SAR-Kräfte nicht für humanitäre oder Katastrophenhilfe angefordert werden«. Es würde keine vom amerikanischen Militär durchgeführte Such- und Rettungsaktion für Cody Roman Dial geben. In der Achterbahn ging es wieder steil bergab.

Während des Vollmonds im August hatte ich zum Himmel geblickt und mir vorgestellt, dass Roman dieselbe hell leuchtende Scheibe sehen würde: Er wunderte sich, wo ich blieb, wann ich kommen würde, um ihn zu holen. Diese Vorstellung trieb mich immer wieder in die Berge, Wälder und Schluchten des Corcovado. Ich hatte die Nase voll, mich um die Unterstützung des Verteidigungsministeriums zu bemühen; entnervt mailte ich Josh und Mead: »Ich bin damit durch und werde nicht weiter meine Zeit verschwenden. Ich danke Ihnen beiden für Ihre Mühe. Sie war bemerkenswert.«

Lauren hatte recht behalten. »Sie haben keine rechtliche Befugnis.« Ich war enttäuscht, dass keine Verstärkung kam. Aber nicht überrascht. Ich vermutete, dass die Pata-Lora-Geschichte nach Norden durchgesickert war und ein Einschreiten vereitelt hatte. *Falls Jenkins' Geschichte stimmt*, und davon ging ich aus, *wo ist mein Sohn dann?* Es war an der Zeit, noch einmal zum Zeledón zu gehen.

Dank Juan Edgars Beziehungen, Meads Sponsoring und Joshs Anstrengung, die Medien einzubinden, wurde es möglich, den Park zu betreten. Und durch Peggys Bemühungen zu Hause unterstützten uns drei ehemalige SERE-Experten des Militärs (»survival, escape, resistance and evasion«), die für ein Unternehmen aus Anchorage namens Learn to Return (LTR) Survival-Kurse durchführten. Mit der Unterstützung von Freunden konnten wir alle drei nach Costa Rica bringen.

Der Mittfünfziger Brian Horner, Besitzer und Gründer von LTR, kannte sich aus mit der Suche nach Vermissten, mit Wildnis-Medizin, Arbeiten am Seil und Rettungen. Er hatte an Einsätzen in der ganzen Welt teilgenommen. Clint Homestead, Ende zwanzig, hatte in der Spezialeinheit der Green Berets im Nahen Osten gedient und war ebenfalls ein guter Seilkletterer. Clint war muskulös und fit und besuchte dasselbe Fitnesscenter in Anchorage wie Jazz. Der Dritte, Frank Marley, war Sanitäter bei der Armee gewesen. Er war inzwischen in den Dreißigern, aber ich kannte ihn noch als Studenten an der APU.

Außer den LTR-Leuten kamen noch zwei Freunde mit, mit denen Roman und ich in Veracruz paddeln gewesen waren: Brad Meiklejohn und Todd Tumolo, ein Mittzwanziger, der unsere Big-Banana-Tour angeführt hatte. Mit Brad und Todd hatte ich überwiegend Packrafting-Touren unternommen, Todd war aber auch ein ausgezeichneter Kletterer und Bergführer, und er hatte mich bei einigen Eiswurm-Expeditionen begleitet. Kennengelernt hatte ich ihn, als er Student an der APU war und er und Jazz kurzzeitig ein Paar waren. Wie die LTR-Leute kannte Todd sich mit Wildnis-Medizin aus. Brad, in jüngeren Jahren ein Kletterer und Skifahrer, sprach gut Spanisch. Als professioneller Landschaftspfleger und begeisterter Naturforscher hatte er tropische Wälder weltweit besucht. Er war mein häufigster Partner auf Packrafting-Touren in Alaska.

Es fühlte sich großartig an, solch ein starkes Team aus Freunden und Leuten aus unserer Gemeinde zu haben, die bereit waren, mit in den Dschungel zu gehen. Meine einzige Sorge galt – wie bei Ole und Steve – ihrer Sicherheit. Die nachmittäglichen Schauer wurden heftiger, setzten früher am Tag ein und dauerten manchmal die ganze Nacht und bis zum nächsten Morgen. Die Regenzeit hatte begonnen.

Am Morgen nach unserer Rückkehr ins Iguana bekam ich plötzlich starke Kopfschmerzen, dazu Übelkeit. Nach einer Nacht im Fieberwahn war meine Bettwäsche komplett durchgeschwitzt. Ich war zu krank, um zu packen und meine Gedanken zu ordnen. Josh und Vic kümmerten sich um mich. Sie brachten mir zu trinken und zu essen und ein Grippemedikament von der *farmacia* im Ort.

Ich konnte nichts essen, aber die Medikamente und die Flüssigkeitszufuhr stellten mich so weit wieder her, dass ich zu den für diesen Tag angesetzten Treffen gehen konnte. Ich war krank, mein Sohn seit über einem Monat verschwunden, und ich stieß immer wieder auf bürokratische Hürden, sodass ich mich zu fragen begann: *Was habe ich verbrochen, dass ich so bestraft werde?*

Um eine Erlaubnis für den Nationalpark zu bekommen, mussten wir zwölf Antragsseiten an drei Behörden faxen. Außerdem stellten wir in drei Meetings unseren detaillierten Plan vor, einschließlich einer Beschreibung unserer Zielsetzungen für jeden Tag, einer Ausrüstungsliste, der Qualifikationsnachweise unseres Teams und eines Kommunikationsplans. Die Genehmigungen wollte man uns erst am nächsten Tag aushändigen. Mir kam das ganze System sehr ineffizient vor. Aber die bitterste Pille, die ich schlucken musste, war, dass MINAE darauf bestand, dass Dondee uns begleitete.

Bei einem Meeting am nächsten Morgen war er nicht zu übersehen, erpicht darauf, im Mittelpunkt zu stehen mit seiner Google-Earth-Präsentation von Wegpunkten und GPS-Tracks. Dondee erinnerte uns wieder einmal daran, dass Roman den Park unerlaubterweise betreten hatte. Unverblümt behauptete er, dass es im Park keine Stelle mehr gebe, an dem man noch suchen könne; überall sei schon gesucht worden.

Während er von Gerüchen in den Goldgräberstollen faselte, fiel mir wieder der Kommentar des Tico-Guides über die aufmerksamkeitsheischende »Ballerina« Dondee ein, und mir platzte der Kragen. Ich hatte genug. Bei diesem Treffen sollte es um den Erfolg unseres Unterfangens gehen, nicht um sein Unvermögen, meinen Sohn zu finden.

Ich stand auf und schrie: »Wir haben einen Monat lang auf diesen Narzissten gehört – und es hat uns nicht weitergebracht! Ich habe die Schnauze voll! Gestrichen voll!«

Dondee lächelte, zufrieden, dass er mich endlich in Rage gebracht hatte.

Ich ließ ihn stehen, stürmte aus dem Raum, stieg in ein Taxi und fuhr zurück zum Iguana.

32
Baumsturz

Steve Fassbinder auf einem umgestürzten Baum oberhalb der Schlucht des Negritos, August 2014.

Sechs Wochen nachdem Roman in den Dschungel gegangen und einen Monat nachdem ich angekommen war, erteilte mir das MINAE endlich die Genehmigung, den Park zu betreten und eine eigene Suche anzuführen. Brad, Todd und die drei LTR-Profis folgten mir auf Jenkins' Route zum Zeledón. Das Cruz Roja, Ranger des MINAE und die Fuerza nahmen einen parallel verlaufenden Touristenweg und stießen später am Tag zu uns.

Die knittrig aufgeworfene Landschaft bot nur wenige Möglichkeiten, unsere Zelte aufzuschlagen. Todd, Brad und ich richteten ein Lager mit Visqueen-Tarp als schützendes Plastikdach und insektensicheren Zelten an der Stelle ein, wo Ole, Steve und ich zuvor schon kampiert hatten. Die LTR-Männer quetschten sich auf einer anderen erhöhten Stelle an Jenkins' ausgetretenem Pfad zu den Stollen oberhalb des Negritos in ein Kuppelzelt. Dondee, das Cruz Roja, MINAE und die Fuerza hatten ihr Lager nahe dem nördlichen Arm des El Tigre aufgeschlagen. Einer der MINAE-Ranger war Kique, jener große, dunkle, ernste Ranger, der am Tag, als wir Jenkins kennenlernten, mit Thai und Pancho die Kammroute der Fila Matajambre gegangen war.

Jenkins hatte mir erzählt, dass sein Bruder, der mit ihm und den drei anderen Schürfern am Zeledón gewesen war, am 10. Juli einen Gerichtstermin wegen seiner Scheidung gehabt hatte. Als er stromabwärts eilte, um rechtzeitig zu erscheinen, war Jenkins' Bruder Roman begegnet, wie dieser den El Tigre flussaufwärts wanderte. Es blieben somit mehrere Gegenden zwischen dem Negritos und dem nördlichen Arm des El Tigre, um nach Roman zu suchen. Über dem Eingang zur Schlucht des Negritos hatte ein übler Geruch von Verwesung gelegen. Als ich dem nachging, fand ich ein totes Aguti, ein hasengroßes Nagetier mit geflecktem Fell, das im Regenwald lebt und an Borneos Hirschferkel erinnert.

Am Seil hängend, überprüfte das LTR-Team jede Seitenschlucht, die zum Negritos führt. Der Rest von uns kontrollierte mögliche Klippen, über die Roman hätte stürzen können. Es regnete den gesamten Nachmittag über bis in den Abend. Am nächsten Tag setzten wir die gründliche Suche fort, doch all meine Eingebungen – die Seitenschluchten, der üble Geruch, der nördliche Arm des El Tigre – lieferten keinerlei Hinweise. Die negativen Ergebnisse reduzierten die Zahl der Orte, an denen wir noch suchen konnten. Während die Zahl unwahrscheinlicher Orte – Klippen, Bambusdickichte, Erdrutsche, unzugängliche Schluchten – ins Unendliche ging, gab es nur eine begrenzte Anzahl an wahrscheinlichen.

Jedes Mal, wenn ich im Dschungel unterwegs war, wollte Hoffnung mich zurück Richtung Stadt ziehen, wo vielleicht jemand neue Hinweise gefunden hatte oder Roman endlich aufgetaucht war. Doch wenn ich in der Stadt war und mich mit den Behörden auseinandersetzte, mit Reportern, logistischen Fragen, der Familie, Freunden, der unbekannten Nummer und der geheimnisvollen Stimme und all dem ganzen Rest, wollte ich einfach nur wieder zurück in den Corcovado. Zum Teufel mit Schlangen, Klippen, Regen!

Bei Tagesanbruch, kurz nach dem Frühstück, suchten Todd und ich oberhalb des Schluchtenrands, wo es einen Erdrutsch gegeben hatte. Wir unterhielten uns, während wir mal auf den Pfaden, mal abseits davon das Gelände durchkämmten. Es war beruhigend, dass Todd dabei war, ein freundlicher, kompetenter junger Mann. Er sei schon immer ein Kind des Waldes gewesen, erzählte Todd, und dass sein Vater die Familie verlassen hätte, um in Panama zu leben, als er noch klein war. Während wir erneut auf keinerlei Spuren stießen, brachten mich seine Worte ins Grübeln, und ich fragte mich, ob mein Sohn mich vielleicht verlassen hatte, um nach Panama zu gehen. Womöglich hatte Dondee ja doch recht: Roman hatte den Corcovado nie betreten.

Zu vorgerückter Nachmittagsstunde, als eine Kurzschnabeltaube ihr melodiöses *Wu kuh-kuh kuuh* von hoch oben aus dem Blätterdach rief, trafen wir uns alle wieder im Camp. Wir hatten nichts gefunden.

In der Nacht fiel kräftiger Regen, und Wind kam auf. Wie Schneestürme Berghänge mit ihrer Fracht beladen, bis sie schließlich als Lawine herabstürzt, schwächen heftige Regenfälle Bäume, die dann irgendwann umstürzen. Im Unterschied zu Schutzmaßnahmen für den Fall eines Lawinenunfalls wie Notfunksender, Schneegruben und Schaufeln, um ein Lawinenopfer zu bergen, gibt es für Baumstürze nichts Vergleichbares, keine spezielle Technik, keine Technologie, keinen Sicherheitskurs. Die meisten Menschen überrascht es, wenn sie hören, dass umfallende Bäume überhaupt eine Gefahr darstellen, dabei werden lebensgefährliche Baumstürze und Astabbrüche nicht umsonst als *Witwenmacher* bezeichnet.

In tropischen Regenwäldern, wo Bäume meist nur ein flaches Wurzelwerk besitzen und Zersetzungsprozesse rasch vonstattengehen, können Gewitterregen das Totholz von Baumkronen mit Wasser durchtränken. Die mit Blitz und Donner einhergehenden Winde können den Baum dann knicken, entzweibrechen oder komplett umstürzen. Tim Laman sagte einmal über den Gunung Palung: »Das Geräusch umfallender Bäume ist so alltäglich, dass ich mich manchmal wundere, dass überhaupt noch irgendwelche Bäume im Wald stehen.«

Brian, Clint und Frank schliefen trotz des nächtlichen Unwetters seelenruhig in ihrem kleinen Kuppelzelt, fünf Minuten von unserem Lager entfernt. Der Wind nahm an Stärke zu. Äste begannen herabzufallen, wodurch die drei geweckt wurden. Da es aber »sowieso keinen Ort gab, an den man hätte ausweichen können«, wie Clint es später formulierte, lagen sie nur auf dem Rücken, horchten und hofften das Beste.

Irgendwann gegen drei Uhr morgens hörten sie ein pochendes Ächzen, gefolgt von einem bedrohlichen, wiederholten Knacken und dann einem schneller werdenden Rascheln. Fallende Objekte haben eine hohe Geschwindigkeit und legen auf ihrem Weg nach unten noch an Tempo zu. Eine plötzliche Druckwelle walzte ihr Zelt mit einem *Wuum!* platt. Dann richtete es sich von alleine wieder auf, und die drei Männer fanden sich unverletzt vor, froh, am Leben zu sein.

Wir schritten die Länge des Baums ab: etwa vierzig Meter vom Wurzelgeflecht bis ans Ende. Die fünfzehn Zentimeter dicken Äste der Krone waren nur wenige Schritte von ihrem kleinen Nylonzelt entfernt gelandet. Mich schauderte bei dem Gedanken, was passiert wäre, hätte es sie in der Nacht erwischt. Es war eine weitere Mahnung, wie gefährlich der Wald sein konnte.

»Wir hätten eh nicht viel machen können«, scherzte Clint am nächsten Morgen, »außer uns wie ein Fötus zusammenzurollen und uns in die Hosen zu machen!« Sie lachten das spannungsbefreiende Lachen von Frontsoldaten.

Aufgeteilt in Gruppen hatten wir die Klippen und Spalten des Zeledón inspiziert, sogar etwas darüber hinaus, bis Brad auf Kique und seine Männer stieß, die die Camps der Schürfer aushoben. Die Gründlichkeit unserer Suche machte mich zu 95 Prozent sicher, dass sich Roman nicht im Umkreis einer halben Meile von der Stelle befand, wo Jenkins ihn gesehen hatte. Doch jenseits davon hatten wir noch nicht ausgiebig geforscht.

Jede Verdopplung der Entfernung von der Stelle, an der Roman zuletzt gesehen wurde, verdreifachte das zusätzliche Suchgebiet. Kein Wunder, dass das Cruz Roja aufgegeben hatte. Die Aufgabe schien unlösbar. Es war einfacher, anzunehmen, dass Roman den Park verlassen hatte und Opfer eines Verbrechens geworden war.

Oder Roman hatte es wie Todds Vater gemacht und uns verlassen.

33
Ein Verdacht

Willim mit einer toten Terciopelo-Lanzenotter, Dos Brazos, August 2015.

Die Vorstellung, dass Roman eines Tages von einem großen einsamen Abenteuer auftauchen würde – eine Möglichkeit, die Lauren mit ihrer fröhlichen Stimme vorbrachte –, war natürlich um Längen besser als die Alternativen. Aber der Gedanke, dass er uns im Stich gelassen haben könnte, gab mir das Gefühl, als Familie versagt zu haben. Dondee, Doña Berta, die Sichtungen in Matapalo und all die Zweifler, die dachten, dass ich meinen Sohn nur so sah, wie ich ihn sehen wollte, hatten in meinem Herzen Zweifel gesät. Aber sie schlugen keine Wurzeln.

Roman würde seine Familie und Freunde nicht verlassen. Er war uns allen gegenüber loyal. Er hatte einer Freundin geschrieben, dass er sich darauf freute, sie bald zu treffen. Er hatte erst kürzlich mit einem Freund gechattet, den er seit der Grundschule kannte.

Alles, was ihm auf seiner Reise in den Tropen widerfahren war, der Gestank, den er aushalten musste, das Essen, das er genossen hatte, mussten in ihm Erinnerungen an alle möglichen Familienerlebnisse geweckt haben. Auf dem Rückweg von unserer Suche nach tibetischen Eiswürmern im Himalaya spazierten Roman und ich vor unserem Rückflug nach Anchorage durch Bangkok. Es war ein sagenhafter Trip gewesen; wir wollten noch gar nicht zurück. Der Stopover in Thailand bot uns Gelegenheit, ein letztes Mal exotische Genüsse zu kosten. »So habe ich alle unsere Reisen in die Tropen in Erinnerung«, meinte Roman an jenem Abend in Bangkok, »am Ende landen wir in irgendeiner großen asiatischen Stadt, wo du eine Durian suchst.«

Er entdeckte meine stinkende Lieblingsfrucht, nachdem er zuerst an einem Obststand einen Haufen Mangostane gesehen hatte – die Frucht, die er auf unserer ersten Reise nach Borneo als »gelbes Starburst mit scharfem Geschmack« beschrieben hatte. »Guck mal, die haben Durians!«, sagte er, obwohl er die Frucht mit fünfundzwanzig genauso wenig mochte wie mit acht, als er über sie geschrieben hatte: »Schlimmer als Rosenkohl! Igitt!« Während ich sie öffnete und aß, saß er mit mir auf einer Parkbank und ertrug wacker die Frucht, die für ihn nach Müll stank.

Wenn Roman nicht im Dschungel war und auch nicht abgehauen, um irgendwo ein neues Leben zu beginnen, blieb nur die Möglichlichkeit eines Verbrechens, irgendwo zwischen dem Ort, an dem er zuletzt gesehen worden war, und Puerto Jiménez. Selbst Jenkins und seine Leute waren nicht unverdächtig. Kique schlug Brad vor, dass wir auf eine weitere Überprüfung der vier Goldschürfer als mögliche Verdächtige drängen sollten. Aber ich hatte mich lange mit ihnen unterhalten und war Jenkins auf Dschungelpfaden gefolgt. Mein Bauchgefühl sagte mir, dass sie nicht gelogen hatten, dass Jenkins vertrauenswürdig war. Er hatte zu viel für mich riskiert. Warum hätte er das tun sollen, wenn er die Wahrheit verheimlichte? Ich konnte ihn nicht verdächtigen, es wäre mir wie ein Verrat vorgekommen.

Die Vorstellung, dass ein Goldgräber Roman mit einer Machete bedroht und auf einen Seitenpfad gezwungen oder ihn auf einer holprigen Straße entführt hatte, war für mich als Vater der schlimmste Albtraum. Aber ein Verbrechen zu untersuchen, überstieg meine Erfahrung. Um Kriminelle zu überführen, brauchte man Experten. Mit Todds Satellitentelefon simste ich von unserem Camp: »Peg, er ist nicht dort, wo ich dachte, und ich bin ziemlich sicher, dass er Opfer eines Verbrechens wurde, deshalb komme ich Ende der Woche nach Hause. Wir telefonieren morgen.« Sie antwortete nur Minuten später. »Dann müssen wir dort bleiben!« Ich schrieb ihr zurück: »Hierbleiben? Wieso? Es gibt keine Beweise.«

Wir kamen alle verschwitzt und mitgenommen von dem Baumsturz aus dem Dschungel. In der letzten Nacht hatte es nicht geregnet, sodass der Bach nicht viel Wasser führte und wir gut vorankamen. Dondee fuhr uns zurück zum Iguana. Ich dankte ihm auf Spanisch, schüttelte seine Hand, gab ihm sogar die Gettofaust. Er hatte seine Arbeit getan. Seine Leute mochten ihn. Und wie es aussah, hatte er doch recht behalten: Roman war nicht im Park. Dondee fuhr im Land Cruiser des Cruz Roja davon. Wir sahen uns nie wieder und hörten nie mehr voneinander. Die LTR-Crew, Brad und Todd flogen nach Hause. Sie hatten genau die Hilfe angeboten, die Peggy und ich gebraucht hatten, und wir waren ihnen dankbar. Auch das Cruz Roja und MINAE waren zufrieden mit ihnen.

Ein paar Tage später waren der Generalkonsul und eine Barbara von der US-Botschaft sieben Stunden von San José unterwegs, um mich in der Lodge zu treffen. Der Generalkonsul mit dem Namen Ravi stellte mir Fragen, die über die üblichen Fragen bei Vermisstenfällen hinausgingen. Er wollte etwas über Romans Ausrüstung wissen. Ravi kannte sich mit Outdoor-Zubehör nicht gut aus, aber er wollte alles richtig machen. Ich zeigte ihm im Internet Bilder von einer faltbaren Isomatte und einem Jetboil-Kocher. Diese Gegenstände, von denen ich annahm, dass Roman sie mitgenommen hatte, fehlten in der gelben Tasche im Corners Hostel.

Ravi und ich spielten alle Möglichkeiten durch. Angesichts der breit angelegten Suche gingen wir beide davon aus, dass Roman nicht im Corcovado war. Nachdem er einige von Romans E-Mails gelesen hatte, war auch Ravi der Meinung, dass Roman seine Familie und Freunde nicht aufgegeben hatte. »Damit bleibt nur ein Verbrechen übrig«, sagte ich.

»Oder es ist nichts davon«, meinte der Generalkonsul. Er lächelte. »Sehen Sie, Roman, ich versichere Ihnen, dass wir von der Botschaft am Fall dranbleiben und weitere Untersuchungen anordnen werden, auch wenn die Suche abgebrochen wurde.«

Allein im Iguana und nach vier Wochen des Nachforschens völlig fertig, wollte ich abreisen, aber ich konnte es nicht. Noch nicht. Peggy und Jazz waren auf dem Weg nach Costa Rica, und Peggy hatte eigene Pläne. Sie wollte in den Park, sehen, wie groß er war, wie schwierig. Sie brauchte dies auch, um Trost zu finden.

Solange wir nicht seine Knochen in den Händen hielten, konnten Peggy und ich keinen Moment lang wirklich sicher sein, dass Roman tot war. Aber die Möglichkeit, meinen Sohn für immer verloren zu haben, zwang mich dazu, mich damit auseinanderzusetzen, welche Risiken ich selbst fast mein ganzes Leben lang bei Outdoor-Abenteuern eingegangen war. Nachdem ich auf dem südöstlichen Kamm des McGinnis Peak einmal fast verunglückt war, hatte ich nicht wirklich einen »kalten Entzug« gemacht. Ich hatte danach gefrorene Wasserfälle, Wildwasserrafting, Baumklettern, Gletschertouren und mehr erlebt – alles gefährlich, alles aufregend.

Zum ersten Mal begriff ich, wie viel Kummer mein Tod allen, die mich liebten, bereitet hätte. Noch erschreckender aber war die Tatsache, dass vierzig Jahre vergangen waren, bis ich diese nackte Wahrheit erkannte. Die bittere Lehre, die mein jahrzehntelanger Egoismus überdeckt hatte, lautete: Wenn ich sterbe, bin ich tot. Ich fühle nichts mehr. Die, die ich zurücklasse, sind es, die anhaltenden Schmerz empfinden werden: je mehr Liebe, desto mehr Schmerz.

Ich wollte nicht die Ursache für ihr Leid sein.

34
Peggy und Jazz

Peggy und Jazz in der Iguana Lodge, September 2014.

Peggy und Jazz trafen auf der Halbinsel ein. Es tat so gut, sie in der Nähe zu haben, ihre Stimmen zu hören, ihr heiteres Lächeln wahrzunehmen, Peggys Wärme im Bett zu spüren, sie zu berühren. Ihre Anwesenheit war mir weit mehr als nur Trost. Sie gab mir *fuerte*.

Wir versuchten, zum Zeledón zu gelangen, doch die Regenzeit hatte den El Tigre anschwellen lassen. Nach einer halben Stunde stromaufwärts zwang uns das braune, schnell dahinfließende Gewässer umzukehren. Der Tag hatte dennoch etwas von einem Naturspaziergang in den Tropen. Wir beobachteten ein kleines Gürteltier, wie es nach Termiten schnüffelte, und sahen später einen Nasenbären, den tropischen Cousin des Waschbären, einen dünnen Baum hinaufklettern. Was wir erblickten, hörten und rochen, versetzte uns wie jedes Mal im Dschungel in Staunen.

Wir bewunderten ein Baumsteigerfrosch-Weibchen, das über den Waldboden hüpfte. An seinen Rücken klammerte sich seine Nachkommenschaft, eine Kaulquappe, mit der es in einem Wunder der Mutterschaft ins Blattwerk eines Baums steigen und die Kaulquappe im Wasserspeicher eines Epiphyten, einer Aufsitzerpflanze ablegen würde. *Mütter sind so hart im Nehmen.* Ich dachte an Peggy, die die ganze Zeit die Stellung gehalten hatte, während ich weg gewesen war.

Als die Kinder noch klein waren, betrachteten Peggy und ich Roman häufig als »meins« und Jazz als »ihres«. Doch Roman war ebenso sehr auch Peggys Sohn. Wir mussten jetzt zusammenarbeiten, unsere Fähigkeiten ergänzen und uns aufeinander emotional verlassen können. Auf dem Weg durch den Dschungel erläuterte sie mir ihre Ideen. Sie wollte neue Flyer mit Fotos seiner Ausrüstung aufhängen. »Um ihn nicht aufzugeben«, sagte sie, »und die Geschichte in den Köpfen der Menschen wachzuhalten. Irgendjemand da draußen weiß etwas. Es redet einfach nur niemand.«

Über unser Netzwerk von Freunden nahm eine junge Amerikanerin, die zeitweilig in Puerto Jiménez gelebt hatte, Verbindung zu Peggy auf und übermittelte ihr eine Liste von Personen und Orten auf der Halbinsel. »Die Frau meinte, wir sollten zur Danta Lodge. Mit hilfsbereiten Leuten und einheimischen Fährtenlesern.«

»Okay«, sagte ich, »machen wir. Noch was anderes? Ich würde gerne deine Ideen hören. Mir gehen sie langsam aus.«

»Na ja, ich denke, wir sollten die Route abwandern, die Roman vorhatte zu gehen. Sie genau unter die Lupe nehmen. Das hat noch niemand getan, und wir sollten dort nachsehen, wo Roman gesagt hatte, dass er langgehen würde.«

Wir kehrten zum Mittagessen ins Iguana zurück. Vom Meer trug eine Brise den Klang der sanften Brandung über die Palmen in das offene Restaurant. Dass Roman so spürbar bei dem fehlte, was sich ansonsten wie ein Familienurlaub ausnahm, ließ uns die stille Übereinkunft treffen, erst einmal so weiterzumachen, als würden wir bald die herrlichen Dinge, die wir gesehen hatten, mit ihm teilen und dann seine heiteren, zurückhaltend erzählten Geschichten hören, sein unbeholfenes, schallendes Lachen.

Als Romans jüngere Schwester hatte Jazzy oft das Gefühl gehabt, im Schatten zu stehen, ein unnötiges Gefühl. Schon in der Vorschule war sie der Sonnenschein der Familie, ihr Dreh- und Angelpunkt. Es war Jazz, die Roman am meisten auf Umnak vermisste. Sie brachte ihn zum Lachen; er wiederum machte alles bereitwillig mit, was sie wollte. Dennoch gab es sie, die Konkurrenz unter den Geschwistern. Roman wurde zwar für seinen Verstand gelobt, doch es war Jazz, die die besten Noten nach Hause brachte, Jazz, die am vernünftigsten war, und Jazz, die in fast jedem Spiel gewann. So oft ich Roman auch mit auf Outdoor-Abenteuer nahm, Peggy beschäftigte sich noch mehr mit Jazz, und das jeden Tag: Knete selbst herstellen, Weihnachtskarten gestalten, Perlenschmuck basteln, backen, gemeinsame Momente, wie sie nur Mütter und Töchter erleben können. »Ich bin die einzige Normale in der Familie«, tat sie immer wieder kund.

Bevor sie in die Highschool kam, interessierte sich Jazz für diverse Ferienlager: Supercamp, Surfcamp und Golfcamp. Sie recherchierte, bewarb sich und nahm an jedem einzelnen davon teil. Sie hätte auch gerne Fußball gespielt, aber anders als bei den Camps und weil wir im Sommer viel reisten, ergab sich keine Gelegenheit, Teil einer Mannschaft zu werden. Stattdessen entwickelte sie sich in der örtlichen Kletterhalle zur Leistungskletterin. Sie schlug sich gut und trat in Wettkämpfen auf Landesebene an. Nach ihrem Abschluss am Lewis and Clark College mit Vollstipendium und Psychologie im Hauptfach, begann sie mit Bodybuilding und wurde bei einem lokalen Wettbewerb Fünfte.

Seit sie alt genug war, die ihr zugeteilten Aufgaben und Pflichten zu verstehen, hat sich Jazz verantwortungsvoll und verlässlich gezeigt. Und seit sie im Besitz eines Führerscheins ist, hat sie immer irgendwo gejobbt. Als Teen fuhr sie Lebensmittel einkaufen, brachte den Familienwagen zum Öl- oder Reifenwechsel. Mit sechzehn half sie mir, das Haus zu verkleiden, und übernahm dabei sogar das Kommando, dachte voraus, maß ab, markierte die Bretter für die Schnitte und schlug den ersten Nagel ein. Nach dem College war sie diejenige, die die Probleme löste, wenn Peggy und ich nicht da waren. Einmal, als sie in unserem leeren Haus nach dem Rechten sah und merkte, dass das Wasser nicht funktionierte, rief sie den Klempner, um die eingefrorenen Leitungen zu enteisen. Wie damals auf dem Harding Icefield sind Probleme für Jazz etwas, was man in Überlegungen mit einbeziehen muss, und sie stellt die richtigen Fragen, um sie lösen.

Doch in Costa Rica, das spürte ich, fühlte sich Jazz hilflos. Als Bruder und Schwester waren sie und Roman sich sehr nahe, eines von Peggys Zielen als Mutter. Hier zu sein, quälte sie wahrscheinlich, wenngleich sie sich nichts anmerken ließ. Alle steckten tief in den Vorbereitungen für die Such- und Rettungsaktion, doch Jazz sah keinen Grund zu bleiben. Sie wollte nicht die Route abgehen, die Roman skizziert hatte, und musste zurück in ihren Job in Anchorage.

Nach der Abreise von Jazz schlugen Lauren und Toby vor, Peggy und ich sollten ein Plakat entwerfen und einen Finderlohn für Romans verschollene Ausrüstung aussetzen. Todd Tumolo schickte ein Foto von Romans grünen Salomon-Schuhen an seinen Füßen während unserer Reise nach Mexiko. Aus dem Internet kopierten wir Abbildungen einer gelben Isomatte, eines blauen Jetboil-Kochers, einer roten Drybag, eines blauen wattierten Patagonia-Pullovers und des Kelty-Logos seines Zelts und bauten sie ein. Ich fragte Lauren, ob wir nicht ein paar Gegenstände weglassen sollten, um nicht – wie im Fall David Gimbelfarb – Gefahr zu laufen, dass uns jemand nur ausnutzt. »Ich denke nicht«, sagte Lauren, die zehn Jahre als Strafverteidigerin gearbeitet hatte. »Wir wollen so viele Informationen von den Leuten da draußen wie nur irgendwie möglich. Es ist Zeit für ein Ermittlungsverfahren. Je mehr Leute Ausschau nach speziellen Ausrüstungsgegenständen halten, umso besser.«

In jeder *pulpería*, in jeder *soda*, jeder Cantina und an jeder *colectivo*-Haltestelle zwischen Los Patos und Carate brachten wir Kopien an. Überall, wo wir hinkamen, begegneten uns, den Eltern des *muchacho*, die Menschen mit Mitgefühl. Es war gut, etwas Neues zu probieren, das vielleicht etwas bringen würde. Neun Stunden lang hängten wir Plakate auf, hörten Geschichten, spähten auf der Suche nach seinen Sachen hinter jedem Haus, an dem wir vorbeikamen, in den Garten auf die Wäscheleinen. Wir prüften die Füße jedes jungen Mannes auf Schuhfarbe und Marke und stutzten über jede Gruppe von Geiern, die über Bäumen oder freier Landschaft ihre Kreise zog.

Eine Auswanderin erzählte, als sie in den Neunzigern herzog, war es für sie wie ein Paradies am Ende der Welt. Jetzt, fünfzehn Jahre später, fand sie kein gutes Wort mehr dafür. Sie wollte weg von Osa, hatte aber ihre gesamten Ersparnisse in ihr Haus und ihren Grundbesitz angelegt. Sie hatte einen lokalen Tico geheiratet und mit ihm ein Kind bekommen, aber sein Drogenkonsum hatte zur Scheidung geführt.

»Ich kannte die beiden Österreicher. Ich kannte auch Kimberly, die direkt vor ihrem Haus zusammengeschlagen und erschossen wurde. Und ich kannte Lisa, die in ihrem Bett erstickt wurde. Und soll ich Ihnen was sagen? Jeden Abend schließe ich die Tür zu meinem Haus ab, nehme mein Kind mit zu mir ins Schlafzimmer und sperre auch die Schlafzimmertür ab. Ich habe eine Waffe. Ich habe sie geladen und griffbereit bei mir. Und um noch eins draufzusetzen, lasse ich meinen Ex bei mir wohnen. Ansonsten würden die Verbrecher einfach kommen und alles mitnehmen. Ich sitze in der Falle. Mit Codys Verschwinden«, schloss sie, »zeigt sich nur einmal mehr die Fratze dieser inzestuösen, gesetzlosen, ungebildeten, skrupellosen, rückständigen Provinzeinöde.«

Sie holte tief Luft. »Hören Sie, ich bin immer da. Sie können jederzeit vorbeikommen. Tut mir leid, wenn ich nur von mir gesprochen habe. Ich hoffe, Sie finden Ihren Sohn. Es muss ein furchtbarer Albtraum für Sie beide sein.«

35
Cerro de Oro

Pulpería, Cerro de Oro, September 2014.

Nach meiner Rückkehr aus San José mit Josh und Vic und zehn Tage, bevor Peggy eintraf, rief Vargas mich im Iguana an, um mir zu sagen, dass er eine Geschichte über einen einsamen Gringo in Cerro de Oro gehört hätte, einer abgelegenen Goldgräbersiedlung auf der Nordseite des Corcovado. Cerro de Oro liegt hinter La Tarde, wo Dondee Thai, Pancho und mich verlassen hatte. Um hinzugelangen, heuerten Peggy und ich einen Guide namens Andres an, groß, jung und lockenköpfig, der gut Englisch sprach und den Weg kannte. Er führte uns mit der geduldigen und aufmerksamen Art eines Naturführers nach Cerro de Oro. Unterwegs machte er uns auf eine Faultiermutter in einem Ameisenbaum aufmerksam, einem schnell wachsenden, hohlstämmigen Baum, der wie die Zimmerpflanze namens Regenschirmbaum aussieht und die bevorzugte Futterpflanze der Faultiere ist. Durch unser Fernglas sahen wir, wie das Baby sich an das grüngraue Fell seiner Mutter klammerte und hinuntersah. Anderswo trocknete ein stattlicher Königsgeier seine weißen Flügel auf einem hohen Baumstumpf.

Auf dem Weg flussaufwärts stießen wir auf eine Gruppe Schürfer, die Gold wuschen. Der Jüngste grub mit einem Spaten im Fluss. Andres erzählte uns eine Geschichte über den Ältesten, der steinalt aussah: Er hatte nur noch zwei Zähne, und seine braune Haut war von einem langen Leben in der Sonne wettergegerbt. Der Alte wurde einst zwei Wochen im Dschungel vermisst, nachdem er sich ein Bein gebrochen hatte. Er wurde gerettet, als einem einheimischen indigenen Medium im Traum übermittelt wurde, wo er sich befand. Einer der Goldgräber schrieb die Nummer des Mediums in mein Notizbuch. Jedes Mal, wenn ich anrief, war besetzt.

Die Goldgräber sagten, dass es weiter flussaufwärts zwei *pulperías* gäbe. Obwohl man zur ersten *pulpería* drei Stunden laufen musste, war sie voll. Unter dem Dach des rustikalen Ladens, dem Mangobäume Schatten spendeten, saß eine Handvoll Männer auf Holzbänken, mit Hunden zu ihren Füßen. Ein kleines Mädchen lugte hinter dem Rock seiner Mutter hervor. Auf dem Tresen legte ein grüner Papagei seinen Kopf schief und beäugte uns mit der gleichen vorsichtigen Neugier wie die Männer, die Hunde und das kleine Mädchen. »Der Besitzer sagt, hier wäre kein Gringo vorbeigekommen«, erzählte Andres uns. »Ihr seid hier, soweit er sich erinnern kann, die Ersten.« Wir hängten trotzdem ein Plakat auf.

Ein breiter Pfad führte durch ein einst geschäftiges Dorf zur nächsten *pulpería* zehn Minuten entfernt. Einfache Holzhäuser, umgeben von grauen Zäunen, standen verlassen in Gärten, die der vorrückende Dschungel sich einverleibte. Cerro de Oro war eine Siedlung, die man nur zu Fuß oder mit Pferd erreichen konnte. Das fließende Wasser bezog sie mittels Schwerkraft durch schwarze Plastikrohre aus nahen Bächen. Das moderne Costa Rica schien Lichtjahre weit weg. »Bestimmt hat Roman von diesem Ort nicht mal gehört«, schlussfolgerte Peggy, »und ich bezweifle, dass er hergekommen wäre, selbst wenn er davon gewusst hätte.«

Ich war nicht so sicher.

Auch bei der zweiten *pulpería* sagten ein Mann und seine junge Frau – oder Tochter, das war nicht klar –, dass sie keine Gringos gesehen hätten. Der Mann hatte gehört, dass ein Gringo den Park nahe dem Río Conte betreten hätte. Die junge Frau gab uns ein paar gelbe Rambutans. Wir bedankten uns für das schmackhafte Obst, hängten ein Plakat auf und gingen wieder. Ein Stück weiter auf dem Pfad trafen wir einen alten Goldschürfer. Andres fragte ihn, ob er von dem vermissten Gringo gehört hätte. »Ja, natürlich«, sagte er. »Dieser *muchacho* war schon einmal im Amazonas verschwunden, und der Vater fuhr hin und fand ihn damals auch.« Wir hatten auf der Osa viele Gerüchte gehört, aber dieses war das verrückteste – bisher. Später hörte ich sogar noch absurdere Geschichten.

Auf dem Weg zurück zum Iguana besuchten wir Vargas' Farm, um Vorbereitungen für unseren Trip auf der Route, die Roman in seiner letzten E-Mail beschrieben hatte, zu treffen. Anschließend machten wir in Puerto Jiménez halt, um chinesisch zu essen. Als wir im Restaurant saßen, bemerkten wir, wie vor einem Schnapsladen auf der anderen Straßenseite eine Prügelei ausbrach. Ein paar Typen schlugen sich mit Fäusten und bewarfen sich mit Steinen und Brettern. Niemand versuchte einzugreifen, und die Schlägerei löste sich schließlich von selbst auf.

Die Beobachtung dieses Straßenkampfs machte verständlicher, warum die costa-ricanische Regierung Pfade sperrte und für alle Parkbesucher einen Guide vorschrieb. Die Osa wurde von Jahr zu Jahr gefährlicher, hieß es. Verurteilte Verbrecher hielten sich hier versteckt, und der Handel mit Kokain aus Panama, Kolumbien und weiter aus dem Süden florierte. Die Goldgräber, so wurde uns erzählt, waren Drogenabhängige, eigennützige Gangster.

In jener Nacht brachte die angebrochene Regenzeit schwere Niederschläge mit einem Gewitter, das die Stromversorgung des Iguana lahmlegte. Der Wind blies heftig vom Golf. Bäume stürzten krachend in die Dunkelheit, und ich sammelte unsere Sachen zusammen, um zu fliehen, falls es im Obergeschoss des Pearl, wo wir von hohen Ceiba-Bäumen umgeben schliefen, ungemütlich wurde.

Am nächsten Morgen hatte das Iguana wieder Strom, die Lodge war unversehrt. Lauren erzählte uns beim Frühstück, dass Vargas Bedenken hätte, eine Frau auf die bevorstehende Wanderung mitzunehmen. Er befürchtete, dass Peggy uns aufhalten könnte und er erwischt würde. Falls wir Parkwächter träfen, würde er abhauen und nicht auf uns warten. Er könnte unseretwegen im Gefängnis landen.

Aber ich wusste, dass Peggy viel stärker war, als sie aussah. Sie hatte dreimal am Wilderness Classic teilgenommen und jahrzehntelang den Rekord der Frauen gehalten. Sie würde kein Problem haben, mit uns Schritt zu halten. Lauren ermutigte sie: »Peggy, du musst gehen, damit der alte Tico sieht, was Frauen draufhaben. Zeig's ihm!«

Wir gingen in die Stadt, um Geld abzuheben. Der Himmel war klar, die Luft feucht, die Sonne brannte uns auf den Kopf. Am Automaten funktionierte meine Bankkarte nicht, und mein Spanisch reichte nicht, um mein Problem zu erklären. Die Bank akzeptierte meine Kreditkarte nicht. Während eines Handyanrufs beim Kreditkartenunternehmen für drei US-Dollar pro Minute wurde ich weitergeleitet, gebeten zu warten, und immer wieder das Gleiche gefragt. Meine eigenen Fragen blieben unbeantwortet.

Ich ließ meinen Frust an Peggy aus, indem ich ihr sagte, jetzt wäre sie mal dran, sich auf Spanisch abzumühen, Geld zu beschaffen, überall hinzufahren. Ich würde im Auto sitzen bleiben und warten. Costa Ricaner haben eine Redewendung dafür, wenn man seine Wut an anderen auslässt: »Ich habe den Teller zerbrochen, aber du musst dafür zahlen.«

Jazz rettete uns schließlich, wie so oft. Die Bank meinte, am schnellsten kämen wir über MoneyGram an Bargeld. Wir simsten Jazz in Anchorage. Innerhalb weniger Minuten hatte sie uns das Geld überwiesen, das wir für den Privatdetektiv brauchten.

Emotionaler Schmerz äußert sich anscheinend unweigerlich körperlich. In der Morgendämmerung eilten wir durch die Dunkelheit, um Vargas um fünf Uhr zu treffen. Peggy gelang es nicht, sich anzuschnallen, weil der Gurtaufroller mit jedem Ruck auf der holprigen Straße den Gurt blockierte. Ein Radfahrer tauchte plötzlich aus der Dunkelheit auf. Ich wich aus und traf dabei auf ein tiefes Schlagloch, wodurch Peggy aus ihrem Sitz geschleudert wurde. Sie stieß ihren Kopf am Autodach, dann landete sie auf ihrem Steißbein, das sie sich vor Jahren gebrochen hatte, und stieß sich heftig.

Sie schrie auf und stöhnte vor Schmerz, Tränen schossen ihr in die Augen. Ich hielt an und litt mit. Ich fühlte mich schrecklich und wusste nicht, wie ich ihren Schmerz lindern sollte, außer indem ich ihre Hand leicht drückte, sie streichelte, mich entschuldigte.

Sie gab mir ein Zeichen, weiterzufahren. »Los! Wir verspäten uns. Ich will ihn nicht warten lassen.«

36
Romans Route

Am Oberlauf des Río Claro, September 2014.

Als wir am 4. September im Dunkeln Vargas' Farm erreichten, um endlich Romans geplante Route abzuwandern, waren acht Wochen vergangen, seit uns seine letzte E-Mail erreicht hatte, und dreiundvierzig Tage, seit wir begriffen hatten, dass er verschollen war. Wir folgten Vargas hangaufwärts in die tropische Morgendämmerung, die beste Zeit des Tages zwischen Schlaf und Schweiß. Mit seinem Sohn Jefe als Nachhut führte uns Vargas eine Schotterstraße entlang, dann auf einen Quad-Pfad und schließlich auf einen Fußweg, auf dem wir die Parkgrenze hinein in den Corcovado überquerten. Der sprachliche Austausch zwischen Vargas und uns beschränkte sich zum größten Teil auf Flussnamen: Agujas, Barrigones, Conte, Rincón, Sirena, Claro, El Tigre. Wir hatten keinen Übersetzer.

Anfangs ging Vargas langsam, und Peggy wusste warum. »Er denkt, ich könne nicht mithalten. Sag ihm, er soll schneller gehen.« Sie wedelte mit ihrer Hand in einer Vorwärtsbewegung und warf Vargas einen finsteren Blick zu.

»Mas rápido!«, forderte ich in meinem einfachen Spanisch. Schneller! Als das keine Wirkung zeigte, schob sie ihn mit beiden Händen und einem Lächeln an. Körperlich derart angetrieben, sah er mich verwirrt an, legte aber mit Peggy im Nacken an Tempo zu.

Im Park verengte sich der Pfad und quetschte sich an gewaltigen Baumwurzeln vorbei, die sich wie dicke träge Pythons über den schmalen Kamm ausbreiteten.

»Cerro de Oro«, sagte Vargas und wies auf einen Seitenpfad.

»La Tarde?«, fragte ich und deutete geradeaus.

»*No.* Aquí«, erwiderte er und zeigte wieder auf den Pfad Richtung Cerro de Oro. *Thai, Pancho und Kique müssen auf ihrem Weg nach Dos Brazos hier entlanggekommen sein.*

Die Dämmerung schwand, und als es acht wurde, schwitzten wir bereits. Die Route führte uns unterhalb einer Gruppe von Klammeraffen vorbei, die schreiend und kreischend an den Bäumen über uns rüttelten. Wir stiegen höher. Kurz bevor moosige Wälder und eine Wolkendecke weiter oben die Sicht versperrten, konnten wir einen der seltenen Blicke auf die Laguna Corcovado erhaschen. Bald danach erreichten wir die Vermessungsmarke am Rincón und gelangten in den die Orientierung raubenden Bambuswald von Las Quebraditas.

Über einen der *picas*, einen kleinen, unscheinbaren Pfad, den ich kaum bemerkt hätte, geschweige denn ihm gefolgt wäre, führte uns Vargas zur Vermessungsmarke am Mueller. Perplex versuchte ich mich langsam im Kreis drehend zurechtzufinden. Das zweite Mal hatte ich auf dem Gipfelplateau meinen Orientierungssinn verloren. Peggy sah mir ins Gesicht. »Stimmt was nicht?«, fragte sie.

»Ich dachte, wir würden einen völlig anderen Weg gehen und bin jetzt total verwirrt. Ich bin froh, dass Vargas bei uns ist.«

»Wenn *du* nicht weißt, wo du dich befindest, dann bin auch froh, dass er bei uns ist!«

Nachdem wir über Totholz gestiegen waren und schlammige Ausweichpfade hinter uns gelassen hatten, kamen wir an jene Stelle, wo eine leere Kekspackung von Vargas und Helikonienblätter den Ort unseres Mittagessens mit Thai vor einem Monat markierten. Ich betrachtete den Abfall und dachte daran, wie oft ich mir gewünscht hatte, eine Starburst-Tüte oder ein anderes eindeutig von Roman hinterlassenes Zeichen zu finden. Wir ließen uns auf dieselben Blätter auf denselben Stämmen nieder und hatten kaum mehr Informationen über ihn, als wir damals schon gehabt hatten. Peggy wand sich. Ihr geprelltes Steißbein verhinderte, dass sie sich aufrecht hinsetzen konnte.

Nach dem Mittagessen folgten wir dem breiten Bergrücken. Vargas wies nach rechts: »Sirena.« Dann nach links: »Río Claro.« Und hinter uns: »Madrigal y Rincón.« Wir hatten den fünfzackigen Stern passiert und schlüpften durch das Schlüsselloch, das vom Plateau zum Río Claro führte.

Lianenumwuchertes Totholz zwang uns gelegentlich, den Weg zu verlassen, doch Vargas brachte uns schnell wieder auf den richtigen Pfad. Das weiche *Tsing* seiner rasiermesserscharfen Machete hinterließ eine Spur frisch geschnittener Vegetation hinter uns, als hätte man Brotkrumen auf den Weg gestreut. Peggy lächelte und scherzte in der schwülen, schweißtreibenden Hitze, während sie nach Vögeln und Affen Ausschau hielt. Kein einziges Mal beschwerte sie sich, obwohl sie in der Nacht mit verdorbenem Magen vom Abendessen aufgewacht war und sich heute Sorgen über Schlangen zu ihren Füßen machte. Sie hatte kein Problem mitzuhalten. Sie war ohne Zweifel die Mutter unseres Sohnes.

Am frühen Nachmittag verkündete Vargas: »Río Claro.« Er deutete auf einen silbrigen Schimmer weit unten in der Sohle eines steilwandigen Tals. Es schien unwahrscheinlich, dass Roman es allein auf den schmalen, selten begangenen *pica*-Pfaden, auf denen man sich leicht verirrt, bis zu diesem Punkt geschafft haben sollte. Ich hoffte, sein Urteilsvermögen hatte ihm geraten, Las Quebraditas nicht zu durchqueren. Wir jedoch mussten. Wir schuldeten es uns und ihm, hier zu sein und zu suchen. Wir hielten uns dicht hinter Osas erfahrenstem Fährtenleser.

Auf einem Kamm hoch über zwei Armen des Río Claro waren sich Vargas und sein Sohn uneinig, wo wir uns befanden. Als das GPS meines Telefons durch eine lichtere Stelle im Blätterdach ein Signal bekam, zeigte ich Jefe unsere Position und deutete auf den Río Claro sowohl auf der Karte als auch in der Landschaft. Rechter Hand würden wir hinunter zum Fluss gelangen, Vargas führte uns jedoch stattdessen nach links und dann immer höher, höher, höher, geradewegs in einen plötzlichen Regenguss.

Während ich versuchte, mit seinem Tempo Schritt zu halten, gestikulierte ich, dass mir dies nicht richtig erschien. Als Reaktion darauf sprang Vargas hinunter vom Kamm auf einen Tapirpfad, wo der Regen in einem kleinen Strom über schlammige Stufen abwärts floss. Peggy fröstelte als Erste im strömenden Regen, wir anderen folgten. »Du hast gesagt, wir würden vor dem Regen kampieren! *Das hast du gesagt!*«, erinnerte mich Peggy im Lärm prasselnder, dicker Tropfen, die Stockwerk um Stockwerk das Blätterdach hinuntertrommelten. »Warum nicht *hier*?«, verlangte sie flehentlich.

»Acampar aquí!«, rief ich über den Lärm hinweg. Hier campen!

»No agua!«, kam als Antwort zurück. Kein Wasser!

Ich lächelte und streckte in den Wassermassen, die um uns niedergingen, meine Arme aus, Handflächen nach oben. Dann setzte ich meinen Rucksack auf dem Boden ab, holte eine große Visqueen-Plane heraus und spannte sie auf. Peggy und ich duckten uns unter dem Plastik, um dem kalten Regen zu entkommen. Vargas zog ein brandneues, winziges Kuppelzelt hervor und hatte es rasch ohne Plane darüber aufgestellt.

Peggy sammelte das Regenwasser, das unser schützendes Plastikdach herunterrann, in Flaschen und in unserem Kochtopf. Ich baute unser Moskitozelt auf und brachte dann eine volle Wasserflasche als Friedensangebot hinüber zum anderen Zelt. Wir zogen unsere durchnässten Sachen aus und hängten sie zum Abtropfen auf. Peggy aß eine warme Mahlzeit, die ihren Magen beruhigte und sie entspannte. Ihren Appetit hatte sie zwar wieder, Schlaf fand sie jedoch kaum, weil sie kleine Zecken von ihrer Haut zupfen musste, die sie fast die ganze Nacht hindurch bissen. Am frühen Morgen blitzte es, gefolgt von Donner. Ein Baum stürzte zu Boden.

Vater und Sohn saßen beim Frühstück, als wir unser Lager zusammenräumten. Laut meinem GPS befanden wir uns auf einem schmalen Kamm, das verästelte Quellgebiet des Río Claro 300 Meter senkrecht unter uns. Zunächst stiegen wir noch einmal höher, zurück in die trockener anmutenden Eichenwälder, dann ging es einen steilen Grat bergab zum Río Claro.

»Ab hier sollte es einfacher sein«, sagte ich, erleichtert, den Abstieg hinter mir zu haben.

»Das hoffe ich. Das letzte Stück war wirklich steil! Und das alles *off-trail*«, bemerkte Peggy. »Ich war beunruhigt wegen eventueller Schlangen.«

Unten kamen wir wieder zu Atem und streiften Blätter, Zweige, Spinnen und Ameisen von unseren verschwitzten nackten Hälsen. »Roman hat wahrscheinlich erkannt, dass das keine gute Route ist. Zu viel Mühe und wenig Interessantes«, sagte Peggy zwischen Schlucken kühlen Wassers aus dem Bach.

Anfangs war er flach und rutschig, doch bald schon ließen Nebenflüsse den Bach anwachsen, und es gab Sandbänke, auf denen man gut gehen konnte. In rascher Abfolge passierten wir eine raffinierte Anlage der Schürfer aus handgebauten Gräben, danach eine wunderschöne, von Farnen und Moosen umwachsene Felswand mit Wasserfällen und aussickernden Wasseradern. Die Luft roch erdig und feucht.

Peggy inspizierte Uferbereiche, die vielleicht Roman und sein Zelt verbergen konnten. »Wo würde er langgehen und wo würde er sein Lager aufschlagen?«, fragte Peggy mit Tränen in den Augen, als ihr die Dimension des Problems bewusst wurde. »Wir müssen uns in ihn hineinversetzen.«

Vargas jedoch wollte nur immer weiter stromabwärts. Gegen halb vier am Nachmittag meinte Peggy, es sähe nach aufziehendem Regen aus. Ich versuchte, Vargas zum Anhalten zu bewegen. Er schüttelte nur seinen Kopf und drängte uns, weiterzugehen. Eine eiskalte Dusche hatten wir bereits abbekommen. Peggy wollte vor der nächsten ein Lager aufschlagen, doch es wurde finster, ehe es dazu kam. Grelle Blitze zuckten begleitet von krachendem Donner über unseren Köpfen auf, und der Himmel entlud seine kalten Wassermassen, die uns sofort wieder frieren ließen. Wir blieben stehen, warteten, dass der Regen nachließ, damit wir die Zelte aufschlagen konnten.

Da kein Ende des sintflutartigen Regens in Sicht war, spannte ich eine Leine und hängte die Visqueen-Plane auf. Wir pferchten uns darunter, und Peggy zog uns nahe an sich heran, Körper an Körper, um sie zu wärmen. Der Fluss stieg über unsere Zehen, unsere Knöchel, unsere Schienbeine an. *»Río crescendo! Muy peligroso!«*, sagte Jefe. Fluss steigt! Sehr gefährlich!

Von jetzt auf gleich verwandelte sich der Río Claro von einem knietiefen, klaren Bach in einen drei Meter tiefen, reißenden braunen Fluss und überflutete den Strand, an dem wir das Lager hatten aufschlagen wollen. Ich ging los und fand einen geeigneten Platz auf einer alten Flussterrasse im Wald, die außerhalb der Reichweite der steigenden Fluten lag. Als ich zurück zu den anderen kam, stand ihnen das Wasser fast bis zu den Knien.

»Vargas, aquí!«

Gemeinsam wickelten wir Plastik um Quergestänge und brachten erneut die Visqueen-Plane auf der bewaldeten Flussterrasse an. Auf den Palmen- und Helikonienblättern, die Vater und Sohn als Bodenabdeckung geschnitten hatten, bauten Peggy und ich unser Zelt auf. Zum dröhnenden Rauschen der Flut schliefen wir ein. Es schien unwahrscheinlich, dass wir am nächsten Tag den Strand erreichen könnten, geschweige denn um drei Uhr das *colectivo* in Carate, sechzehn Meilen entfernt.

Am Morgen erklärte Vargas, er und sein Sohn würden umkehren und den Weg, den wir gekommen waren, wieder zurückgehen. In Sirena, Stunden flussabwärts und eine halbe Meile von der Mündung des Río Claro entfernt, gebe es die meisten Touristen, Guides und Ranger im Park. Er könne nicht riskieren, geschnappt zu werden. Vargas gab uns eine Machete, deren Spitze zur Waffe geschärft war. Ich schüttelte ihm die Hand, dann die seines Sohnes. Er umarmte Peggy zum Abschied.

Erschrocken sah sie mich an und lächelte breit: »Er hat mich gerade geküsst! *Auf den Mund!*«

Der Zweiundsechzigjährige grinste, drehte sich um und machte sich mit seinem Sohn auf den Weg zurück flussaufwärts.

Peggy und ich waren von nun an auf uns allein gestellt.

37
Río Claro

Río Claro, September 2014.

Die Helikonien und niedrigen Palmen waren noch nass vom Regen, aber durch die strahlende Sonne am wolkenlosen Himmel wirkte der Dschungel wieder freundlich. Die Vögel zwitscherten, und die Insekten summten, während ein neuer Tag anbrach, so als hätte es kein Unwetter gegeben. Der Río Claro hatte Stunden vor Sonnenaufgang seinen Höchststand erreicht. Baumstämme und anderes frisches Treibgut, vom zurückgehenden Wasser zurückgelassen, säumten seine Ufer. Das Wasser war zwar noch hoch und braun, aber ruhig, und wir wateten furchtlos durch stellenweise brusthohes Wasser. Wo der Fluss sich zwischen senkrechten Wänden verengte, sodass er zu tief war, um hindurchzuwaten, schlug das beruhigende *Tsing* der Machete uns einen von Schlangen, Ameisen und Ranken freien Pfad durch den dichten Wald. Peggys Tapferkeit im tiefen Wasser und im Dschungel machte sie für mich noch schöner und verstärkte meine Liebe und Bewunderung für sie.

Schließlich war das Wasser so weit gesunken, dass Strände mit Fußspuren zum Vorschein kamen. Wir folgten den Spuren bis zu einem Pfad, den wir leise entlangschlichen. Wir waren vielleicht zwanzig Minuten von Sirena entfernt, dem touristischen Zentrum des Parks. Wir hatten Angst, erwischt zu werden, weil wir ohne den vorgeschriebenen Guide unterwegs waren.

Auf dem gewarteten Trail gelangten wir zu einem rätselhaften Pfeil, den ein Wanderer in den Sand gescharrt hatte. Neugierig geworden, drehte ich mich um und ging zurück in Richtung des Pfeils, wobei ich beinahe auf eine Lanzenotter getreten wäre. Der Pfeil wies warnend auf die Schlange am Rand des Pfads. Zweifellos wartete sie darauf, dass ein fettes Nagetier vorbeikam. Sie hätte nur angegriffen, wenn sie bedroht worden oder jemand auf sie getreten wäre. Ich lachte nervös über meine Dummheit und erntete ein Kopfschütteln von Peggy.

An der Küste warteten weitere Herausforderungen auf uns. Im Mündungsbereich führte der Río Claro Hochwasser. Außerdem mussten wir Guides aus dem Weg gehen, die uns hätten verraten können, und Rangern an der zehn Meilen entfernten Parkgrenze. Wenn wir die La Leona Ranger Station erreichten, würde es schon dunkel sein; wir hofften, uns unbemerkt daran vorbeischleichen zu können.

Beim ersten Versuch, den Río Claro zu durchqueren, musste ich schwimmen. Ich dachte an Bullenhaie und Krokodile. »Ich werde nicht schwimmen!«, rief Peggy mir zu.

Peggy war das jüngste von zehn Kindern. Sie hatte erst auf dem College schwimmen gelernt. Vor unserer ersten Reise nach Hawaii, als wir neunzehn und zwanzig waren, war sie noch nie im Meer geschwommen. Wie viele Kinder, die in Alaska aufgewachsen sind, hatte sie Angst vor tiefem Wasser und konnte nur »Hundepaddeln«, wie sie es nannte.

Irgendwie lockte ich sie in die sanfte Brandung vor Waikiki. Als wir ins seichte Wasser gingen, hielten wir uns zunächst an der Hand. Aber dann, als wir ins tiefere Wasser wateten, zog das wogende Meer ihr den Boden unter den Füßen weg. Freudig erregt drehte sie sich um und umschlang mich. Ihre Arme und Beine fühlten sich im kalten Pazifik warm an, während wir wie eins im Wasser trieben und hüpften; mit jeder neuen Welle stießen meine Zehen sich vom Boden ab, damit wir mit dem Kopf über Wasser blieben.

Sie klammerte sich an mich, ihr Lächeln so breit wie der Ozean. In diesem Augenblick empfand ich etwas für einen anderen Menschen, was ich noch nie zuvor gefühlt hatte: ein *körperliches* Bedürfnis, sie zu beschützen, aber auch ein Gefühl der Geborgenheit und der Verbundenheit. Ich verspürte das Verlangen, diese Gefühle noch einmal zu erleben.

Sie kamen wieder, genauso intensiv, mit Cody Roman bei einem Campingtrip mit der Familie auf der Insel Culebra, die zu Puerto Rico gehört. Wir waren von unserer Mietwohnung in Luquillo mit den Kindern in unserem Fahrradanhänger zum nahen Fähranleger geradelt. Culebra ist von Korallenriffen umgeben, und wir fanden einen weißen Sandstrand, wo wir im Schatten zelteten.

Ein vorbeikommender Fischer verkaufte uns für ein paar Dollar Langusten. Jazzy sammelte die dreißig Zentimeter langen Hülsenfrüchte des Flammenbaums, die sie faszinierten, während Cody Roman sich mit Tauchermaske und Schnorchel über das Wasser beugte, um die Meereswelt zu erforschen. Ich watete zu ihm und schlug vor, weiter ins Wasser zu gehen. Wir machten uns auf den Weg, tiefere Bereiche zu erkunden als die flache Uferzone, in der er sich normalerweise aufhielt.

Anfangs ritt er auf meinem Rücken, während ich mit Flossen schwamm. Er umklammerte meinen Hals mit seinem linken Arm, seinen Schnorchel hielt er mit der rechten Hand. Nach einer Weile zog ich ihn von meinem Rücken herunter, und wir glitten Hand in Hand durchs Wasser.

Es war ein inniger Augenblick, irgendwie genauso intensiv wie der Moment seiner Geburt, bei der ich dabei war. Hier, über einem prächtigen Korallenriff, hautnah an seiner Entwicklung teilzuhaben, war bewegender, als seine Hand zu halten, während er laufen lernte.

Das Gefühl verstärkte sich noch, als wir zu einem tiefen Kanal im Riff kamen und er für dessen Überquerung wieder auf meinen Rücken kletterte. Ich konnte seine Anspannung spüren, als der Meeresboden abfiel, und wie er sich entspannte, als er auf meinem Rücken war. Sobald wir den Kanal überquert hatten, rutschte er wieder runter. Wir schwammen Hand in Hand weiter, aber diesmal, weil er selbst es wollte. Ohne Worte hatte er mir mitgeteilt: »Dad, ich habe Angst und brauche dich.« Und dann: »Alles okay, lass uns weitermachen.«

Erlebnisse wie diese mit meiner Familie sind Augenblicke, die mir viel bedeuten. Meinen Kindern und Peggy Vertrauen in ihre körperlichen Kräfte zu geben, hat mein Leben reicher gemacht. Roman und ich begannen zusammen das Gerätetauchen, als er alt genug war, und Peggy überwand ihre Angst vorm Wasser, aber zum Glück musste sie nicht durch den Río Claro schwimmen.

Meine Füße ertasteten unter Wasser eine Sandbank, die quer über den Fluss führte. Das Wasser reichte mir hier nur bis zum Bauchnabel. Ich kehrte zu Peggy zurück und nahm sie bei der Hand. Wir trugen unsere fast leeren Rucksäcke auf dem Kopf, während wir durch den Fluss wateten, um am anderen Ufer einem Pfad durch den Küstenwald zu folgen. Auf unserer nachmittäglichen Wanderung sahen wir einen Rostbauchguan und ein Tuberkelhokko-Paar, truthahngroße Vögel, die unbeholfen auf dem Ast balancierten. Später beobachteten wir einen Tapir, der mit seiner wendigen, rüsselartigen Schnauze saure Früchte fraß. Auf halber Strecke nach Carate machten wir Pause, um zu beobachten, wie die Sonne im Pazifik versank und im

Osten als kosmisches Gleichgewicht der Vollmond aufstieg. Bei Ebbe und nach Einbruch der Dunkelheit huschten wir unbemerkt an der Rangerstation vorbei und humpelten auf wunden Füßen nach Carate.

Am nächsten Morgen nahmen wir den *colectivo* nach Puerto Jiménez, überzeugt, dass Roman die Route, die er in seinen E-Mails beschrieben hatte, nicht zu Ende gegangen war. »Ich denke, er wurde Opfer eines Verbrechens«, sagte Peggy auf der Fahrt in die Stadt. »Er scheint nicht im Park zu sein. Vielleicht hat ihn jemand entführt. Lass uns mit dem Privatdetektiv reden.«

38
Zurück nach Alaska

Yaviza, Darién Gap, Panama, Januar 2015.

Am Ende der ersten Septemberwoche, kurz nachdem wir vom Río Claro zurückgekehrt waren, stellte Lauren den Kontakt zu Fernando Arguedas her, dem Privatdetektiv, der den Fall Kimberly Blackwell aufgeklärt hatte und früher beim OIJ gewesen war. Misstrauisch, dass die Leute uns nur das erzählten, was wir hören wollten, gab ich Arguedas die Namen derjenigen, mit denen ich gesprochen hatte, um herauszufinden, ob sie ihm das Gleiche wie mir schildern würden. Er ging auch anderen Hinweisen nach und sprach insgesamt mit einem Dutzend Leuten.

Der wichtigste Punkt war, dass er Pata Lora unsere fünfunddreißig in einer Liste aufgeführten Fragen über Romans Ausrüstung, Verhalten, Vergangenheit und Absichten stellte. Die Fragen sollten zeigen, ob Pata Lora tatsächlich mit Roman zusammen gewesen war. Peggy wollte ihn sogar Codys Zelt und Haaransatz zeichnen und die Form seiner Hände beschreiben lassen. Sie besitzt ein feines Gespür für die Verhaltensweisen und Beweggründe von Menschen, und ihre Fragen spiegelten das wider.

Arguedas und sein Partner waren Tag für Tag unterwegs, um Leute nach unserem Sohn zu befragen, und berichteten Peggy, Lauren und mir jeden Abend ihre Ergebnisse im Pearl. Es war ja gerade Regenzeit, die Zahl der Gäste daher gering. Arguedas sprach nur Spanisch, und ich hielt Laurens Übersetzung in meinem Notizbuch fest. Am Ende seiner Ermittlungen gab uns Arguedas einen schriftlichen Bericht.

Von jenen, die Pata Lora und den Gringo zusammen beobachtet hatten, konnte Arnoldo, ein Mann mittleren Alters aus Dos Brazos, die meisten Informationen liefern, da die beiden bei ihm vorbeigekommen waren und sie gemeinsam Marihuana geraucht hatten. Arnoldo erzählte Arguedas am 9. September 2014:

> *Ich habe Pata de Lora mit einem Gringo vorbeilaufen und am Eingang zu meinem Haus sitzen sehen. Sie wollten sich ein wenig ausruhen und haben um Wasser gebeten. Pata de Lora hatte Marihuana in einem Plastikbecher dabei. Ungefähr 80 Gramm. Pata de Lora sagte mir, er würde ihn gratis führen. Der Gringo sagte, sie wären nach Carate unterwegs. Der Gringo hatte Geld, Proviant, ein Handy und einen großen Fotoapparat. Er trug einen großen Rucksack, einen blauen. Sie blieben ungefähr eine halbe Stunde, packten dann wieder zusammen und zogen weiter. Carate ist ungefähr fünf Stunden Fußmarsch entfernt. Der Gringo hatte ein blaues Oberteil an. Der Gringo sagte, sie wollten in acht Tagen zurückkommen. Der Gringo hatte einen Haufen Geld in seiner Brieftasche.*

Wie Arnoldo bestätigten und ergänzten die meisten Personen, die Arguedas befragte, das, was wir bereits herausgefunden hatten. Manche waren ehrlich und sagten, sie könnten sich nicht mehr erinnern. Andere gaben skurrile Geschichten zum Besten, die keinen Sinn ergaben. Pata Loras Antworten schienen auf Fakten beruhende Fiktion mit Fantasie zu verweben. Niemand bezweifelte, dass Pata Lora mit einem Gringo eine Wanderung unternommen hatte. Die Fantasie gab ihm den Namen Cody.

Im Lauf der Woche, in der Arguedas seine Befragungen durchführte, brachte das OIJ einen kurzbeinigen Spürhund nach Osa. Mit der Nase dicht über dem Boden schnüffelnd, schleiften die Ohren des emsigen Tiers über den Dschungelschlamm. Eine spontane Gruppe begleitete den Hund und seinen Führer in den Wald auf dem Weg zu einem der Stollen, aus dem, wie Leute berichtet hatten, ein übler Verwesungsgeruch drang. Zwei Monate später sollten dort die Knochen eines Schürfers gefunden werden.

Ich hatte gehofft, an der Spürhund-Aktion teilnehmen zu können, war aber verhindert und traf das Untersuchungsteam erst bei seiner Rückkehr. Ich freute mich riesig, Kique und Jenkins mit dem Hundeführer und Jorge Jiménez vom OIJ zu sehen. Kique hatte Brad Meiklejohn überzeugt, dass Jenkins' Rolle im Zusammenhang mit dem Verschwinden von Roman noch einmal genauer untersucht werden müsse. Doch hier standen sie vor mir, zwei Erzfeinde – Ranger und Schürfer –, die zusammenarbeiteten und nach meinem Sohn suchten.

Der Bericht des Privatdetektivs bestätigte unsere bisherigen Erkenntnisse, sodass Peggy und ich keiner neuen Spur nachgehen konnten. Wer weiß, vielleicht war Roman nach Panama weitergezogen. Vielleicht war er entführt worden oder noch schlimmer. In jedem Fall war es Zeit, die Heimreise anzutreten. Wir wollten vor Weihnachten zurückkehren und ihn in Panama suchen. Wir verabschiedeten uns von unseren Freunden Lauren und Toby und ihren sympathischen Angestellten im Iguana und flogen zurück nach Alaska.

Als wir Mitte September wieder in Fairbanks waren, fühlte ich mich emotional ausgelaugt, niedergeschlagen und leer. Peggy und ich lenkten uns mit Arbeiten am und im Haus ab. Termine für Forschungsberichte standen an, Kurse mussten gegeben und Studenten beraten werden. Ich saß in meinem Büro, als mein Doktorand Ganey hereinkam und mir sagte, er wisse, wie sehr ich Roman liebte, und es täte ihm leid, dass er vermisst werde. Ich war bewegt von diesen einfachen Worten und dankte ihm, während er es eilig hatte, vielleicht aus Verlegenheit, mein Büro wieder zu verlassen, um an seiner Dissertation zu arbeiten.

Natürlich wusste ich, dass auch Roman mich liebte. Ich erinnerte mich an die Male, bei denen er es gezeigt, die Momente, in denen er es ausgesprochen hatte. Einmal, als ich von einer zweimonatigen Mountainbike-Tour entlang der gesamten Alaska Range zurückgekehrt war, meine Haare wild, mein Bart lang und dicht, sagte er: »Dad, du siehst aus wie das, was du bist – ein Abenteurer!« Als er in der Schule lernte, dass die Griechen der Antike eine Gleichgewichtung von Mathematik, Wissenschaft, Philosophie, Lesen, Schreiben und Sport propagierten, machte er mir in seiner zurückhaltenden Art das Kompliment: »Hey, Paps, du hättest einen guten antiken Griechen abgegeben.« Doch meine Liebe für ihn war offenbar nicht genug. Er war nach wie vor verschollen.

Peggy und ich schauten auf Netflix realitätsferne Sendungen, in denen Ermittler Fälle vermisster Personen in einer einzigen Folge lösten. Wir sahen ganze Serien, in denen junge und nicht mehr so junge Männer zusammenarbeiteten, sich dabei gegenseitig respektierten und gut gelaunt auf die Schippe nahmen. Jeden Abend schliefen wir zu dieser Art Ablenkung ein. Meine Freunde nahmen mich mit zum Packrafting auf meiner Lieblingsstrecke, bevor diese vereiste, dann zum Schlittschuhlaufen über zugefrorene Seen, Flüsse und Sümpfe.

So flogen wir im November auch zu einer längeren Schlittschuhtour in die arktische Gegend Alaskas. Mit Rucksäcken und Campingausrüstung fuhren wir auf Schlittschuhen in zwei Tagen hundert

Meilen zwischen entlegenen Inupiaq-Siedlungen. Sich so schnell so einfach zu bewegen, war berauschend, belebend, vielleicht sogar bedeutungsvoll.

In Kotzebue, wo wir unseren Marathon beendeten, war der Handyempfang schlecht, ich schickte Peggy daher eine SMS und schrieb ihr, dass wir es geschafft hätten und ich nur »fünfzigmal« hingefallen sei.

»Ich bin nur einmal hingefallen«, schrieb sie zurück, »habe mir dabei aber das Handgelenk an drei Stellen gebrochen!«

»Oh, NEIN!«, antwortete ich. »Ich rufe dich an.« Die Nachricht versetzte mir einen vertrauten Stich. Wieder fühlte ich mich schuldig, nicht da zu sein, wenn ein geliebter Mensch litt. Ich rief Peggy vom Hoteltelefon an. Sie war draußen in der Seehütte von Freunden gewesen, als sich ihre Schlittschuhe verkanteten und sie stürzte. Reflexartig hatte sie versucht, den Sturz mit ausgestrecktem Arm abzufangen, dabei war ihr Handgelenk umgeknickt. Noch vor Ort hatte sie ihr gebrochenes Gelenk selbst wieder gerichtet, war in den Wagen gestiegen und dann – allein und einhändig – eineinhalb Stunden bis zum Krankenhaus gefahren. In einem chirurgischen Eingriff würde man ihr eine Platte an den Armknochen schrauben und diese in einer zweiten Operation, nachdem ihr Handgelenk verheilt wäre, wieder entfernen.

Ihr Arm war noch immer geschient, als wir vor Weihnachten erneut nach Costa Rica flogen. Wir fuhren in der Gegend herum, Ausschau haltend nach grünen Salomon-Schuhen an den falschen Füßen, bekannten Ausrüstungsgegenständen in einem Secondhandladen, vertrauten Kleidungsstücken auf Wäscheleinen. Ein katholischer Priester brachte uns zu den kleinen Kapellen, die zu seinen Gemeinden auf der Halbinsel gehörten. Wir brachten Aushänge an, die eine Belohnung von 5000 US-Dollar boten. Lauren schlug die Summe als glaubwürdig und ausreichend vor, um Einheimische zur Suche zu motivieren. Darauf angegeben waren ihre Telefonnummer und die von Jorge Jiménez.

Niemand meldete sich. Anders als bei David Gimelfarb wurde Roman nirgendwo gesehen. Entweder wollte niemand reden oder niemand wusste etwas – oder fünf Riesen waren einfach nicht genug, um irgendwelche Lügner anzulocken. Vielleicht war er auch einfach nicht da.

Wir fuhren zur panamaischen Grenze, zwei Stunden südlich der Osa-Halbinsel. Wir sprachen mit der Polizei, weil wir nicht ausschließen wollten, dass Roman auf seinem Weg zum Darién Gap, dem letzten Dschungel auf seiner Liste, vielleicht versucht hatte, sich irgendwie nach Panama hineinzuschmuggeln. Wir erkundigten uns, was mit illegalen Grenzgängern passiert, und erfuhren, dass die Polizei sie so lange in Gewahrsam halte, bis eine ausreichende Zahl beisammen sei, um sie alle zusammen wieder in ihre Heimatländer zurückzuschicken.

Die US-Botschaft hatte schon frühzeitig Nachforschungen angestellt, aber keine Hinweise darauf gefunden, dass Roman die Grenze ins benachbarte Nicaragua oder Panama jemals überquert hatte oder sich in diesen Ländern in einem Krankenhaus oder Gefängnis befand. Peggy machte sich danach wieder auf den Heimweg, und ich flog weiter nach Panama-Stadt, um einen Wagen zu mieten und ans Ende der Panamericana am Darién Gap zu fahren. Auf dem Weg lag ein halbes Dutzend Kontrollpunkte der Polizei, an denen jedes Fahrzeug, jeder Fahrer und jeder Insasse überprüft wurde. *War es wirklich denkbar, dass Roman sämtliche Posten ohne Passstempel hatte passieren können, wie er es an der nicaraguanischen Grenze geschafft hatte?*

Yaviza, das Dorf am Ende der Straße, wirkte feindselig und gefährlich angesichts grimmig dreinblickender Kreolen, bewaffneter Soldaten, gelangweilter indigener Emberá und sonstiger Abgehängter. Nachdem ich auf beiden Seiten des Flusses durch den Ort gelaufen war und Zettel mit der 5000-US-Dollar-Belohnung aufgehängt hatte, ging ich zum Schlafen in eine Pension und schloss die Fensterläden, um die Anopheles-Mücken davon abzuhalten, durch das löchrige Insektengitter am Fenster in das Zimmer einzudringen. Es gab keine Klimaanlage in dem Zimmer, auch keinen Deckenventilator.

Ich lag nackt und verschwitzt im Dunkeln auf einer schmutzigen Matratze und blickte auf die vergangenen fünf Monate zurück. Verse formten sich:

Trial and error,
Failure and terror,
The truth of the matter at hand.
Death in a whisper
Is so much to weather
For the life of a wife
And her man.

39
Tijat

Carson Ulrich, Ken Fornier, Jeff Sells, Roman und Peggy in Dos Brazos, Juli 2015.

Am nächsten Tag fuhr ich zurück nach Panama-Stadt, erleichtert, heil aus dem Gap herausgekommen zu sein. Mein Bauchgefühl sagte mir, dass Roman gar nicht so weit gekommen war. Aber falls er beschlossen hatte, sich unbemerkt und ohne es jemandem zu erzählen nach Panama einzuschleichen, war es ihm gelungen.

Im Februar 2015 waren wir mit unserem Latein am Ende. Wir kamen zu dem Schluss, dass ein Verbrechen passiert sein musste, weil niemand im Corcovado jenseits des Zeledón irgendeine Spur von ihm gefunden hatte. Das bedeutete nicht, dass ich nicht noch einmal in den Dschungel gehen würde, um ihn zu suchen, aber es bedeutete, dass wir Fachkenntnisse brauchten, über die wir einfach nicht verfügten: jemanden mit kriminalistischer Erfahrung – besser einen Amerikaner – oder einen Amerikaner zusammen mit einem Costa Ricaner. Im Idealfall wäre er zweisprachig und wüsste, wie man Leute zum Reden bringt, würde aber auch auf uns hören und sich von uns erklären lassen, was wir über unseren Sohn wussten. Eine schwierige Aufgabe.

Für die meisten Eltern vermisster Kinder gibt es – bis sie die sterblichen Überreste in Händen halten – keinen Punkt, an dem sie sich eingestehen: *Mein vermisstes Kind ist tot.* Sechs Wochen, nachdem er verschwunden war, schien die Chance, Roman lebend zu finden, noch fifty-fifty zu stehen. Aber nach sechs Monaten wusste ich genug über Biologie und Überlebenschancen, um mir darüber im Klaren zu sein, dass die Wahrscheinlichkeit beinahe bei null lag. Trotzdem glaubten wir daran, dass er irgendwo, irgendwie lebte.

In ihren Memoiren *The Cloud Garden* beschreiben die Autoren Tom Hart Dyke und Paul Winder, wie sie entführt und fast ein Jahr lang als Geiseln gehalten wurden. Das Buch zu lesen, gab uns Hoffnung. Ebenso wie die spirituellen Medien, die uns kontaktierten, eine »Fernwahrnehmung«-Session durchführten und berichteten, dass Roman noch am Leben wäre.

Im darauffolgenden Winter stießen Fernsehproduzenten auf unsere Geschichte, aber wir ignorierten sie. Wir waren von der Medienberichterstattung über Roman insgesamt enttäuscht. Im besten Fall war sie sensationsgierig, im schlimmsten Fall ausbeuterisch, und immer irgendwie falsch, was unseren Schmerz noch verschlimmerte.

Eine Produktionsfirma kontaktierte Peggy über das Missing Americans Project. Der Gründer der Organisation, Jeff Dunsavage, unterhält eine Website mit aktuellen Posts über US-Bürger, die im Ausland verschwunden sind. Die monatlichen Berichte von Amerikanern, Kanadiern und Europäern zu lesen, die in Lateinamerika verschwinden, genügt, um jeden Touristen an einer Reise dorthin zweifeln zu lassen. Peggy nahm Kontakt zur Organisation auf und wurde Mitglied. »Ich setze meinen Sohn auf die Liste«, schrieb sie auf der Website.

Dunsavage behauptete einmal: »Die Medien sind der Schwanz, der mit dem Regierungshund wedelt«, und meinte zynisch, dass Staatsdiener ohne das grelle Licht der Öffentlichkeit nicht immer der Gesellschaft dienen. Er schrieb Peggy eine E-Mail und vermittelte dann ein Telefongespräch mit einer Produktionsfirma namens TIJAT (This Is Just a Test).

Ein TIJAT-Producer erzählte ihr von seinem Vater, der in Honduras ermordet worden war. Er sagte, er hätte ein Jahrzehnt lang vergeblich versucht, den Mörder seines Vaters hinter Gitter zu bringen. Dann, nachdem er nur ein paar Tage eine Videokamera zur Recherche eingesetzt hatte, wurde der Gerechtigkeit Genüge getan und der Mörder verurteilt. Der TIJAT-Producer meinte, dass sich die Leute im ländlichen Mittelamerika vor einer Kamera mehr öffnen als irgendwie sonst. Er schlug vor, dass TIJAT einen Dokumentarfilm machen solle, um unsere Suche nach Antworten zu beschleunigen.

Ich hatte Zweifel, aber nach ihrem Gespräch mit Dunsavage und TIJAT sagte Peggy: »Sie wollen helfen, und ich glaube, sie können helfen. Lass uns anhören, was sie zu sagen haben.«

TIJAT bot uns an, uns mit Genehmigungen und Personal zu unterstützen. Ein ehemaliger Fallschirmspringer der Luftrettung der Air Force namens Ken Fournier, ein kleiner Muskelprotz mittleren Alters, würde im Dschungel und ein Kriminalpolizist namens Carson Ulrich bei den Ermittlungen helfen. Ken und ich kannten uns von Abenteuerrennen und schätzten uns. Carson war kürzlich nach fünfundzwanzig Jahren bei der US-Rauschgiftbehörde in Rente gegangen. Mit seiner Glatze, seinem Kinnbart, seinen Tätowierungen und seiner imposanten Statur sah er aus wie ein Typ, der nicht lange fackelt. Die beiden waren genau das, was wir wollten. Der Plan hörte sich perfekt an.

Die Produzenten sagten, dass sie sich im Hintergrund halten und die Geschichte einfach so, wie sie sich entwickelte, dokumentieren würden. Wir hatten Vorbehalte gegen Reality-TV. Mark Burnetts *Eco-Challenge*-Folgen über Team-Expeditionen sahen selten nach den Abenteuerrennen aus, an denen ich teilgenommen hatte, selbst als seine Kamera-Crew meinen eigenen Teams folgte und sie für die Sendung filmte. Bei unserem ersten Gespräch mit den TIJAT-Producern fragte ich, wie sie zwischen einer Doku und einer Reality-TV-Show unterschieden. Nach einer langen Pause in der Telefonkonferenz meinte einer der Producer, dass Reality-TV »überproduziert« sei.

TIJAT würde Peggy und mich für unseren Zeitaufwand entlohnen, indem sie Ken und Carson bezahlte. Man wollte uns auch Lizenzgebühren zahlen für Familienfotos oder -videos, die sie verwenden würden. Im Juni 2015 erklärten wir uns vertraglich mit dieser Regelung einverstanden. Wir waren der Ansicht, dass das Fernsehen die Suche nach Roman am Leben halten, Genehmigungen und Fachleute, die uns fehlten, organisieren und Druck auf die Regierung Costa Ricas und auf die Botschaft ausüben würde. Doch für dieses Arrangement zahlten wir einen unerwartet hohen Preis.

Wenn ich heute zurückblicke und mir die Serie mit dem Titel *Missing Dial* ansehe, wird mir klar, was wir aufgegeben haben. Wir gaben den Sohn auf, wie wir ihn kannten, den Sohn, den wir großgezogen hatten, den ich liebte. Wir gaben Roman für eine fiktive Figur auf, die ich aus dem Off Cody nannte. Ich las Zeilen vor, die jemand geschrieben hatte, der weder Roman noch unsere Geschichte kannte – Zeilen, die ich nicht ändern konnte und die mir aufgezwungen wurden. Am schlimmsten von allem waren die gespielten Szenen vom Tod unseres Sohnes, die ein großes »Echo« hervorrufen sollten. TIJAT entschied sich für den National Geographic Channel als Sender, um die Produktion von *Missing Dial* zu finanzieren, auch aufgrund meiner früheren Zusammenarbeit mit der Zeitschrift *National Geographic*.

Kurz nachdem wir den Vertrag mit TIJAT unterzeichnet hatten, ließ die US-Botschaft in San José uns wissen, dass sie im Besitz von Romans fehlendem mexikanischen Rucksack sei. Er enthielt seinen Schlafsack, das blaue Kelty-Zelt, den Jetboil-Kocher und die wärmeren Klamotten, die er auf Vulkanen weiter nördlich getragen hatte. In ihm waren auch sein Gürtel, ein leeres Portemonnaie, seine Jeans und Flip-Flops, neue Baumwollsocken, die er noch gar nicht ausgepackt hatte, ein dicker Patagonia-Pullover, Notizbücher und einiges mehr.

Die Hälfte von dem, was wir auf dem Flyer aufgeführt hatten, war da. Auf dem Foto der gelben Tasche, das ich in Doña Bertas Hostel am ersten Tag meiner Suche in Costa Rica aufgenommen hatte, erkennt man in einer Ecke des Bildes den Hüftgurt des Rucksacks. Damals konnte ich nicht ahnen, dass er Roman gehörte.

Peggy und ich waren schockiert, dass die Botschaft seinen Rucksack so viele Monate bei sich gehabt hatte, ohne uns zu verständigen. Der OIJ hatte ihn bereits Monate zuvor von den neuen Besitzern des Corners Hostel bekommen. Bis zum letzten Tag der *maximal* sechzigtägigen Aufbewahrungsfrist hatte sich niemand die Mühe gemacht, uns zu informieren. Sie hätten uns an dem Tag, als sie in den Besitz des Rucksacks gelangten, Bescheid sagen können – taten es aber nicht, sondern warteten monatelang. Solche Vorkommnisse rechtfertigen die Bloßstellung von Staatsdienern im Fernsehen.

Carson selbst schien noch eine Rechnung mit dem Außenministerium offen zu haben, während »die Produktion« – bestehend aus einem Dutzend Producern und Regisseuren – daran interessiert war, den Konflikt fürs Fernsehdrama anzuheizen. Mir kam es so vor, als wollten sowohl Carson als auch der führende Kopf der Produktion, Executive Producer Aengus James, mich dazu bringen, die amerikanische Botschaft mit ihrem Versäumnis zu konfrontieren, Peggy und mir von ebenjener Ausrüstung zu erzählen, die ich dem Generalkonsul neun Monate zuvor ausführlich beschrieben hatte. Zwar *war* ich wütend über ihr Versagen, aber Antworten waren wichtiger: *Was für einen Rucksack hatte Roman mit, wenn er sowohl seinen mexikanischen Rucksack als auch die gelbe Tasche im Hostel gelassen hatte? Und wenn es nicht der Jetboil-Kocher war, was für einen Kocher hatte Jenkins dann gesehen?*

Die Produktionsfirma brachte uns in einer abgelegenen Ecolodge am Piedras Blancas unter, einem Seitenarm des Río Tigre, gleich hinter Dos Brazos. Die Lodge lag eingebettet in den dunstigen Dschungel. Agutis trieben sich ohne Scheu vor der Veranda herum. Ein Dreifinger-Faultier kletterte einen niedrigen Ameisenbaum hoch, dicht genug, dass wir die Motten sehen konnten, die in seinem Fell lebten. Jeden Morgen und Abend besuchte ein bunter Schwarm Tangaren die Futterstellen mit reifen Bananen. Ken fing mit bloßen Händen eine Lanzenotter und zeigte sie uns.

Für Carson und Ken war es ohne Strom nachts unerträglich heiß und schwül. Als ob sie uns tagsüber im Dschungel noch mehr schwitzen lassen wollten, leuchteten die Produzenten uns, während Carson uns interviewte, mit grellen, heißen Studioscheinwerfern ins Gesicht. Schwitzend und ohne eine Miene zu verziehen, forderte Carson mich auf: »Erzählen Sie mir alles, was Sie über Cody wissen.«

Das war unmöglich. Stattdessen trug ich vor, was ich Dondee und allen anderen, die zugehört hatten, geschildert hatte – die inzwischen alte Geschichte darüber, wie Roman aufgewachsen war, was er in El Petén gemacht hatte, seine Geringschätzung von Guides und Drogen. Ich erzählte Carson von Jenkins und Pata Lora. Ich breitete alles aus. Aber Carson schien wie Dondee ein Jahr zuvor nicht zuzuhören.

Unterdessen wollte Aengus mehr Emotionen von mir. »Damit die Fernsehzuschauer besser mit Ihnen mitfühlen können«, sagte er. Er inszenierte sogar Peggy an einem Dschungelbach, wo sie immer wieder über einen gefährlich glitschigen Felsen laufen sollte, in der Hoffnung, so mein Gedanke, dass sie vielleicht ausrutschte, hinfiel und ihr Gesicht schmerzhaft verzerrte, damit die Zuschauer besser »mitfühlen« konnten. Ich rief ihm zu: »Etwas überproduziert, finden Sie nicht?« Ich würde »Reality« nicht auf Peggys Kosten tolerieren.

Vom ersten Tag an, an dem das Produktionsteam den Dschungel betrat, fragte ich mich, wie sie überhaupt eine Dschungelwanderung eingeplant haben konnten. Jenkins führte sie zum Zeledón, damit sie Peggy und mich mit ihm zusammen im Dschungel filmen konnten. Die Hälfte der Crew konnte nicht Schritt halten; die Crew-Mitglieder hatten weder die Fitness noch die Erfahrung. Die Schuhe des Tontechnikers fielen auseinander. Ein Kameramann rutschte vom Pfad in eine tiefe Kluft. Die letzten Stunden marschierten wir im Dunkeln.

Es gelang der Produktionsfirma nicht, Parkgenehmigungen zu bekommen. Es würde also keine Suchaktionen mehr im Dschungel des Corcovado geben. Stattdessen würde *Missing Dial* Carson Ulrich folgen, wie er über die Osa fuhr und nach Beweisen suchte, dass jemand Cody Roman umgebracht hatte. Carson tat, was Peggy und ich nicht konnten, was er für uns tun musste. Und dafür waren wir dankbar.

Peggy und ich mussten für einige Erledigungen zurück nach Alaska. Anschließend wollte ich nach Costa Rica zurückkehren. Auf dem Flug sprachen wir darüber, dass es nicht so aussah, als würde die Sendung die Doku werden, die wir uns vorgestellt hatten. »Aber vielleicht haben sie sich, wenn ich wieder runterfliege, in die richtige Richtung bewegt.«

Leider war das nicht der Fall. Sie hatten sich rückwärts bewegt.

40
Carson

Carson Ulrich in der Iguana Lodge, August 2015.

Ich kehrte allein nach Costa Rica zurück. E-Mails vom Produzenten Aengus, dem Regisseur und dem Produktionsassistenten kündigten wichtige Neuigkeiten an: »Carson und Ken brennen schon. Die Männer riskieren eine Menge, um uns die Antworten zu liefern. Habe die ganze Geschichte für Sie bereit.«

Ich fragte mich, was es sein könnte. Während der ersten Drehwoche war klar geworden, dass das OIJ Vorbehalte gegenüber den Medien hatte. Auch die US-Botschaft war nicht bereit, vor die Kamera zu treten. Das MINAE verweigerte zudem TIJAT den Zugang zum Park. Ohne Parkzugang und ohne meine Bereitschaft, für die Kamera den Suchenden zu spielen, konzentrierte sich das Produktionsteam auf Carson und Ken, wie sie gemeinsam im Fernsehen in einem Mordfall ermittelten, etwas, was keiner von beiden zuvor gemacht hatte, und schon gar nicht im Fernsehen.

Der Nachtflug von Anchorage nach San José in einem Sitz, der sich nicht nach hinten kippen ließ, hatte mich erschöpft. Im Iguana schlief ich zwölf Stunden und erholte mich. Als ich schließlich aus meinem Zimmer auftauchte, war die Crew ganz aufgedreht. Geradezu euphorisch führte mich der Regisseur Jeff Sells, ein Spezialist für Reality-Formate, zur postmodernen, zweigeschossigen Hütte des Iguana und hinauf in den Speisesaal, der für besondere Anlässe reserviert war.

Am Kopfende eines Tischs, der zwecks effektvollerer Optik zur Seite gerückt war, saß Carson in Shorts und einem T-Shirt, das 100 000 Jahre Waffengeschichte illustrierte. Auch Ken hatte sich an dem Tisch niedergelassen. Die Produktion platzierte mich zwischen den beiden. Drei Kameraleute standen, sie waren schweißgebadet in der Hitze des Mittags. Zwei arbeiteten mit Stativen. Der Dritte hatte die Kamera auf seiner Schulter, um meine Emotionen für ein mitfühlendes Fernsehpublikum am besten festzuhalten.

»Es ist wirklich nicht leicht, Ihnen das Folgende zu sagen«, warnte Carson gewichtig. »Pata Lora hat Ihren Sohn mit zu einer Gruppe von Schürfern genommen. Der Name eines dieser Schürfer war Guicho. Sie haben Drogen genommen.«

Er machte eine Pause. »Und sie haben ihn getötet.«

Das kann nicht sein.

Carsons unverblümte Geschichte war niederschmetternd. Der Gedanke, dass Roman tot sein sollte, war grauenhaft. Viel schlimmer aber war der Umstand, dass der ehemalige Drogenfahnder – der, so hatte ich gehofft, etwas Neues herausfinden würde – lediglich eine reißerische Pata-Lora-Geschichte vorzuweisen hatte.

»Warum hat man ihn getötet?«, fragte ich mit erstickter Stimme. Die Worte waren so schrecklich auszusprechen, aber auch aus dem Grund, weil Pata Lora eine zentrale Figur in Carsons Geschichte war.

»Wegen des wenigen Geldes, das er bei sich hatte.«

»Gibt es eine Leiche?«

Carson schüttelte den Kopf. »Jetzt kommt der heftigste Teil. Man hat ihn zerstückelt.« Die Vorstellung war schrecklich, auch wenn ich nicht glaubte, dass es wahr war. »Und dann hat man ihn an Haie verfüttert.«

Carson berichtete die einzelnen Punkte so sachlich korrekt, als hätte er das Geschehen selbst miterlebt, und mit so viel Empathie, als würde er einen Ölwechsel beschreiben. »Es tut mir leid«, rang er sich noch ab.

»Wie sicher sind Sie sich?« Ich hatte mich von der blutigen Vorstellung erholt, während ich mit dem Unfassbaren rang.

»Es ist die einzige Geschichte, die wir haben, und wir tun alles, um sie zu bestätigen.«

Wut verdrängte meine Enttäuschung. Wir hatten uns für Carson entschieden, um das zu tun, was wir nicht tun konnten: gegen Kriminelle ermitteln. Doch hier war sie wieder, die Pata-Lora-Geschichte. Ich fragte das Naheliegende: »Dass es vielleicht anders war, ziehen Sie nicht in Betracht? Das ist es jetzt, ja?«

»Ansonsten müssten sich alle geirrt haben«, sagte Carson trocken.

Roman ist in den Tropen groß geworden. Er hat den Petén durchwandert, die Moskitia mit dem Boot befahren. Er hatte geplant, den Darién Gap zu durchqueren. Niemals würde er den Touristenpfad von Dos Brazos nach Carate mit einem Typen wie Pata Lora nehmen. Wie kann ich das nur klarmachen? Warum hört mir niemand zu? Ich kenne meinen Sohn!

»Aha, und das halten Sie für ziemlich unwahrscheinlich, ja?«, fragte ich rhetorisch und spürte meinen Blutdruck steigen.

»Genau.«

»Sie und Ihre Leute haben des Rätsels Lösung gefunden, die da lautet, man muss es nur aus ihm rausquetschen. Es gibt nur einen Hinweis, und schon haben Sie die Erklärung. Dann ist der Fall wohl gelöst. Scheint ganz danach auszusehen.« Ich war jetzt stinksauer. Ein Jahr war vergangen, und wir waren keinen Schritt weiter. Im Gegenteil, wir waren wieder zurückgefallen.

Die Schlussklappe schien gefallen zu sein. Ich stand auf, um zu gehen. Aengus und Jeff hatten ihren Showdown zwischen dem sturen, uneinsichtigen Vater und dem groben, erfahrenen Ermittler. Sie hatten mich dazu gebracht, während ich für den Ton verkabelt war und gefilmt wurde, an meinen Worten zu schlucken, als ich fragte: *Warum hat man ihn getötet?* Und der Ex-Drogenfahnder konnte seinen Killer präsentieren – Guicho.

Das Treffen warf mich aus dem Gleichgewicht. Die Vorstellung, dass mein Sohn ermordet worden war, zerstückelt, den Haien zum Fraß vorgeworfen, und das dann nüchtern berichtet zur Mittagszeit unter hellen Scheinwerfern bei laufenden Kameras, um jede Regung und jede Träne für das Publikum und den Profit festzuhalten – es schien zu inszeniert. Das war keine Dokumentation. Es war verdammtes Reality-Fernsehen, und ich hatte meine Seele für den falschen Ermittler verkauft.

Das war schwerer zu schlucken als die Zerstückelung und die Haie. Carsons unbeirrbare Überzeugung enttäuschte mich. Wir waren wieder am selben Punkt, wieder bei der Pata-Lora-Geschichte, die nicht verschwinden wollte.

Vielleicht verschwindet sie deshalb nicht, weil sie wahr ist?

Schockiert, schwindelig und völlig konfus ging ich die Treppen hinunter und zurück in mein Zimmer. Die aufeinanderprallenden Fragen *Was, wenn sie recht haben?* und *Warum zum Teufel hört mir niemand zu?* raubten mir jede Kraft, machten mich unsicher, verletzlich.

Mein Telefon klingelte, als ich mich gerade fragte, ob Pata Lora und dieser Typ, Guicho, vielleicht *tatsächlich* Roman getötet haben könnten. Die Nummer war nicht in meinen Kontakten.

»Hallo?«

»Roman.« Selbst mit dem Echo und der Verzögerung bei Handyanrufen, die von Sendemast zu Sendemast quer über einen Kontinent jagen, erkannte ich die geheimnisvolle Stimme, die mich vor einem Jahr, bevor ich mich mit Vargas zu Las Quebraditas aufmachte, gefragt hatte, ob ich eine Waffe hätte oder jemanden, der mir den Rücken freihalten könne. »Wir haben gerade einen Mann in Costa, falls Sie ihn brauchen.«

»Wie? Was sagen Sie?«

Vielleicht brauche ich ihn wirklich.

»Ich habe einen meiner besten Männer gerade da unten. Er ist verfügbar und bereit, sich um die Schwarze Schlange zu kümmern. Er könnte morgen auf der Osa-Halbinsel sein.« Das war surreal. Mit einem einfachen *Ja* am Telefon könnte ich die nächste Phase meiner Trauer – Zorn – abhaken.

Doch ich war alles andere als sicher, was passiert war. Und für Vergeltung oder Rache hatte ich gewiss keinen Platz.

Ich sagte der geheimnisvollen Stimme: »Nein, wir brauchen ihren Mann nicht«, und legte auf.

41
Saat des Zweifels

Greifschwanz-Lanzenotter, Corcovado, 2014.

Zurück in meinem Zimmer, wackelte der Deckenventilator. Meine Auseinandersetzung mit Carson und das Angebot des Anrufers, die »Schwarze Schlange« zu beseitigen, hatten mir zugesetzt. Vielleicht hatten alle recht, selbst die Stimme am Telefon: Vielleicht war ich bloß ein Vater, der die Wahrheit nicht sehen wollte und an einem verklärten Bild seines Sohnes festhielt.

Carson hatte meine Überzeugung, dass Roman nie mit Pata Lora zusammen unterwegs war, ins Wanken gebracht. Und auch wenn vielleicht die ganze Osa-Halbinsel ihren Paria loswerden wollte: Alles, was ich von offizieller Seite gehört hatte, war, dass Pata Lora *nicht* mit Gewaltverbrechen aufgefallen war. Doch was diesen Guicho betraf – vielleicht war *er* zu einem Mord fähig.

Eine Woche schlich ich umher und bedachte Carson mit finsteren Blicken. Langsam aber sicher machten er, Ken, die Produktionsfirma und ihre Ex-FBI-Berater mich fertig. Carson schien gekränkt, dass ich seine Geschichte nicht als Fakt annehmen konnte. Irgendwann dämmerte mir, dass man einen Berater nicht anheuert, um ihm zu widersprechen. Carson war für mich engagiert worden. Er war hier, um zu helfen.

Wie ich konnte auch Roman stur sein – himmelschreiend, frustrierend und leidenschaftlich stur. Ich bemerkte das ebenso an Carson, als ob Romans Geist ihn lenkte, er spiegelte sogar seine Angewohnheiten: ungelenke Gesten, ein abwesender Blick, ein gekrümmter Finger. Ich konnte nachempfinden, dass Carson frustriert war, weil ich seine Rolle weder akzeptierte noch respektierte. Seine Unfähigkeit, seine Überzeugungen zu artikulieren, die unbeherrschte Ausdrucksweise statt klarer Logik kamen mir bekannt vor. Ironischerweise waren es diese Züge, die mich dazu brachten, mich für seine Überlegungen zu erwärmen.

Carsons Ziel war eine Verhaftung. Er war schließlich ein Cop. Aber eine Verhaftung reichte mir nicht – und auch keine Verurteilung, selbst wenn seine Geschichte wahr sein sollte. Und ganz sicher ging es mir nicht um Rache. Offensichtlich genügte ein Anruf, um Guicho oder Pata Lora umbringen zu lassen. Carson und die Produzenten wollten mehr als alles andere im Fernsehen einen Mordfall aufklären, aber ich wollte, dass alle Puzzleteile zusammenpassten, ohne Widersprüche und Fakten zu ignorieren.

Neugierig ging ich noch einmal zu Doña Berta, um ihr Gedächtnis auf die Probe zu stellen. Sie erinnerte sich gut an Thais und meinen Besuch im Jahr zuvor. Sie wiederholte dieselbe Geschichte: Roman war da gewesen, hatte seine Sachen dort gelassen, ein Bett für seine Rückkehr vorausbezahlt, war aber nie zurückgekommen. Sie hatte Dondee etwas anderes erzählt und Carson wieder etwas anderes.

Über ein Jahr lang hatte ich über jede Geschichte, die ein Einheimischer mir erzählt hatte, nachgegrübelt, ob es sich damit wie bei Fragen nach der Richtung verhalten könnte: Selbst wenn Einheimische keine Ahnung haben, wo es langgeht, geben sie Fremden Wegbeschreibungen. Mir kam es so vor, als hätten die Einheimischen auf der Osa auch in Bezug auf unseren Sohn solche verdrehten Geschichten von sich gegeben: Sie schilderten uns das, von dem sie glaubten, dass wir es hören wollten. Als ob sie gefragt werden: »Da lang?«, und dann mit »Ja« antworten, ohne zu wissen, ob es der richtige Weg ist oder nicht. Kein Wunder, dass Carson immer wieder Pata-Lora-Geschichten zu hören bekam. Er bezahlte seine Informanten, damit sie sie ihm darlegten.

Viele Leute hatten Angst vor Pata Lora, andere mochten ihn einfach nur nicht. Manche sagten, er hätte wegen Mordes gesessen. Pata Lora selbst erzählte Carson und Ken, dass er einen Mann (ausgerechnet) wegen eines Fahrrads getötet hätte und für dieses Verbrechen ins Gefängnis gekommen sei. Wenn das stimmte, warum hatten dann sowohl der OIJ als auch der Fiscal – der costa-ricanische Staatsanwalt, der Kriminalfälle untersuchte – gesagt, dass Pata Lora noch *nie* wegen Mordes angeklagt worden sei?

Mir schien es, als hätte Pata Lora psychische Probleme. Die Anschuldigungen, die ich aus erster Hand gehört hatte, drehten sich um Diebstähle und Lügen, nicht um Gewaltverbrechen.

Ich kannte mit Sicherheit nicht alle Antworten. Ich hatte recht früh gelernt, dass ich oft danebenlag. Aber hier stimmte etwas definitiv nicht.

Wenn Jenkins ihn beim Kochen gesehen hatte, wie gelangte dann der Jetboil-Kocher zurück ins Corners Hostel? Gab es einen zweiten Kocher? Und mit welchem Gepäckstück war Roman unterwegs, als er das Hostel verließ? Gab es einen zweiten Rucksack? Den blauen, den Cody trug, als er mit Pata Lora zu Arnoldos Haus in Dos Brazos und zu dem von Roy Arias in Piedras Blancas ging? Oder den grünen, mit dem Jenkins Roman am Zeledón gesehen hatte?

Carsons Version klammerte Jenkins' und Romans Treffen im Dschungel aus und scherte sich nicht um Wochentage und Daten, abgesehen von einem Sonntag im Juli, als Pata Lora und Cody in das Taxi eines angetrunkenen Fahrers stiegen (der *colectivo* verkehrt sonntags nicht). Carson ignorierte völlig den Bericht des freundlichen Guides mit den auffälligen Ohren vom vergangenen Jahr, der Pata Lora am selben Tag, an dem Roman den Dschungel verlassen wollte, mit einem Gringo in Carate gesehen hatte. *Alles*, was ich Carson über Romans Charakter oder Erfahrung erzählt hatte, wurde durchweg als unerheblich abgetan. Wissenschaftler nennen diese Art von Analyse »Rosinenpicken«. Selbst Aengus, der Carson angeheuert hatte, bemerkte: »Gibt einem nicht gerade Vertrauen in die Strafverfolgungsbehörden, was?«

Trotzdem hatte, wie Carson nicht müde wurde mich zu erinnern, ein Dutzend Leute Pata Lora und Cody zusammen gesehen. Damit seine Geschichte hinhaute, musste ich die Fakten zurechtbiegen. Ich skizzierte in meinem Notizbuch die beiden Dschungeltrips, die in jenen zwei Wochen im Juli, nachdem Roman seine letzten E-Mails geschrieben hatte und bevor Thai und ich angekommen waren, nötig gewesen wären.

Auf der ersten Tour verlässt Roman Puerto Jiménez, kurz nachdem er uns eine E-Mail geschickt hat, und begegnet unterwegs Jenkins' Bruder, der am 9. oder 10. Juli zu einem Gerichtstermin flussabwärts eilt. Dann klettert Roman die Schlucht des Negritos hoch, zeltet oberhalb des Zeledón und trifft am nächsten Morgen, dem 10. oder 11. Juli, Jenkins. Damit Pata Loras Geschichte zu der von Jenkins passt, hätte Roman am 11. oder 12. Juli den Dschungel verlassen haben müssen, er hätte den Jetboil-Kocher und Rucksack im Hostel abgestellt, wäre am Sonntag, dem 13. Juli, mit Pata Lora ins Taxi gestiegen und bis zum 15. Juli nach Carate gelaufen, wo Roger Munõz, der freundliche Guide, die beiden sah. Kurz darauf treffen sie Guicho, der Roman tötet, zerstückelt und an die Haie verfüttert. So würden alle Daten, Leute, Orte und Geschehnisse zusammenpassen. Nun musste ich nur noch unseren Sohn in jemanden verwandeln, den wir nicht großgezogen hatten.

Peggy reagierte in einer E-Mail auf meine Zweifel mit ihren eigenen:

> *Die Frauen im Hostel müssen befragt werden. Sie wissen etwas und müssen reden. Sie sind der Schlüssel. Alles andere ergibt keinen Sinn. Wir, unsere und seine Freunde kennen unseren Sohn und wissen, dass er nie im Leben auch nur daran denken würde, Drogen zu nehmen – schon gar nicht im Ausland. Lass niemanden auch nur versuchen, dich dazu zu bringen, dich ihrem uninformierten Urteil anzuschließen. WIR kennen unseren Jungen, Roman. Er wäre niemals so dumm.*

Ende August hatten sie mich so mürbe gemacht, dass ich ihre Geschichte glaubte. In meinem Tagebuch habe ich meine Gefühle festgehalten:

> *Wir waren noch nie so dicht dran, dieses Rätsel zu lösen, dank Ken und Carson. Carson sagt, »sie« wollen gutes Fernsehen machen. Er sagt, er will eine Verurteilung, Gerechtigkeit. Darum geht's ihm. Er sagt auch, das hier ist echt, und keine TV-Show hat je ein echtes Verbrechen in Echtzeit untersucht.*

Carson muss recht haben.

42
Pata Lora

Die Guichos, Carate, November 2015.

Einer der Höhepunkte in *Missing Dial* – als die Produzenten und Carson überzeugt waren, das Unmögliche möglich zu machen und ein Verbrechen live im Fernsehen aufzuklären –, ist die Szene, in der Ken und Carson Pata Lora in eine abgelegene Hütte locken, um ihn glauben zu machen, sie hätten alle Fakten, und ihn dadurch einzuschüchtern. Carson breitet die Geschichte aus, die er von seinen Informanten aus Dos Brazos bekommen hat, gestützt auf Schilderungen von Willim, der behauptete, sein Neffe Pata Lora habe ihm von Guicho, der Zerstückelung und den Haien erzählt.

Aengus steckte mich in einen stickigen SUV, wo ich Notizen machen und über einen Audioreceiver, der mit den Lautsprechern im Wagen verbunden war, den Ausführungen folgte. Ein Kameramann und eine GoPro hielten meine Reaktionen auf Carsons Verhör von Pata Lora fest. Ken hatte ihn am Ende eines langen Fußmarschs zu einer einsamen Hütte geführt, in der Carson wartete. Es bedurfte einigen guten Zuredens von Carson und beruhigender Worte von Ken, Pata Loras neuem bestem Freund, damit er, der anfangs noch argwöhnisch war, sich entspannte und redete. Das und eine Zigarette nach der nächsten.

»Alle haben gesehen, wie du mit ihm rein bist, rausgekommen aber bist du allein«, sprach Carson die Wanderung mit Cody an.

»Wer hat das gesagt?«, erwiderte Pata Lora.

»Vier Schürfer in Carate.« Carsons Erwähnung der Guicho-Familie sollte Pata Lora aus dem Gleichgewicht bringen.

Jetzt stieg Pata Lora in die Geschichte ein und führte sie weiter aus, spann den Faden schneller, als Carson ihn aufnehmen konnte. Er beschrieb im Detail, wie er und Cody ein paar Meilen stromaufwärts des Río Carate auf die drei Guichos gestoßen waren. Auf Pollo mit einer Neun-Millimeter-Pistole, auf Mario mit einer Machete und dann auf ihren Vater, einfach nur Guicho genannt, der mit seinen Dreadlocks hinter seinen Söhnen stand.

»Ich hab ihre Gesichter gesehen, das von Guicho, als wären sie wütend. Sie sahen Cody mit einem Blick an, der so was sagte wie ›DU BIST MIR WAS SCHULDIG!‹«

»Wie hat Cody reagiert?«, fragte Carson.

Pata Lora schilderte, wie Codys alarmiert fragte: *»Was ist los? Was ist los?«*

Die Guichos erwiderten: »Halt's Maul, Wichser – und du – renn! RENN! Oder ich bring dich um, du Wichser!«

Pata Lora fuhr fort: »Und, hey, natürlich bin ich gerannt.«

Carson drängte. »Und Cody war am Leben?«

»Ja, klar. Ich weiß nicht, wie sie ihn umgebracht haben. Ich weiß nichts, Mann. Ich hab mich selbst in Sicherheit gebracht, das ist alles. Das war das Letzte, was ich gesehen hab. Ich erzähl keine Scheißlügen. Du kannst mir in die Augen sehen.«

Es ist eine angespannte Szene in der Serie. Die versteckte Kamera verleiht dem Ganzen den Charakter einer Peepshow. Pata Lora klingt aufgewühlt: »Ich krieg langsam eine Scheißangst.«

Carson war überzeugt, dass das Pata Loras »dunkles Geheimnis« war, ein wahrheitsgetreues Geständnis, dass Pata Lora Augenzeuge einer Szene gewesen war – Codys Entführung durch die Guichos.

Auch mich wühlte die Befragung auf. Hinterher waren alle Beteiligten der Produktion – Kameraleute, Toningenieure, Assistenten, Aengus, Jeff – schweigsam, ernst, trübsinnig, mir gegenüber respektvoll. Aengus kam zu mir, sein weißer iPhone-Ohrhörer baumelte herab. »Sorry, Mann«, sagte er und legte seine Hand auf meine Schulter. Ich stand unter Schock, fühlte mich gedrängt, das zu glauben, was ich gerade gehört hatte, konnte es aber nicht.

Habe ich mich die ganze Zeit getäuscht? Haben Dondee und Carson recht? War mein Sohn doch nicht der, für den ich ihn hielt?

Carson behauptete, dreißig Zeugen von Puerto Jiménez bis Carate hätten Cody und Pata Lora gesehen. Jedes Mal, wenn ich meine Zweifel äußerte, entgegnete er: »Die liegen alle falsch, und Sie richtig?« Dondee hatte das Gleiche gesagt. Alle sagten es, auch die Höflichen, wenn ich außer Hörweite war: »Dieser arme Vater. Er hat seinen Sohn verloren und weigert sich zu akzeptieren, dass sein Sohn keine so große Erfahrung und ein mangelndes Urteilsvermögen besaß.«

In meinen Augen dokumentiert die Produktion *Missing Dial* nicht, wie Carson und Ken einen Killer schnappen. Sie dokumentiert meinen Verrat an dem Sohn, den ich aufgezogen habe, indem ich Daten so hindrehte, dass sie zum Hirngespinst von Osas Paria – Pata Lora – passten.

In einem Winkel meines Herzens gelang es mir, etwas von der Würde meines Sohnes zusammen mit anderen Erinnerungen zu bewahren – unsere Wanderung auf Umnak, das Schwimmen auf Culebra, das Wilderness Classic und das Vertrauen, das wir uns ein Leben lang entgegengebracht haben. Ich versuchte, in meinem Notizbuch Ordnung in meine Gefühle zu bekommen:

Ich frage mich, wie ich alles, was ich zu wissen glaubte, einfach so aufgeben konnte – ich war so sicher, dass Roman nicht mit Pata Lora gegangen war. Jetzt habe ich mich all dem ergeben und folge Carsons Version. Wie er ignoriere ich jetzt einfach jede Kleinigkeit, die nicht zur Geschichte passt.

Daten lassen sich in keine klare Abfolge bringen?
Niemand hier führt einen Kalender.

Schuhe und Farben passen nicht zusammen?
Welche Farbe hast du letzte Woche getragen, letzten Monat, letztes Jahr? Oder gestern?

Marihuana?
Ist es denn wirklich so sicher, dass es nicht nur Pata Lora war, der einen Joint geraucht hat?

Reißnägel?
Vielleicht wollte er etwas für Panama ausprobieren.

Und der Guide?
Vielleicht mochte er Pata Lora einfach als Einheimischen, nutzte seine Dienste, wie er es auch in Panama tun könnte.

Allein all dies niederzuschreiben, ist schwierig! Als würde ich auf der Erinnerung an ihn herumtrampeln! Als würde ich alles, was ich weiß, nach sechs Wochen E-Mails und all unserem gemeinsam Erlebten über Bord werfen.

Aber ich habe Carson zugelassen, und das sind nun mal seine Ergebnisse – und obwohl ich Probleme bei ihm habe, Wahrheit und Mani-

pulation auseinanderzuhalten, will er das hier wirklich aufklären. Und er hat »Dutzende« Leute, die sagen: »Ja, wir haben Pata Lora mit diesem Gringo gesehen«, diesem Gringo, der wie Roman aussieht und sich wie er verhält! Das scheint weniger unwahrscheinlich als die anderen Ungereimtheiten.

Habe ich Zweifel?
Ja.

Bin ich bereit, die bittere Pille zu schlucken?
Ja.

Möchte ich, dass es vorbei ist?
Natürlich.

Ab September 2015 stellte ich mich niemandem mehr entgegen, gab mir die größte Mühe, nicht mehr anderer Meinung zu sein, und ließ Carson und die Produktion mit den pensionierten FBI-Agenten, die nun Hollywood-Berater waren, weiterarbeiten. Die Berater, Carson und die Produktion waren sich einig, dass Pata Loras aufgezeichnete Aussage ausreichend wäre, um ihn zu verhaften und wegen Mordes zu verurteilen.

Nach Carsons Befragung bot ich an, mich mit Pata Lora zu treffen. Aengus und Jeff konnten ihre Begeisterung kaum verbergen: Vielleicht würde ich als Vater Pata Lora überzeugen können, mit seiner Geschichte über die Guichos zum OIJ zu gehen. Sechs Kameras nahmen unsere Zusammenkunft am Ufer von Puerto Jiménez auf. Das Ganze fand vor jenem Seafood-Restaurant statt, von wo ich eines Abends mit Peggy telefoniert hatte, als wir das letzte Mal davon ausgingen, dass mit Roman alles in Ordnung wäre.

Für mich war Pata Lora immer nur so etwas wie Beiprogramm gewesen, jemand, mit dem ich nicht sprechen musste – das personifizierte Gerücht, das ich nie glaubte. Ich hatte seine Geschichten als erfunden abgetan, als ein Heischen nach Aufmerksamkeit, als Märchen, die – indem sie Romans Können und Unabhängigkeit beleidigten – Salz in meine Wunden streuten.

Es war das erste Mal, dass wir uns begegneten. Carson und Ken hatten ihn mit Geschenken überhäuft, mit Essen, einem Hotelzimmer, sogar Geld. Er traf mit ihnen in ihrem Wagen ein.

Nachdem er für den Ton verkabelt war, kam Pata Lora mit Sonnenbrille auf mich zu, um mich zu begrüßen. Er war schlank, etwa meine Größe, auf dem Kopf ein grünes Tarn-Basecap, Surfer-Shorts und ein armeegrünes T-Shirt, das auch Carson tragen würde. Abgesehen von den Augenbrauen, einem dünnen, säuberlich geschnittenen Goatee und einer schmalen Bartlinie entlang des Kiefers zeigte sein Kopf keine weiteren Anzeichen für Haarwuchs. Seine Gangart wirkte entschlossen, wenn auch von einem kaum wahrnehmbaren Humpeln begleitet. Sein linker Knöchel trat in einer Wölbung hervor. Es sah aus wie der Fuß eines Papageis.

Ich bat Pata Lora, mir die Wahrheit zu erzählen, nichts zu erfinden und seine Sonnenbrille abzunehmen. Ich wollte seine dunklen Augen sehen, während er die letzten Tage im Leben meines Sohnes skizzierte. Stattdessen lieferte Pata Lora die grobe Beschreibung einer Wanderung mit Cody, die mich nicht überzeugte, dass er je mit Roman zusammen gewesen war. Es gab keine Details, keine Geschichten, keine Bilder. Aus Pata Loras starrem Blick sprach nur Leere.

Seine Augen wachten auf, als er seinen gewalttätigen Vater beschrieb, der ihn als Kind verlassen und einem Schicksal auf der Straße ausgesetzt hatte. Pata Lora drückte seine Bewunderung für mich als Vater aus, der nach seinem Sohn sucht. Am Ende dieses wie fürs Reality-Fernsehen gemachten Moments, bat er um eine Umarmung. Ich gab sie ihm und spürte ein Bedauern für Pata Lora, wurde aber das Gefühl nicht los, dass er nie auf Roman getroffen war.

Zwischen den Einstellungen für *Missing Dial* führte Carson einen Kreuzzug gegen das OIJ und das Außenministerium und übte Kritik an ihrer Untätigkeit. Es war schwer, seine Leidenschaft nicht zu bewundern, aber er brachte sich dadurch in Schwierigkeiten.

Während eines Treffens mit dem Staatsanwalt hatte Carson unbeabsichtigt ein verstecktes Mikrofon getragen. Die Regierung drohte mit Verhaftung mittels einer *denuncia*, einer förmlichen Klage oder einem Haftbefehl. Carson floh aus Costa Rica und ließ seinen Auftrag, einen Mord im Fernsehen in Echtzeit aufzuklären, unerledigt.

Durch Carsons Abgang lag es nun an mir, die neue Pata-Lora-Geschichte bei diversen Meetings von Golfito bis Washington D. C. vorzutragen, häufig in Begleitung von Aengus und Ken. Während ich durch einen Ordner mit zwanzig mal fünfundzwanzig Zentimeter großen Fotos von einem Dutzend Zeugen von Puerto Jiménez bis Carate blätterte, erzählte ich dem Fiscal, der Botschaft, dem Direktor des OIJ und schließlich, mit Ausschmückungen von meiner Seite, dem stellvertretenden Direktor des FBI Carsons letzte Version der Pata-Lora-Geschichte.

Ich musste zugeben: So schrecklich die schweißtreibenden Dreharbeiten und die grobe Art Carsons gewesen waren, die starke Präsenz von *Missing Dial* erreichte das, was Mead Treadwell, die Fellowship, GoFundMe, unzählige Freiwillige und Facebook-Posts nicht geschafft hatten. Sie übte anhaltenden Druck aus. Jetzt im September 2015 hatten alle, von den illegalen Schürfern auf der Osa-Halbinsel bis zum Direktor de OIJ, eines mit Peggy und mir gemein: Wir alle wollten, dass die Suche ein Ende fand.

Alle Augen waren auf *Missing Dial* gerichtet, dabei war es noch nicht einmal produziert. Die Offiziellen hatten wahrscheinlich Angst davor, welchen Eindruck ihr Vorgehen – oder ihre Untätigkeit – im Fernsehen hinterlassen könnte, wenn die Serie schließlich gesendet würde. Carson und Ken hatten, wie es schien, in einem Monat mehr Menschen zum Reden gebracht als das OIJ oder das FBI in einem ganzen Jahr. Dessen ungeachtet erfordert das costa-ricanische Gesetz für eine Verurteilung wegen Mordes eine Leiche. Ohne die waren Pata Loras während der Befragung aufgenommene Aussagen zwar für den Staatsanwalt wertvoll, aber nicht ausreichend. Pata Loras Geschichte könnte genauso gut eine Vermischung von Fakten und Fantasie sein.

An dem Tag, als ich aus Costa Rica abreiste, nahm Pata Lora das Boot nach Golfito mit dem Versprechen, seine Aussage beim Staatsanwalt zu machen und die Guichos als diejenigen zu identifizieren, die Roman mit vorgehaltener Pistole entführt hatten.

43
Ein Rucksack

Shoppingmall in San José, Costa Rica, März 2016.

In der ersten Septemberwoche 2015 flog ich zurück nach Alaska und ging wieder arbeiten. Ich unterrichtete Vollzeit, verfasste Aufsätze, beriet Studenten. Wir hatten einen Anwalt beauftragt, der unseren Antrag auf Vormundschaft für Roman einreichte, und im November erwirkten wir bei der Bank die Herausgabe seiner Kontoauszüge von 2014. Sie belegten, was wir die ganze Zeit gewusst hatten: Es gab keine Transaktion nach dem 9. Juli, dem Tag, an dem er uns geschrieben hatte. Den Herbst über und bis in den Winter klammerten Peggy und ich uns an Carsons Geschichte. Sie war das Einzige, was *Missing Dial* uns geben konnte. Ich hatte einen hohen Preis dafür gezahlt, dass ich Carsons ausgeschmückte Pata-Lora-Geschichte geschluckt hatte: Ich hatte das Leben meines Sohnes, wie ich es als Vater miterlebt hatte, verleugnet, als ob es unser gemeinsames Leben nie gegeben hätte. Aber das Gute war, dass die costa-ricanischen und die US-amerikanischen Behörden die Geschichte glaubten.

Alles, was der OIJ für eine Untermauerung der Anklage und eine Verurteilung brauchte, war eine Leiche zwischen Piedras Blancas und dem Pazifik. Und wenn sie die gefunden hätten, wäre der Fall abgeschlossen, wenn auch nicht vollständig geklärt. Wir würden wissen, was Roman körperlich widerfahren war – vielleicht sogar, wer ihn wie getötet hatte –, aber wir würden nie erfahren, warum Roman sich so verändert hatte, dass er mit jemandem wie Pata Lora mitgegangen war. Und diese Frage ließ mich nicht los. Im Januar 2016 informierte der Staatsanwalt Aengus und mich getrennt, dass ein psychiatrisches Gutachten bei Pata Lora eine Schizophrenie diagnostiziert hatte, eine Störung, die sein Verhalten erklärte. Zur selben Zeit bekamen Peggy und ich endlich, was wir uns immer erhofft hatten: Zugang zum Park. In Begleitung von Botschaftsangehörigen, Polizisten der Fuerza, MINAE-Rangern, Cruz Roja (ohne Dondee), Beamten des OIJ und Hundestaffeln konnten wir überall hingehen, wohin wir wollten – sofern TIJAT nicht dabei war.

Von Januar bis Mai unternahmen Peggy und ich vier Touren mit diesen Tico-Teams. Leider war jeder Trip eher eine Suche nach Romans sterblichen Überresten als nach einem Verletzten. Die Suchtrupps, die nun mit mir zusammenarbeiteten, kamen zwei Jahre zu spät. Auf diese Art von Unterstützung hatte ich 2014 gehofft, als er möglicherweise noch am Leben war, als ich Zugang zum Park verlangt hatte – er mir aber unter Androhung von Haft verwehrt worden war. Der Leiter dieser Touren war ein Tico-Anwalt namens Jorge, der in der US-amerikanischen Botschaft arbeitete und dessen Vater einst der Chef des OIJ gewesen war.

Für die erste Tour holte Jorge Peggy und mich vom Flughafen ab und fuhr uns durch die geschäftigen Straßen von San José, während er uns das Rechtssystem Costa Ricas erklärte. »Mr. Roman«, sagte er, »in Costa Rica ist es praktisch unmöglich, jemanden ohne Leiche für einen Mord zu verurteilen. Anders als in den USA reicht es hier nicht, wenn Leute etwas behaupten. Tatsächlich könnte der Mörder, selbst wenn er den Mord gesteht, ohne Sachbeweise wie eine Leiche nicht verurteilt werden.« Jorge hatte sowohl die Prüfung zum Staatsanwalt als auch die zum Richter abgelegt und wusste genau, was das Gericht brauchte. »Ohne einen anwesenden Staatsanwalt und Richter dürfen die OIJ-Ermittler nicht einmal Fragen stellen, außer wo der Verdächtige wohnt, wie er heißt, oder anderes, was ihn nicht belastet. All das macht diesen Pata-Lora-Fall sehr schwierig.«

Mit Jorge, dem OIJ, seinen Leichenspürhunden, MINAE und Fuerza suchten wir zwischen Carate und Piedras Blancas. Örtliche Goldschürfer halfen uns, in Stollen nachzuschauen, die die Schluchten wabenartig durchzogen. Seit meinen ersten Tagen im Dschungel hatte ich mir angewöhnt, mir ihre wenigen Habseligkeiten unter ihren offenen schwarzen Planen anzugucken. Und hier, am Ufer eines schmalen Bachs, entdeckte ich etwas Vertrautes. Es war ein kurzes Stück einer Schaumstoffmatte. Ich erinnerte mich daran, dass ich Roman zwei Jahre zuvor in Veracruz so etwas gegeben hatte. Ich hatte die Paddel unseres Packrafts auf meinem Flug nach Veracruz mit solchen kleinen Schaumstoffstücken verpackt und sie ihm dann als nützliche Ausrüstung angeboten. Die Farbe, Art, Marke und Maße stimmten mit einem Mattenstück überein, das ich einst vor einem Jahrzehnt für ein Abenteuerrennen zurechtgeschnitten hatte. Es war das einzige Beweisstück von Roman, das ich im Dschungel gefunden hatte. Und hier war es auf der Pata-Lora-Route. Das warf eine Flut von Fragen auf: *Wie ist es hierhergekommen? Sind Romans sterbliche Überreste in der Nähe? Hat dieser Goldschürfer etwas damit zu tun?* OIJ und Fuerza stürzten sich auf den alten Mann, der mit seiner Goldwaschpfanne nur ein Stück flussabwärts war. Er erklärte, dass er das Teil vor Jahren in einer Siedlung nahe Dos Brazos gekauft hätte. Verdächtig war auch, dass er mit der Frau zusammenlebte, die Pata Lora großgezogen hatte, nachdem dessen Eltern nichts mehr von ihm wissen wollten.

Im März 2016, in den Frühjahrsferien des Schulbezirks von Anchorage, fuhren Peggy und ich wieder nach Costa Rica. Wir verbrachten ein paar Tage in San José, wo ich hoffte herauszufinden, wofür Roman die 411,91 US-Dollar ausgegeben hatte, die sein Kontoauszug verbuchte. Seine Ausgaben in Lateinamerika hatten normalerweise um 1500 US-Dollar im Monat betragen. Diese Ausgabe war ein deutlicher Ausreißer. Am Schreibtisch in unserem Flughafenhotel studierte ich zwei Zeilen des Kontoauszugs:

07-06 KARTENZAHLUNG $411,91
07/05 ZAHLUNG 2438921418641877318698 TNF 04 SAN JOSE CR

Die Google-Suche nach 2438921418641877318698 TNF 04 ergab keine Treffer. Ich grübelte über den drei Buchstaben *TNF*. *Was ist TNF?* Das Familienzelt, das wir viele Jahre benutzt und am Kuyuktuvuk Creek und in Umnak aufgeschlagen hatten, brachte mich auf den Gedanken: *TNF … Könnte TNF für The North Face stehen?*

Ich googelte »San José North Face«. Ein Laden in einer großen Shoppingmall in der Nähe erschien in der Trefferliste. »Peggy! Vielleicht hat Roman in einem North-Face-Laden hier in San José ein GPS gekauft. Leute, die ihn zusammen mit Pata Lora gesehen haben, haben ein GPS und eine Kamera erwähnt.«

»Das ist viel Geld«, meinte sie. »Vielleicht hat er auch noch eine Kamera gekauft. Und Schuhe? Regensachen? Für seinen Trip in den Darién?«

Peggy und ich sprangen in unseren Mietwagen und eilten zu der Mall, aufgeregt, weil dies möglicherweise einige Fragen beantwortete. Kurze Zeit später durchforstete der Ladenangestellte die Buchungsbelege vom Juli 2014. Mit fast 220 000 Colónes war Romans Einkauf am 5. Juli leicht zu entdecken.

Aber er hatte weder ein GPS noch eine Kamera gekauft – der Laden führte beides nicht –, sondern einen *Rucksack*! Das Modell Conness 55 von North Face war ein mittelgroßer, leichter Rucksack, der gut geeignet war für die Art von Trekking in der Wildnis, die Roman im Corcovado oder Darién vorhatte.

Das ist der fehlende Rucksack!

Ich fotografierte den Rucksack im Katalog. Jetzt hatten wir ein neues Bild für unsere Suche im Dschungel: ein olivgrauer, mittelgroßer Rucksack mit einem Reißverschlussfach am Boden und Taschen im Hüftgurt. Aufgeregt simste ich Aengus diese wichtige Neuigkeit. Er reagierte in etwa so teilnahmslos wie Dondee, als Thai und ich die gelbe Tasche im Corners Hostel fanden – wahrscheinlich, weil es nicht in seine Geschichte passt, dachte ich.

Wir hörten auch eine neue Variante der Pata-Lora-Geschichte. Ein Tico von der Osa erzählte uns im November 2015, dass Pata Lora ihm *zweimal* gestanden hätte, er – nicht die Guichos – habe Cody getötet und dann vergraben. Der Tico schlug vor, dass wir eine sechsstellige Belohnung, 100 000 US-Dollar oder mehr, aussetzten, um Pata Lora dazu zu bringen, zu verraten, wo er Codys Leichnam vergraben hatte. Der Einheimische sagte, er könne vermitteln. Allein mithilfe der *Aussicht* auf das Geld, Alkohol und *mota* glaubte der Tico, Pata Lora überreden zu können, zu enthüllen, wo er den Leichnam versteckt hatte. Wir würden nichts zahlen. Auf der siebenstündigen Fahrt von San José nach Puerto Jiménez diskutierten Peggy und ich darüber, wie wir Pata Lora eine Falle stellen konnten.

An unserem dritten Tag in Costa Rica, im März 2016, fuhren Peggy und ich zu Pata Loras Haus. Wir hingen mit ihm und seiner französischen Freundin ab, tranken ein Bier, machten Small Talk. Pata Lora rollte sich einen Joint und teilte ihn sich mit der *Mademoiselle*, mit der er zusammenlebte und die die Miete für das Haus zahlte.

Als wir gingen, holte ich einen Flyer hervor, der eine Belohnung von 50 000 US-Dollar versprach – zehnmal so viel, wie wir über ein Jahr zuvor für Cody Romans sterbliche Überreste ausgelobt hatten. Einen zweiten Flyer hatte ich dem Tico gegeben, dessen Idee es ursprünglich gewesen war, und ihn ermuntert, seinen Plan durchzuziehen. Wir hängten einen dritten Flyer in der *pulpería* von Dos Brazos aus. Alle drei sollten den Mörder aus der Reserve locken.

Pata Lora hasste seinen Spitznamen, deshalb waren Carson und Ken dazu übergegangen, ihn Joe zu nennen, die amerikanische Version seines Vornamens José. »Hör zu, Joe«, sagte ich, während ich ihm den Flyer gab, »Wir bieten eine große Belohnung, um die sterblichen Überreste unseres Sohnes zu finden. 50 000 US-Dollar.« Ich sah ihn an, um zu erkennen, ob er angebissen hatte, aber er verzog keine Miene. Sein Gesicht blieb genauso ausdruckslos wie als ich ihn gebeten hatte, von den Tagen zu erzählen, die er mit Cody gewandert war. »Da du ihn mit den Guichos gesehen hast, kannst du ihn vielleicht finden?«

»Yeah, kann ich, Mann. *Klar kann ich!*«, sagte er freudig. »Aber ich brauche Tauchausrüstung, damit ich draußen am Río Madrigal ins Meer gehen kann, wo seine Knochen liegen. Die sind unter Wasser, Mann«, schwafelte er weiter. »Kannst du mir etwas Geld geben?« Er zog an seinem Joint und bot ihn dann mir an. »Damit ich die Ausrüstung kaufen und die Knochen unter Wasser suchen kann?«

Ich lehnte den Joint ab und trank das warme Bier aus. »Nein, Joe. Wir geben dir Geld für den Leichnam, wenn du ihn gefunden hast. Vielleicht findest du jemand anderen, der dir die Ausrüstung leiht, dann könnt ihr euch die Belohnung teilen.«

Am nächsten Tag fuhren Peggy und ich in einem schwarzen SUV mit einem Fahrer der Botschaft nach Piedras Blancas. Jorge, zwei OIJ-Beamte und zwei Leichenspürhunde mit ihren Führern kamen in ihren eigenen Fahrzeugen hinterher. Wir würden in Roy Arias' Haus übernachten und dann am Río Madrigal entlang und über Carate auf den Wegen und *off-trail* im Corcovado zum Ozean wandern. Der SUV kämpfte sich über eine rutschige Piste in tiefen Spurrinnen und entlang eines schmalen Gebirgskamms nach Piedras Blancas hinauf.

Peggy machten die Straßenverhältnisse nervös. Einmal verklemmte sich ein Stock unter unserem Auto. Der Fahrer hielt an, und

Peggy sprang raus, um den Stock zu entfernen. Der SUV stand am Rand eines Steilabfalls; ein Erosionsgraben säumte die Piste. Als sie wieder im Wagen saß, fuhr der Fahrer an. Ein Vorderrad geriet in den Graben, sodass der Wagen von der Straße abkam und den Abhang hinunterrollte.

Peggy, die keine Zeit gehabt hatte, sich anzuschnallen, wurde vom Rücksitz hinter dem Fahrer nach vorne zum Fenster des Beifahrersitzes geschleudert. Als der SUV stoppte, aufgehalten von ein paar Bäumen am Rande des Abgrunds, blickte sie entsetzt den Abhang hinunter. Unverletzt, aber erschüttert kletterten wir aus dem Fenster und zurück zur Straße. Wir quetschten uns zu Jorge in den Wagen und versuchten, für den Rest der Fahrt nicht Richtung Abhang zu sehen.

Bei Roy Arias schliefen wir auf dem Holzfußboden und brachen in der Morgendämmerung zum Madrigal auf. Wir folgten einem schmalen Pfad entlang einer Schlucht, als Peggy von einer fünfzehn Zentimeter langen Raupe mit langen giftigen Härchen verletzt wurde. Später, als wir uns einen Weg freischlugen, von dem wir annahmen, dass die Guichos ihn benutzten, um im Park zum Río Madrigal zu gelangen, wären wir beinahe auf eine zusammengerollte Lanzenotter getreten. Von steilen Aufstiegen, rutschigen Abstiegen und unsicheren Quergängen gebremst, kamen wir erst in der Dämmerung zum Hauptarm des Madrigal.

Von uns sieben hatten nur zwei eine Taschenlampe dabei. Während wir im Dunkeln flussabwärts liefen, wies Jorge uns an, durch den Bach zu waten, »um nicht auf Schlangen zu treten, die durch Frösche ans Ufer gelockt werden«. Die Warnung erschien uns albern, und es war schwierig, im Wasser zu laufen, deshalb kletterten Peggy und ich zu einer Kiesböschung hoch. Keine drei Meter weiter trat sie auf den gummiartigen Körper einer Schlange. Wir sahen uns nicht an, was für eine Art es war oder was sie machte. Wir rannten einfach schnell zum Bach zurück und stapften hinter den Ticos durchs Wasser.

Wir erreichten Carate gegen Mitternacht – auf der Pata-Lora-Route zwischen Dos Brazos und dem Madrigal hatten wir nur Pech und Beinahe-Unfälle erlebt.

44
Entdeckung

El Doctor, Nationalpark Corcovado, 21. Mai 2016.

In der ersten Maiwoche 2016 wurde klar, dass die Serie *Missing Dial* für den National Geographic Channel als Realityshow produziert worden war. Die Trailer waren entsetzlich. Im Fokus ihrer nachgestellten Szenen der Pata-Lora-Geschichte stand eine Machete, von der Blut tropfte. Ein Mann in Surfer-Shorts und kniehohen Gummistiefeln hielt die Machete in Händen und positionierte sich über einem Körper, der mit dem Gesicht nach unten in einem Bach lag. Aengus, der Produktionsleiter, riet Peggy und mir sogar dringend ab, sie anzusehen. Er sagte, er sei gegen solche nachgespielten Szenen, »aber der Sender verlangte danach«. Er habe sie gedreht, um einen gewissen »Kick« zu erzeugen.

Damals glaubte ich ihm, wie ich auch Pata Lora glaubte, und akzeptierte, dass die Überdramatisierungen – zu denen ein junger Mann gehörte, der Roman auf dem Bhutan-Foto verblüffend ähnlich sah, nur dass er jetzt vor Schürfern mit Macheten davonrannte – die Ermittlungen am Laufen halten würden. Nach Aengus' Warnung schauten wir uns die sechs Folgen von *Missing Dial* an, die TIJAT bislang produziert hatte. Ich schrieb ihm eine E-Mail:

> *Peggy und ich haben alle Folgen gesehen.*
>
> *Sie dokumentieren die Ermittlungen gut.*
>
> *Sie wirken im Großen und Ganzen nicht zu inszeniert, wenngleich und wie Sie gewarnt haben, die Macheten-Szenen ein wenig überstrapaziert werden. Meine Mutter und meine Schwester würden sie verstören. Jazz wahrscheinlich auch.*
>
> *Die Botschaft gibt absolut kein schlechtes Bild ab, und wenn Sie ihr die Folgen zukommen lassen könnten, wäre das für sie vielleicht ein kleiner Ansporn, etwas mehr zu unternehmen als bislang – was faktisch sehr wenig gewesen ist.*
>
> *Ich würde die Serie gern nutzen, um etwas mehr Einsatzbereitschaft vom OIJ und der Botschaft einzufordern.*

Um Werbung für die Sendung zu machen, folgte eine Fernsehkamera Peggy, Ken und mir auf dem Weg in die FBI-Zentrale in Washington, D. C., wo Ken ein Treffen arrangiert hatte. Es war Dienstag, der 19. Mai, und am Tag darauf sollten wir nach New York fliegen, um einen weiteren Trailer zu drehen. Die erste Folge sollte am Sonntag ausgestrahlt werden.

Wir gaben unsere Handys am Sicherheitscheck ab. Zwei freundliche FBI-Agenten in dunklen Anzügen brachten uns in einen kleinen Konferenzraum im siebten Stock. Rasch füllte sich der

Raum mit sieben oder acht weiteren Beamten, darunter deren stellvertretender Direktor. Ich trug die Geschichte vor, an die ich inzwischen selbst glaubte, die Geschichte, die Pata Loras schizophrener Psyche entsprungen war, ergänzt um die Guichos und einen neuen Typen mit Namen Poquito, der der Kopf der Guichos zu sein schien. Ich erzählte den Beamten außerdem, wie ich Romans Rucksackkauf bis zum North-Face-Laden in San José zurückverfolgt hatte.

»Das ist echte Ermittlerarbeit«, sagte ein Beamter zu den Ausführungen über den Rucksack. »Das ist der Job, den wir sonst übernehmen. Was erwarten Sie dann noch von uns?«

Im Lauf der Jahre hatte ich gelernt, dass das FBI in Costa Rica nicht wirklich etwas ausrichten konnte, und erwiderte: »Lange Zeit wollte ich einfach nur wissen, was passiert war. Jetzt wissen wir es. Jetzt will ich Gerechtigkeit.«

»Einen Leichnam«, platzte Peggy heraus. »Wir wollen einen Leichnam. Wir wollen ihn nach Hause bringen.«

Eine Leiche würde viele Fragen beantworten. Sie wäre auch für eine eventuelle Verurteilung wegen Mordes notwendig.

Das restliche Treffen verlief wie so viele andere davor: Beteuerungen und Erklärungen über die begrenzten Möglichkeiten amerikanischer Strafverfolgungsbehörden im Ausland. »Solche Dinge brauchen Zeit«, sagte der Beamte, der mir geschmeichelt hatte. »Es könnten Jahre vergehen.« Man wies auch darauf hin, wie sehr Carsons Handeln die Beziehungen zwischen den USA und Costa Rica in diesem Fall beschädigt hatte.

Nach dem Treffen holten wir unsere Handys wieder ab. Auf meinem war eine Nachricht von einer Nummer in Costa Rica. Es war der Generalkonsul aus der US-Botschaft. Er sagte, ich solle ihn zurückrufen, egal zu welcher Tageszeit. Mein Handy-Akku war fast leer. »Es ist Ravi. Er will, dass ich ihn anrufe«, sagte ich zu Peggy. Wir gingen die kurze Strecke ins Hotel zurück, um mein Telefon aufzuladen. Ich rief Ravi an und stellte ihn auf Lautsprecher.

»Roman«, rief Ravi, »ich weiß nicht, wie ich es anders als geradeheraus sagen soll: Man hat heute menschliche Überreste nahe Dos Brazos gefunden. Mit Campingausrüstung.«

Ich setzte mich. Über die Jahre hatten Toby, Lauren und die Botschaft uns kontaktiert und über Leichenfunde im Dschungel informiert. Diesmal jedoch fühlte es sich anders an. Es fühlte sich nach Roman an.

Ravi fuhr fort: »Soweit wir wissen, war heute ein Schürfer in den Bergen unterwegs und hat in einem Flussbett Knochen entdeckt. Beim Weg stromaufwärts ist er dann auf eine Campingausrüstung gestoßen. Er hat noch an Ort und Stelle im Dschungel die Notrufnummer angerufen. Wir wollten Sie so schnell wie möglich informieren. Es könnte sich möglicherweise um Ihren Sohn handeln.«

Meine Gefühle wirbelten zwischen Schmerz und Erleichterung hin und her. Erleichterung, weil nun die zermürbende Suche, ohne jemals Gewissheit zu erlangen, ein Ende haben könnte. Schmerz, weil das bedeuten könnte, und zwar endgültig, dass unser Sohn tot war.

Wir mussten nach Costa Rica. Ich musste den Schauplatz mit eigenen Augen sehen, mir selbst ein Urteil darüber bilden, ob es ein Verbrechen oder ein Unfall gewesen war.

Vor zwei Jahren hatte ich Ravi im Detail Romans Ausrüstung beschrieben. Den blauen Patagonia-Pullover. Den Jetboil. Die grünen Salomon-Schuhe. Die gelbgraue Isomatte, die man faltete und nicht rollte. Peggy und ich hatten diese und andere Gegenstände auf Plakaten gezeigt, die wir von Cerro de Oro bis Carate überall anbrachten. Ein paar Dinge, von denen ich wusste, dass Roman sie bei sich hatte, ließ ich jedoch weg. Ich behielt sie für mich, für später, als sicheren Beweis. Für einen Moment wie jetzt.

»Wo hat man ihn gefunden, Ravi?«

»Am Río Tigre stromaufwärts von Dos Brazos. Im Park, im Corcovado. Gleich morgen früh werden MINAE-Ranger dorthin aufbrechen, um es zu bestätigen.«

Am Freitag fuhren Peggy und ich mit dem Zug nach Nord-Virginia zu meiner Mutter, die uns von einer Bushaltestelle abholen wollte. Während wir warteten, rief mich eine Journalistin des *People*-Magazins an und wollte mich zu *Missing Dial* interviewen.

Mitten in einer ihrer Fragen leuchtete auf meinem Telefon eine costa-ricanische Nummer auf. Ich sagte der Reporterin, dass ich rangehen müsse. Es war Kara, eine Mitarbeiterin der US-Botschaft. Sie fasste sich kurz. Sie sagte, sie würde mir Fotos von der Stelle schicken, an der die Überreste gefunden worden waren. Ich möge ihr bitte Bescheid geben, sollte ich irgendwelche Gegenstände wiedererkennen.

Die Fotos kamen auf meinem Handy an, und ich sah sie eilig durch. Ich musste Gewissheit haben, ob er es war. Das erste zeigte einen leuchtend grünen Salomon-Schuh, der auf der Seite liegend gegen einen herabgestürzten Ast drückte und halb im Sand und Schmutz steckte. Es wirkte so, als hätte sich der Schuh gerade erst an diesem Tag von Romans Fuß gelöst. »Sein Schuh sieht nicht so alt aus, als hätte er zwei Jahre im Dschungel gelegen!«, rief Peggy aus.

Auf dem nächsten Foto war ein umgedrehter, teilweise von einem verrotteten Stamm überdeckter Rucksack zu sehen. Auch er tief vergraben im schmutzigen Sand und Schotter, umgeben von Zweigen und braunen Blättern, die offenkundig mit den Fluten des Wassers angeschwemmt worden waren. Neben dem Rucksack waren Teile eines Topfs erkennbar. Eine andere Aufnahme zeigte den von Stamm und Erde befreiten Rucksack. Er sah grünlich-grau aus. Hastig suchte ich das Katalogfoto aus dem North-Face-Laden in San José heraus und musste tief Luft holen. Es war dasselbe Modell, dieselbe Farbe.

Der Schuh und der Rucksack waren schon Beweis genug, um mich bei Kara zurückzumelden. Die weiteren Fotos räumten dann jeden Zweifel aus. Es waren alles Gegenstände von Roman. Die gelbgraue Isomatte war zerknautscht und zum Teil unter einen Stamm geschoben. Ein Kompass an einem schwarzen Band. Eine blaue Petzl-Stirnlampe, die ich ihm in Alaska gegeben hatte. Es waren alles

Ausrüstungsteile fürs Campen in den Tropen aus unserem Familienbestand.

Es gab auch einen mir fremden silbernen Topf und etwas Grünes aus Metall. Ich konnte die Größe dieses unbekannten Gegenstands nicht abschätzen. Er lag im Bachbett, wo flaches Wasser darüberfloss. Ich hatte ihn ebenfalls noch nie gesehen. Das letzte Foto war ernüchternd. Es kam mir herzlos vor, dass man es mir überhaupt geschickt hatte. Es war eindeutig: ein menschlicher Schädel, dessen Oberkiefer sichtbar war, halb begraben unter Zweigen und Geröll vor einem Termitenhügel. Alles wirkte auf mich, als wäre er ganz natürlich vom fließenden Wasser eines Bachs transportiert und abgesetzt worden, und nicht, als hätte ein Verbrecher planlos versucht, Beweise zu vergraben.

Mein Akku war fast leer. Die Reporterin von *People* rief zurück. Ich stammelte etwas über eine Entdeckung, aber ihr Interview schien nun ohnehin hinfällig, und ich sagte, ich könne gerade nicht telefonieren, wir müssten aus einem Bus steigen. Erfüllt von nostalgischen Gefühlen und mit Tränen in den Augen betrachteten Peggy und ich die Bilder eingehend. Wir schwelgten in Erinnerungen an Roman, hielten uns fest und weinten auf der Bank an der Bushaltestelle. Wieder und wieder brüteten wir über jedem einzelnen Foto, prüften mehrfach, ob es wirklich seine Schuhe waren, seine Matte, sein Rucksack, seine Stirnlampe, sein Kompass. Es gab keine Zweifel.

Nachdem der Schürfer aus einer der »kleinen Dschungel-Telefonzellen« von Thai den Notruf gewählt hatte, verbreitete sich die Nachricht schnell. SMS und E-Mails von Lauren und Toby trafen bald nach jenen der Botschaft ein. Die Cleavers kannten den Ranger, der am Morgen mit dem Schürfer zum Fundort gegangen war. Er markierte den Ort in seinem GPS-Gerät. Die Frau des Rangers schickte mir per E-Mail zwei topografische Karten mit eingezeichneter Fundstelle. Sie lag eine halbe Meile jenseits des Zeledón, den Negritos flussaufwärts in einer Schlucht. Viele Male war ich an ihrem Rand entlanggelaufen.

Wie hatte ich ihn nur übersehen können?

45
Schlafend im Wald

Oberhalb des El Doctor, 21. Mai 2016.

Wir wollten so schnell wie möglich nach Costa Rica. Ich verließ Virginia, während Peggy darauf wartete, dass Jazz ihr per Expressversand ihren Reisepass schickte. Irgendwie war mein Flug der einzige nach San José, der nicht wegen eines vulkanischen Ascheregens annulliert wurde. Ich schaffte es noch am selben Tag nach Puerto Jiménez.

Um fünf Uhr am nächsten Morgen traf ich mich mit Ken und einem Tico namens Gerhardt im Büro des Staatsanwalts in Puerto Jiménez. Gerhardt war ein schlanker und freundlicher Sportler, der für *Missing Dial* als lokaler Produktionsassistent gearbeitet hatte. Er kannte sich im Dschungel besser aus als jeder andere, der an der Filmproduktion mitgearbeitet hatte, und wir hatten uns während des Drehs angefreundet.

Gerhardt dolmetschte. Er erklärte, dass sich die Fundstelle in einem kleinen Bach namens El Doctor befand. Dieser war der höchstgelegene Nebenarm des Negritos, in dessen Schlucht Steve und ich uns abgeseilt hatten. Der Bach war nach einem Arzt benannt, der dort vor vielen Jahren bei einem Flugzeugabsturz ums Leben gekommen war. Unter den Goldgräbern war die Gegend bekannt für ihre merkwürdigen lokalen Starkwinde, die auffallend oft Bäume zu Fall bringen, wie jenen, der oberhalb des Zeledón beinahe auf die LTR-Crew gestürzt wäre.

Es war der Tag, an dem die erste Folge von *Missing Dial* ausgestrahlt werden sollte. Aengus war angesichts der unvorhergesehenen Wendung ebenfalls auf die Osa zurückgekehrt. Das Timing kam ihm verdächtig vor. Er eilte nach Dos Brazos, um so viel wie möglich von den Ereignissen einzufangen. In Dos Brazos drängten sich die Kameras ins Leben der Einwohner. Überall schnüffelten die Filmleute, ohne zu fragen, herum. Sie achteten lediglich darauf, dass eine Veröffentlichungsfreigabe unterzeichnet wurde, damit sie ihr Vorgehen rechtfertigen konnten. Im Reality-Fernsehen gibt es keine Poesie, kein »Weniger ist mehr«.

Es war mir jetzt peinlich, dazuzugehören – vor allem die Einwohner von Dos Brazos, die die Trailer gesehen hatten, waren entsetzt darüber, wie ihr Dorf dargestellt wurde. Sie hatten den Goldgräber überredet, in den Dschungel zu gehen, um eine Ecke zu erkunden, in der noch niemand geguckt hatte und die in der Nähe der Stelle war, an der Jenkins auf Roman getroffen war. Es war Trockenzeit, eine Periode, in der die höchstgelegenen kleinen Nebenflüsse wie der El Doctor normalerweise gut zugänglich sind. Ken, Gerhardt und ich kamen im Morgengrauen in Dos Brazos an. Pancho, der geduldige Ranger, der Thai und mich vor Jahren in die Schlucht des Conte gebracht hatte, führte uns zum El Doctor. Ich wollte die Forensiker des OIJ treffen, während sie noch vor Ort waren. Wir vier eilten auf den Parkwegen durch den Wald zum Zeledón. Ich fühlte mich fett, alt, verschwitzt, durstig und müde, weil ich Mühe hatte, mit meinen jüngeren, fitteren Begleitern mitzuhalten. Die letzten beiden Jahre hatten meiner Gesundheit zugesetzt. Aber die Zeit drängte, und deshalb riss ich mich zusammen.

Um acht erreichten wir den Platz, wo Ole und Steve, Brad und Todd mit mir gecampt hatten. Zwanzig Minuten später waren wir beim Lager der Forensiker auf dem Kamm oberhalb des El Doctor. Die Fuerza verwehrte Ken und Gerhardt – die bei TIJAT angestellt waren – den Zugang zur Fundstelle. Ich ging mit Pancho hinunter.

Ken hatte sich von Carsons Misstrauen anstecken lassen: »Ich glaube erst, dass es ein natürlicher Tod war, wenn sie in seinem Gepäck Geld und seinen Reisepass finden. Wenn nicht, hat irgendwer das alles hier hingetan oder ihn umgebracht – entweder Joe oder die Guichos.«

Pancho und ich stießen auf das Team, als es gerade Romans sterbliche Überreste und seine Campingausrüstung einen steilen, matschigen Pfad hinauftrug. Die Gruppe war groß, mehr als ein Dutzend Leute. Darunter der Direktor des OIJ und die beiden Kriminalbeamten, die den Fall von Anfang an untersucht hatten. Die Hundeführer des OIJ und Jorge von der Botschaft begrüßten mich. Jorge stellte mich der forensischen Anthropologin des OIJ vor, einer höflichen jungen Frau namens Georgina, die ausgezeichnetes Englisch sprach.

Ich ging mit dem Team zurück zum Lager auf dem Kamm und setzte mich zu Georgina. Die Ranger stellten ihr Gepäck ab. Einige waren beladen mit durchsichtigen Plastiktüten voller Gegenstände, die ich wiedererkannte: darunter die gelbe Isomatte und ein orangefarbener Spanngurt, den ich Roman gegeben hatte. Der Gurt war einer von vielen, die wir zu Hause hatten, um Ausrüstungssachen an Rucksäcken und Packrafts zu befestigen. Als ich diese Dinge und eine durchsichtige Tüte mit seinen Knochen sah, brach ich weinend zusammen. Während ich mich von der Menge wegdrehte, tröstete mich Georgina. Dies war er wirklich.

Ich fasste mich wieder. Georgina erzählte mir, dass sie viele Knochen gefunden hätten. Sie sagte, dass die Ausrüstung und die Knochen den Fluss hinuntergespült und durch Baumstämme gestoppt worden wären. Der OIJ fand Romans Beckenknochen in seinen Shorts, einen Oberschenkelknochen unter einem Baumstamm, seinen Schädel in der Nähe seines Rucksacks. Ein Ranger entdeckte eine Lanzenotter im Flussbett und mutmaßte, dass Roman durch einen Schlangenbiss ums Leben gekommen sein könnte. Die grünen Salomon-Schuhe, die auf den Fotos so neu ausgesehen hatten, fielen in Wahrheit auseinander. Einer enthielt Fußknochen, sagte Georgina, aber der andere nicht; Roman hatte also mindestens einen Schuh an, als er starb.

Wichtig war, dass kein Knochen eine Verletzung aufwies. Niemand hatte ihm auf den Kopf geschlagen. Niemand hatte ihn mit einer Machete verletzt. Seine Knochen wiesen keine Geschossspuren auf.

Während das übrige Team Mittag aß und sich auf die Rückkehr nach Dos Brazos vorbereitete, führte Pancho mich und Gerhardt den Pfad zum El Doctor hinunter. Der Bach, der nur wenige Zentimeter tief und einen halben Meter breit war, schlängelte sich, von tropischen Pflanzen überwölbt, zwischen schwarzen Felsen hindurch. Wir kamen gut voran und gelangten bald zur Fundstelle flussabwärts.

Pancho, der den Freitag zuvor als einer der ersten Ranger vor Ort gewesen war, hielt an und zeigte uns, wo der Kocher und der Brennstoffkanister gefunden worden waren – nahe einem Haufen grapefruitgroßer Steine, der nach einer guten Kochstelle aussah. Ein paar Meter weiter, sagte er, hätte Romans Machete auf den erbsengroßen Kieseln des Flussufers gelegen.

Ich sah mich um. Die Schlucht war hier etwas breiter; das Kiesbett war die einzige Stelle, die breit und flach genug war, um zu zelten. Die Wände der Schlucht waren zwar immer noch steil, rutschig und erodierten, aber weniger als 45 Grad geneigt. Ich konnte mir leicht vorstellen, dass Roman hier möglicherweise gecampt hatte.

Es gab Wasser und weichen Kies, um seine gelbe Isomatte auszubreiten.

Flussabwärts hatten sich jede Menge Baumstämme und Pflanzenreste, Äste jeder Größe, Laub und Zweige angesammelt, die zwischen Steinen und der abgebrochenen Krone eines zwölf Meter langen Baumstamms festhingen. Der Baum war umgefallen und in den Bach gerollt. Seine Wurzeln lagen am oberen Ende eines kleinen Wasserfalls, während die Krone flussaufwärts zeigte.

Zeit, Verfall und Hochwasser hatten die Baumkrone mit Ästen von zwanzig Zentimeter Durchmesser in einen natürlichen Staudamm verwandelt. Gelbes Absperrband umzäunte das Gewirr von Zweigen und Stöcken. Romans Knochen, Kleidung und Campinggegenstände hatten teilweise begraben unter dem Treibgut gelegen, das von 600 Regengüssen flussabwärts geschwemmt worden war.

Hier also war mein Sohn gestorben.

Während ich das grüne Wirrwarr betrachtete, dachte ich an unseren jungen Atheisten am Ende seines biologischen Daseins. Roman hätte es als passend empfunden, dass der Regenwald ihn aufgenommen und akzeptiert hatte. Er war jetzt Teil des Dschungels.

Es war kein Wunder, dass es mich immer wieder in diese Gegend gezogen hatte. Sie war so nah an der Stelle, an der Roman auf Jenkins getroffen war. Ich war gut ein halbes Dutzend Mal auf dem Kamm oberhalb des El Doctor gelaufen – keine 200 Meter entfernt. Ich hatte auf meiner ersten Tour mit Vargas und Thai den Gestank des Todes gerochen, als ich einen toten Tamandua entdeckt hatte, kurz vor der Stelle, wo die Ranger nun ihre Taschen mit Romans Knochen und Ausrüstung abgestellt hatten. Eine Viertelmeile flussabwärts der Totholzansammlung, unterhalb einer Reihe von Wasserfällen, war ein Abhang, an dem Steve und ich nach unserer Erkundung der Schlucht des Negritos' vorbeigekommen waren. Wir waren dort umgekehrt, um Jenkins' Stollen zu erkunden, statt weiter flussaufwärts zu wandern.

Junge, spindeldürre Bäume wuchsen in der roten Erde über dem gestürzten Baum im Flussbett. »Das sieht alles nach neuer Vegetation aus«, meinte ich zu Gerhardt und wedelte mit dem Arm in Richtung der Bäumchen.

»Der Goldschürfer, der ihn gefunden hat, glaubt, dass vielleicht ein Baum auf sein Lager gestürzt ist«, sagte Gerhardt. »Er geht davon aus, dass die Druckwelle des umfallenden Baumes den Kocher flussaufwärts geschleudert hat.«

Nachdem ich die Stelle fotografiert hatte, gab ich Pancho ein Zeichen, und wir kehrten auf den Hügel zurück. Wir wanderten alle in einer großen Gruppe nach Dos Brazos, wo Aengus mit laufenden Kameras wartete. Elmer, dem das Wirtshaus am Ende der Straße gehörte und der sich um den Tourismus Sorgen machte, kam zu mir und schlug vor, dass wir, da wir Roman nun gefunden hatten, die Sendung nicht ausstrahlen sollten.

Ich war ganz seiner Meinung. Aber es lag nicht in meiner Hand.

46

Letzte Gewissheit

Cody Romans Reisepass, sein Geld, eine Machete und eine Karte: 22. Mai 2016.

Wir kamen im Büro des Staatsanwalts in Puerto Jiménez zusammen. Romans Ausrüstung und Kleidung lagen ausgebreitet in einem Hinterzimmer. Alles war verschmutzt. Vieles sah verrottet aus. Stück für Stück inspizierte ich die einzelnen Teile und wog ihre Bedeutung mit meinen Händen ab, während ich Fragen stellte. Der abnehmbare Rucksackaufsatz war separat vom Rucksack gefunden worden. Er enthielt eine ungeöffnete Tüte Chiky-Chips-Kekse und eine Packung Tang. »Er war nicht verhungert«, bemerkte einer.

Im Rucksackaufsatz ebenfalls verstaut war sein Reisepass, und im Reisepass lagen drei bunte Geldscheine, Colónes im Wert von 37 US-Dollar, sowie die sich auflösenden Reste der »besten Karte bislang«. In seinem Rucksack hatte das OIJ sein Moskitozelt und ein paar zusätzliche Kleidungsstücke gefunden; außerhalb davon fanden sie seine Stirnlampe, sein Visqueen-Tarp und seine Isomatte. Es hatte den Anschein, als hätte er einen Stopp eingelegt und vielleicht sein Lager vorbereitet. Auch sein Kompass hatte auf dem Boden gelegen, die Peilung auf 240 Grad eingestellt, die Richtung von dort zum Río Claro. Er hatte ihn wahrscheinlich um den Hals getragen.

Die schwereren, metallenen Gegenstände im Bach hatten ein paar Meter stromaufwärts vor aufgehäuftem Holz gelegen: die Machete, eine grüne, etwa zwanzig Zentimeter hohe und zehn Zentimeter breite Gaskartusche und der unbekannte grüne Gegenstand vom Foto. Letzterer war, wie sich nun herausstellte, offensichtlich ein Teil des Kochers. Roman muss den Kocher zusammengesetzt haben, bevor dieser von einem massiven stumpfen Gegenstand getroffen wurde. Dabei wurde der Brenner von der Kartusche gerissen und das Gewinde am Brennerventil eingedrückt und zusammengequetscht. In der Kartusche war eine breite Delle, als ob etwas Hartes, Großes – vielleicht ein Ast – mit extremer Wucht auf sie eingeschlagen hätte.

Jorge von der US-Botschaft war wie Ken überzeugt gewesen, dass es sich um ein Verbrechen gehandelt hatte, bis er die Fundstelle sah. Jetzt war klar: ein natürlicher Tod, ein Unfall. Schlangenbiss oder Baumsturz, das alles blieb Spekulation. Ich bevorzugte ein Szenario, zu dem alle Fakten passten und das mit so wenig Qualen wie möglich verbunden war.

Roman, rekapitulierte ich, war Jenkins und seinem Schürfertrupp wohl am 10. oder 11. Juli am Zeledón begegnet und dann nach dem Frühstück weiter stromaufwärts gewandert. Er hatte die linke, besser zu begehende Abzweigung genommen und war Jenkins' Route gefolgt. Vorbei am Pfad zu ihren Stollen stieg er hinunter zum Negritos und konnte so dessen Schlucht umgehen. Von dort überwand er eine

Reihe von Wasserfällen stromaufwärts, bis er nach einer halben Meile an jene Stelle gelangte, wo er starb.

So also fühlt sich Gewissheit an.

Am nächsten Tag traf Peggy ein, und gemeinsam inspizierten wir Romans Sachen. Wir breiteten sie auf einem Tisch vor dem Pearl aus. Wie ich nahm sie jeden Gegenstand in die Hand und betrachtete ihn genau, wie um sich Romans Gegenwart zu bestätigen. Sie betrachtete das verschmutzte, ausgeblichene Foto in seinem Reisepass, das als Teenager von ihm gemacht worden war, seinen noch lesbaren Namen und das Geburtsdatum, seine handgeschriebenen Notizen auf einem gefalteten Blatt Papier.

Lauren kam ins Pearl. Mit ihrer lauten Stimme rief sie für jedermann hörbar quer durch den Raum: »Die ganze Zeit, zwei Jahre lang, hast du immer wieder gesagt, dass du deinen Sohn kennst – dass er niemals mit einem Typen wie Pata Lora gehen würde. Du hast Dondee und Carson die Stirn geboten.« Sie lächelte breit. »Und du hattest die ganze Zeit über recht. Du hast mehr getan, als man von Eltern je verlangen könnte, Roman. Du bist weit darüber hinausgegangen.« Ich war sprachlos, wollte ihr danken, aber ich konnte nicht.

Aengus, der auf Grundlage einer unwahren Geschichte eine sechsteilige Serie gemacht hatte, war sich da nicht so sicher. Er nahm mich zur Seite. »Meinen Sie nicht, wir sollten das FBI hinzuziehen, um das Ganze richtig zu untersuchen? Nur um sicherzugehen?«

»Nein. Meine ich nicht, Aengus. Sie haben die Stelle nicht gesehen, an der Roman gefunden wurde. Hätten Sie sie gesehen, dann wüssten Sie, dass Pata Lora oder die Guichos unmöglich etwas damit zu tun gehabt haben können. Es gibt kein Komplott. Es gibt keinen Mord.«

Um Unterstützung bittend, blickte ich zu Ken. Er zuckte mit den Achseln. »Ja, Aengus, ich weiß, es ist schwer zu glauben, aber das Geld und der Pass waren dort. Nichts fehlte …«

»Aber sind Sie nicht ein wenig skeptisch, weil das genau jetzt passiert, wo die Serie rauskommen soll?« Da sprach der Produzent, der den Ex-Drogenfahnder engagiert hatte, welcher mich überzeugte, dass mein Sohn ermordet worden war. Der Produzent, der den Mord dann in einen reißerischen Trailer gepackt hatte, der zehnmal am Tag ausgestrahlt wurde, wovon ich mich in einem Hotelzimmer selbst überzeugt hatte.

Von Laurens Worten ermutigt, brach es aus mir heraus. »Hören Sie, Aengus, können Sie einen trauernden Vater nicht einfach *in Ruhe lassen*? Zwei Jahre lang habe ich mich wie unter Wasser gefühlt. Jetzt kann ich zum ersten Mal wieder auftauchen und Luft holen. Und Sie wollen mich da einfach wieder runterdrücken? *Aengus, es reicht!*«

In diesem Moment sah ich in Aengus das, worüber andere nur geflüstert hatten. Er hatte den Anschein erweckt, auf unserer Seite zu stehen. Jetzt war ich mir nicht mehr so sicher.

Am nächsten Morgen machten Peggy und ich uns auf zum El Doctor. Ich hielt ihre Hand auf den rutschigen Pfaden den steilen schlammigen Hang hinunter, die ein Dutzend Leute der OIJ, der Fuerza und des MINAE wiederholt gegangen waren. Peggy duckte sich unter dem gelben Absperrband hindurch und begann zu graben, zuerst mit einem kleinen Stock, dann mit einem Löffel, den wir fürs Mittagessen mitgenommen hatten.

Die Ranger zogen ab. Zunächst noch zögernd, schlüpfte ich unter dem gelben Band hindurch und gesellte mich zu ihr. Das inzwischen bekannte Gefühl der Suche nach einem Hinweis auf Roman erfüllte mich, während wir hofften, irgendetwas zu finden, das uns verstehen lassen würde, was genau geschehen war. Aus Erfahrung wusste ich, dass es ihn mir wieder näherbringen und mein Herz berühren würde, wenn wir irgendeinen Gegenstand von ihm entdecken würden.

Ein freundlicher Costa Ricaner hatte jedem von uns einen langen, stabilen Wanderstock aus einheimischem Holz mitgegeben. Peggys Stock war leicht, aber robust und etwa vier Zentimeter dick. Meiner war schwer, länger und dicker und aus einem tropischen Hartholz mit Namen *manu* gemacht. Wir benutzten die Stöcke als Hebel, um das Holz in den zweieinhalb und drei Meter breiten Abschnitten zur Seite zu hieven, darunter zu graben, Erde und Schlamm beiseitezuschieben und zu suchen. Doch wir fanden nichts. Das OIJ hatte gründlich gearbeitet.

Ich deutete auf den toten Baum, die neuen Triebe. »Es sieht so aus, als wäre ein Baum auf sein Camp gestürzt, oder? Einige Ranger glauben allerdings, es war ein Schlangenbiss, weil man auch eine Terciopelo-Lanzenotter hier unten gefunden hat. Was meinst du, Peggy? Glaubst du, jemand hat Roman hier umgebracht?«

»Nein. Auf keinen Fall. Warum sollte überhaupt jemand hier gewesen sein?«

»Vielleicht, weil ihn jemand getötet und dann hergebracht hat?«, fragte ich herausfordernd.

»Zu mühsam. Wie hätte man ihn den steilen Hügel hinunterbekommen? Zerhacken und in Einzelteilen tragen? Es ist schon ohne Rucksack schwierig genug, hier zu gehen. Nein, er ist an dieser Stelle gestorben. Er war wahrscheinlich im Camp oder bereitete es vor, und ein Baum ist umgestürzt, vermutlich im Dunkeln, und er konnte nicht sehen, wohin er in Sicherheit hätte rennen können. Hier stürzen jede Menge Bäume um. Wir haben es nahe Dos Brazos selbst erlebt. Oder als du mit Brad und Todd und den Leuten von Learn to Return hier warst.« Sie klang in dem gleichen Maße überzeugt, wie ich es war.

Später gingen wir zurück nach Dos Brazos, um den Schürfer zu treffen, der Roman gefunden hatte. Er sagte, die Einheimischen fühlten sich Roman verbunden, weil er *off-trail* in einer sehr schwierigen Schlucht und Waldgegend unterwegs gewesen war, und das ohne Genehmigung, trotz des Verbots der Behörden. Er sagte weiter, dass Roman den Geist der Goldschürfer in sich getragen habe und sie ihn alle dafür bewunderten.

Wir machten uns von der Osa-Halbinsel auf den Weg nach San José, wo wir an einer Pressekonferenz mit dem OIJ und der Botschaft teilnahmen. Vor den zahlreich versammelten Medienvertretern dankte ich den Schürfern, den Rangern, dem Cruz Roja, dem OIJ und der Botschaft, sogar dem ganzen costa-ricanischen Volk für sein großes Herz und seine Hilfsbereitschaft. Hinterher trafen wir uns mit Georgina, gaben Blutproben für einen DNA-Abgleich, bedankten uns bei jedem persönlich und bereiteten uns auf die Heimreise vor.

Nur eine Sache galt es noch zu erledigen. In einem Büro im düsteren Granitgebäude des OIJ im Zentrum von San José erklärten wir einem leise sprechenden Dolmetscher, dass Pata Loras Geschichte erfunden war. Er war nie mit unserem Sohn zusammen gewesen. Wir zogen die *denuncia* zurück, die das OIJ für die Verhaftung Pata Loras wegen Mordes vorbereitet hatte.

TIJATs Produzenten hatten recht: Die Macht der Kamera ist real. Der Versuch, den Vermisstenfall Roman in ein Morddelikt umzuwandeln, war mithilfe von Carson und *Missing Dial* erfolgreich gewesen. Am Ende jedoch hatte uns die Sensationslust der Medien anfällig für Selbstanklagen gemacht.

Fast zwei Jahre nachdem Romans letzte E-Mails Peggy und mich in ein immer tieferes und dunkleres Tal der Trauer hatten sinken lassen, standen wir nun auf einem kleinen Hügel der Erleichterung. Roman war nicht ermordet worden. Er hatte nicht darauf gewartet, dass wir ihn retteten. Er starb wahrscheinlich noch bevor einem von uns klar war, dass er sich in Schwierigkeiten befand. Noch bevor ich seine letzten Worte gelesen hatte: »Es dürfte also schwierig werden, auf Nimmerwiedersehen zu verschwinden.«

Wir hatten ihn gefunden.

47
Einäscherung

Wolken über Costa Rica, Dezember 2016.

Im August 2016 hörten wir von Georgina, dass Romans Zahnstatus zum gefundenen Kiefer passte. Im Oktober schickte sie uns das Ergebnis der DNA-Analyse seines Knochenmarks, das aus seinem Schienbein stammte. Es belegte, dass es sich um das Schienbein unseres Sohnes handelte. Dann schrieb uns die Botschaft und fragte, was wir mit seinen sterblichen Überresten machen wollten. Wir einigten uns darauf, sie einzuäschern. Ende November flogen wir hinunter, um die Knochen anzusehen, seine Asche mitzunehmen und dem Goldschürfer, der ihn gefunden hatte, die Belohnung auszuzahlen.

Wir trafen uns mit Peggys Schwester Maureen und ihrem Mann Steve am Flughafen von San José. Am Morgen holte Gerhardt uns ab und brachte uns durch den dichten Verkehr zum Bestattungsinstitut, wo ich für Romans Einäscherung bezahlte. Dann flogen wir nach Puerto Jiménez, mieteten ein Auto und fuhren zur Bank, wo Steve eine Spende auf das Cruz-Roja-Konto einzahlte. Ich hatte ein dickes Bündel von 5000 amerikanischen Dollar, das ich dem Goldgräber, der Romans Überreste entdeckt hatte, überreichen wollte. Die 50 000-Dollar-Belohnung war nur ein Trick gewesen, um Pata Lora zum Reden zu bringen. Wir hatten nicht die Absicht, diese Summe zu zahlen.

Die ganze Stadt erinnerte uns an unsere zweijährige Suche. Peggy und ich zeigten Maureen und Steve den neuen Sitz der Staatsanwaltschaft. Er war von Golfito nach Puerto Jiménez verlegt worden, ungefähr zu der Zeit, als Jorge von der US-Botschaft die Ermittlungen übernahm, vielleicht wegen Romans Verschwinden, aber vermutlich eher wegen der zunehmenden Kriminalität auf der Osa.

Wir gingen am Sportplatz vorbei, wo wir auf der Suche nach Romans Salomon-Schuhen auf die Füße junger Männer geschaut hatten, am Secondhandladen, wo wir nach Romans Ausrüstung und Kleidung gesucht hatten, und am Corners Hostel, wo Roman abgestiegen war. Doña Berta erkannte uns und kam zu uns herüber. Während sie mit beiden Händen meine Hand drückte, sagte sie, dass es sie freue, dass wir Roman gefunden hätten. In einem Restaurant, in dem wir frühstückten, gab Andres, der uns nach Cerro de Oro gebracht hatte, das Gleiche kund. Maureen entdeckte sogar Pata Lora im Lebensmittelgeschäft. Ich sorgte dafür, ihm nicht zu begegnen.

Wir fuhren an dem Ufer-Restaurant vorbei, von dem aus ich Peggy angerufen und ihr gesagt hatte: »Ich hoffe, Roman ist nicht sauer auf mich, dass ich hier bin!« Wir hatten beide gelacht, waren aber einer Meinung, dass es richtig gewesen sei, hinunterzufliegen. So viele Orte weckten Erinnerungen an die vielen Male, wo wir mit unserer Einschätzung falsch gelegen hatten, was mit unserem Sohn passiert war.

Während wir am Ufer saßen, nickte uns ein Gringo zu und lächelte. Er sah aus, als wäre er schon länger unterwegs, hatte lockige, ausgebleichte blonde Haare, einen struppigen Bart und trug ein geblümtes Hemd. *Hmm, ein Landsmann, der uns erkannt hat.* Als ich ihm ebenfalls zunickte, begriff ich, dass es unser Freund Chris Flowers aus Anchorage war. Wir hatten vorgehabt, uns in Costa Rica zu treffen, aber nicht hier und nicht jetzt.

Chris hatte seine Söhne bei sich: Cody, neun, und Cole, elf. Nach der Geburt seines zweiten Sohnes rief Chris mich an, um mir die Neuigkeit zu verkünden. Ich fragte nach dem Namen des Neugeborenen, und Chris erwiderte: »Cody.« Er fügte hinzu: »Ich hoffe bloß, er ändert seinen Namen nicht in Roman, wenn er älter wird.« Wir hatten beide gelacht.

Chris und seine Jungs folgten uns nach Dos Brazos, wo wir dem Goldgräber die Belohnung auszahlen wollten. Wir ruckelten über die holprige Straße, vorbei an überfluteten Feldern und Zebu-Rindern. Die kürzlichen Regenfälle durch Hurrikan »Otto« hatten den Río Tigre über die Ufer treten lassen und die Ölpalmplantagen geschädigt. Selbst die Straße sah aus, als könnte sie in den Fluss fallen.

Wir gingen zu Jenkins. Er hatte ein schönes neues Haus gebaut, mit einem Metalldach und weißen Wänden, einem Kachelboden und zwei Schlafzimmern, die Türen hatten, nicht nur Vorhänge. Jenkins' jüngerer Bruder war auch da. Aus Gastfreundschaft reichte Jenkins' Frau Gladys und ihre Teenager-Tochter allen Packungen mit Erdbeermilch von Nestlé.

Jenkins erzählte uns, dass sie fast drei Wochen schlechtes Wetter gehabt hätten, sodass alle pleite wären – so wie Vögel und Affen, wenn sie im Dschungel kein Obst mehr zu fressen hätten. Er zeigte uns die tragbare Goldwaschrinne, die ein Kunde, für den er als Guide gearbeitet hatte, ihm als Trinkgeld gegeben hatte. Er sah etwas molliger aus als bei unserem letzten Treffen. Er meinte, er wäre in seinem T-Shirt wie eine Wurst in der Pelle. Satt und zufrieden, kam mir in den Sinn.

Er hatte ein neues Haus, vom Staat gebaut. Und er hatte draußen in La Leona am Rande des Parks hinter Carate als Bauarbeiter Geld verdient. Peggy und ich waren sechs Monate zuvor dort hingewandert, um ihm zu erzählen, dass Roman gefunden und höchstwahrscheinlich durch einen Baumsturz oder Schlangenbiss am El Doctor ums Leben gekommen war. Wir fanden, er sollte das erfahren, da er der letzte Mensch war, der Roman lebend gesehen hatte.

Jenkins sagte, die Leute im Ort wären zufrieden. Die meisten hätten sich die Fernsehserie angeguckt, und alle hätten sehen können, dass Pata Lora log und dass ich mit Carson, der Pata Loras Geschichte glaubte, im Streit lag. Der Tourismus liefe nun, da der Regen nachließ, wieder an. Auch hätten die Leute in Dos Brazos gehört, was ich nach Romans Entdeckung in den Nachrichten gesagt hatte. Das schien zu bestätigen, was mir Generalkonsul Ravi übermittelt hatte: Alle wussten meine Dankbarkeit gegenüber den Costa Ricanern zu schätzen.

Wir sprachen über Väter und Söhne. Jenkins erzählte uns, dass sein Vater teilweise von nicaraguanischen Indianern abstamme. Er könne Schlangen beschwören und sie sich wie einen Schal um den Hals legen. Jenkins sagte, er lese viel über Jesus, sei aber nicht religiös. Ich meinte, dass ich Jesus ebenfalls mögen wurde, dass ich hoffte, es gäbe einen Gott.

Jenkins kam mit uns, um zu dolmetschen, als ich den Goldgräber, der Roman gefunden hatte, bezahlte. Dann brachten wir Jenkins nach Hause, wo Arnoldo wartete. Arnoldo hatte vor Jahren Pata Lora und Cody beherbergt. Ich grüßte ihn und eilte dann hinter Peggy und den anderen her, die auf dem Fila-Matajambre-Pfad in die Hügel gewandert waren. Ich holte sie ein, als sie anhielten, um einen riesigen Tausendfüßer zu beobachten, der über den Waldboden kroch.

Bevor der Regen einsetzte, entdeckte Cole einen Goldbaumsteiger, einen grün-schwarzen giftigen Frosch, und eine gelb gefleckte Libelle, die im Flug wie ein Hubschrauber aussah. Peggy sah einen Tamandua mit seinem langen Klammerschwanz. Das hübsche kleine Tier war auf dem Pfad unterwegs, als es sich nur dreißig Zentimeter von ihr entfernt plötzlich auf die Hinterbeine stellte und wie ein Boxer seine langen, rasiermesserscharfen Krallen ausstreckte, bevor es fluchtartig einen schlanken Baum hinaufkletterte.

Irgendwie hatte ich durch all die Torturen auf der Suche nach Roman begonnen, den Tamandua als eine Art Totem für ihn zu betrachten, seit dem Tag, an dem Thai und ich nach Carate gefahren waren und einen Tamandua gesehen hatten, der am Straßenrand auf einem umgefallenen Ameisenbaum entlanglief.

Wir hielten am Supermarkt, um Eis und in Bananenblätter gewickelte *tamales* aus feuchtem Maisteig mit gewürztem Schweinefleisch zu kaufen, dann machten wir uns auf den Weg nach Carate. Wir kamen nur bis zum dritten Fluss. Das Wasser stand zu hoch. Wir hätten ihn mit der Strömung durchqueren können, aber es wäre unmöglich gewesen, auf dem Rückweg beim selben oder einem noch höheren Pegel hinüberzugelangen.

Wir parkten am Ufer und beobachteten eine Handvoll niedlicher kleiner Totenkopfaffen mit schwarzen Kappen, weißen Gesichtern und langen Schwänzen. Sie sahen uns ebenfalls an, neugierig und freundlich. Chris und ich halfen einem jungen Mann, sein Geländemotorrad über die tiefste Stelle zu bekommen, wo die Räder die Bodenhaftung verloren hatten und die Strömung die Maschine mitzureißen drohte.

Auf dem Rückweg nach Puerto Jiménez untersuchten wir den frischen Kadaver eines Gürteltiers und sahen durch ein Fernglas, wie katzengroße männliche Brüllaffen mit weißen Hodensäcken einander anschrien. Chris' Jungs freuten sich diebisch, als wir durch einen lautstarken Schwarm grüner Papageien mit roten Schulterfedern fuhren. Es war toll, die Aufregung und Begeisterung von Chris' Jungs mitzuerleben. Es erinnerte uns an Reisen in die Tropen mit unseren eigenen Kindern, und ich fühlte mich, als hätte sich für uns – beinahe – ein Kreis geschlossen. *Beinahe*, weil ich so etwas gern mit Romans Kindern erlebt hätte.

Nach unserem Ausflug auf die Osa fuhren Peggy und ich zurück nach San José, um Romans sterbliche Überreste zu sehen, bevor sie eingeäschert und wir die Asche mit nach Hause nehmen würden. Ich hatte ein Gedicht mitgebracht, in dem Roman, sein Leben und sein Tod nachhallten. Es laut über seinen sterblichen Überresten zu lesen, bedeutete mir etwas und auch Peggy, hoffte ich:

SCHLAFEND IM WALD

Ich dachte, die Erde
erinnert sich an mich, sie
nahm mich wieder auf, so zärtlich, arrangierte
ihre dunklen Röcke, ihre Taschen
voller Flechten und Samen. Ich schlief
wie nie zuvor, ein Stein
im Flussbett, nichts
zwischen mir und dem weißen Feuer der Sterne
außer meinen Gedanken, und sie schwebten
leicht wie Motten zwischen den Zweigen
der vollkommenen Bäume. Die ganze Nacht
hörte ich die kleinen Königreiche atmen
um mich her, die Insekten und die Vögel,
die ihre Arbeit im Dunkeln verrichten. Die ganze Nacht
stieg ich auf und wieder ab, als ob ich im Wasser wäre, ringend
mit einem dunkel leuchtenden Schicksal. Bis zum Morgen
hatte ich mich mindestens ein Dutzend Mal aufgelöst
in etwas Besseres.

Es war so ergreifend, dass ich in Tränen ausbrach. Es fasste in Worte, wie ich mir Romans Ende vorstellte. Der Bestatter in seinen glänzend schwarzen Schuhen und mit seinem gepflegten Schnurrbart schlüpfte aus der Tür und schloss sie hinter sich, um Peggy und mich mit Roman allein zu lassen.

Wir beugten uns über einen Edelstahlbehälter, der die sterblichen Überreste seines Lebens enthielt. Verwesungsgeruch stieg uns in die Nase, als wir seine verschmutzten braunen Knochen, die der

Wald fast zwei Jahre aufbewahrt hatte, betrachteten und untersuchten. Die Quelle des Geruchs war, wie ich sehen konnte, der Kopf eines Schienbeinknochens, der säuberlich mit einer Säge aufgeschnitten worden war, um die DNA aus dem Knochenmark zu gewinnen.

»Es riecht ein bisschen muffig«, meinte Peggy.

Sie war, wie immer, so tapfer und riss sich mehr zusammen als ich, um sich zu vergewissern, dass dies ihr kleiner Junge war. Peggy sah sich die Zähne ganz genau an. Sie hielt ihr Brillenetui so vor seinen Oberkiefer, als wäre es seine Lippe, um besser beurteilen zu können, ob es sich um Romans Zähne handelte.

»Ich hab mein Handy nicht dabei. Hast du ein Foto?« Sie wollte sein Zahnpasta-Lächeln sehen.

Ich durchsuchte meine Fotogalerie, konnte aber kein Bild von Roman finden, das für einen improvisierten Zahnabgleich taugte. Ich dachte daran, wie stark Peggy gewesen war, als sie ihn zur Welt brachte, als wir ihn zum ersten Mal sahen, und wie ich auch damals zusammengebrochen war. Dies war genauso.

Sie nahm die Knochen in die Hand, drehte den Schädel in alle Richtungen, um ihn besser zu sehen, um sicher zu sein, dass er es war. Ich war bereits sicher, war vorher schon sicher gewesen, und sagte so was wie: »*Was bringen uns hier jetzt noch Zweifel?*« Zuerst dachte sie, dass diese Zähne, diese Knochen, nicht seine wären. »Aber die Zahnversiegelungen sind da«, sagte sie, und als sie schließlich in einem der Schneidezähne eine Absplitterung wiedererkannte, bestätigte sie, dass dies doch unser Sohn war.

Ich war erleichtert, dass der Bestatter uns allein gelassen hatte, damit wir Romans Knochen studieren konnten, nach etwas suchen konnten, einer Geschichte, oder vielleicht einfach nur nach der Verbindung zu ihm, die ich so schmerzhaft vermisste, die mir immer noch fehlt, während ich jetzt diese Zeilen schreibe.

Epilog

Fleisch, Raben und Samen

Zurück in Anchorage veranstalteten wir ein paar Wochen später, zur Wintersonnenwende am 21. Dezember 2016, eine Gedenkfeier für Roman. Er hatte oft zur Sommersonnenwende für seine Freunde eine Party geschmissen, mit Essen, Lagerfeuer, Ringkämpfen und Geschichten. Während der wenigen taghellen Stunden, bevor die Gäste eintrafen, schaufelte ich Schnee und stellte vier 200-Liter-Feuertonnen auf. Peggy reichte Jazz und ihren Cousins und Cousinen Weihnachtsdeko in Erdtönen, die sie im Garten an Bäume hängen sollten. Ich zündete das Brennholz in den Tonnen an, und Freunde stellten Windlichter auf, die einen goldenen Glanz über den Schnee warfen. Wir hatten zehn Kilo Elchfleisch und zwei Rotlachse aufgetaut, um zu grillen. Freunde brachten Speisen mit, die sie auf den reich beladenen Tischen im Wohnzimmer abstellten. Unser Haus war warm und voll und von Liebe erfüllt.

Mit einem Plasmaschneider, den ein Freund mir geliehen hatte, hatte ich Bilder und Symbole in die Feuertonnen geschnitten. Die DNA-Spiralen, Elche, Insekten, Fahrräder und Dungeon & Dragon-Motive leuchteten hell in der Dunkelheit des kürzesten Tags des Jahres in Alaska. Die Tonnen waren heiß und gaben ihre willkommene Wärme an uns achtzig ab, die sich unter dem kalten, klaren winterlichen Nachthimmel versammelt hatten. Dann trat ein Freund oder Familienmitglied nach dem anderen vor und erzählte eine Geschichte über Roman, eine Geschichte aus siebenundzwanzig Jahren eines abenteuerlichen, reichen und von Liebe erfüllten Lebens. Einige Geschichten brachten uns zum Weinen. Über die meisten mussten wir lachen. Wir riefen uns alle unsere Liebe zu ihm und die Liebe, die er uns geschenkt hatte, ins Gedächtnis. Es fühlte sich gut an, ihn nach Hause geholt zu haben und gemeinsam an sein Leben mit seiner Familie und seinen Freunden erinnert zu haben.

Nach der Gedenkfeier, als alle gegangen waren und nur die Familie übrig blieb, fragte ich Jazz: »Was denkst du, wie es gelaufen ist?« Sie überlegte einen Moment und sagte dann: »Es war echt gut, Dad. Roman hätte es gefallen.«

In dem Jahr, nachdem Roman verschwunden war, zog Jazz gegenüber von uns ein. Es war beruhigend, sie in der Nähe zu haben, als Familie eng beisammen zu sein. Jazz hatte zwar immer gern darauf hingewiesen, dass sie die einzige Normale in der Familie wäre, aber auch sie war mit Reisen und Naturerfahrungen aufgewachsen. Doch nach dem Harding Icefield hatte sie keine Outdoor-Abenteuer mehr mitgemacht, bei denen Peggy nicht dabei war. Die beiden hatten immer schon ein enges Verhältnis gehabt, und nun, da unsere erwachsene Tochter gegenüber wohnte, gingen sie füreinander einkaufen im Costco, liehen sich ihre Herbstjacken und Wintermäntel und sprachen oder simsten täglich miteinander.

Wir aßen oft zusammen zu Abend. Ich grillte Elchfleisch so, wie Jazz es gern mochte, auf dem Grill, den sie mir zum Vatertag geschenkt hatte. »Ich will etwas von dem *finger meat*«, sagte sie dann und meinte die Knorpel und Sehnen, die ich großzügig von den »Gästestücken« abschnitt. Das mit Salz eingeriebene, zähe *finger meat* muss man mit den Händen halten, während man das Fleisch mit den Zähnen abzieht, wie ein heißes Stück Dörrfleisch, aber saftig. Jazz hatte mir geholfen, den Elch zu zerlegen und das Fleisch zu verpacken, als ich nach der Jagd nach Hause kam.

Immer wenn Peggy und ich über Wochen in Costa Rica waren, hatte Jazz sich um unser Haus und unseren Garten gekümmert, den Rasen gewässert und Peggys Treibhauspflanzen gegossen. Und nach einem schweren Erdbeben, das Süd-Alaska erschüttert hatte, hatte sie auch nach dem Rechten gesehen. Sie ist zuverlässig und tüchtig, und wir sind stolz auf sie. Sie wurde in der Firma, bei der sie fünf Jahre angestellt war, von der Büroleiterin zur Controllerin befördert und bekam eine Gehaltserhöhung. Das Ehepaar, dem die Firma gehörte, mochte sie so sehr, dass es sogar ihren MBA bezahlte. Ich hatte beiden Kindern, als sie in der Highschool waren, ein Jahr lang an der APU Analysis beigebracht. Jazz für ihren Wirtschaftskurs mit Statistik zu helfen, machte mir Freude, und auch sie schien, während sie auf unserem Küchentisch Daten in ihren Computer eingab, die Zeit mit mir zu genießen.

Unsere Familie fühlte sich so viel kleiner an – wie ein Körper, dem ein Teil fehlt, aber sie fühlte sich genauso eng verbunden an wie immer. Vielleicht sogar enger.

In den Jahren nach Romans Verschwinden unternahm ich einige kurze Tagesausflüge in die Umgebung von Anchorage, überwiegend Wildwasser-Paddeltouren. Zurück vom Darién Gap war ich mit Brad, Ganey, Steve und noch einem engen Freund, der in Veracruz dabei gewesen war, packraften im Grand Canyon. Der Trip war eine willkommene Ablenkung von meinem kläglichen Versagen, meinen Sohn zu finden. Sechs Jahre zuvor war ich mit Roman und Gordy zum Packraften im Grand Canyon gewesen, ein Erlebnis, an das ich mich auf diesem Trip, nur sechs Monate nach seiner letzten E-Mail, mit schwerem Herzen erinnerte. Mit meinen Begleitern durch die großen Stromschnellen zu paddeln oder Witze zu machen, tat mir gut. Aber sobald unsere Boote auseinandertrieben und ich unter den roten Felswänden in den ruhigeren Gewässern der Inner Gorge allein war, überfiel mich eine tiefe Melancholie, als ich mich an die Zeit, die ich hier mit Roman verbracht hatte, erinnerte.

Seit ich als Teenager zum ersten Mal nach Alaska gezogen war, waren viele Freunde auf Abenteuertouren tödlich verunglückt. Aber der Schmerz über den Verlust von Roman ging sehr viel tiefer, tiefer als irgendein Schmerz, den ich je zuvor gefühlt habe, körperlich oder sonst wie. Während der zweijährigen Suche hielt ich es nicht aus, mit meinen Gedanken allein zu sein, die wieder und wieder darum kreisten, was Roman zugestoßen sein könnte und was ich in seinem Leben irgendwo, irgendwie, irgendwann hätte machen können, um sein Verschwinden zu verhindern.

Selbst Kleinigkeiten in meiner Vergangenheit konnten irgendwie als Ursache herhalten. Die Fragen, die ich mir in Costa Rica gestellt hatte – *War ich verantwortlich? Hätte ich ihn anders erziehen sollen? Hatte ich genug aufgepasst? War ich zu egoistisch gewesen?* –, sind Fragen, mit denen ich immer noch ringe und vielleicht immer ringen werde. Aber ich weiß, dass, wie es in den vier berühmtesten Zeilen in Tennysons Gedicht »In Memoriam A. H. H.« heißt, es besser war, die Verbundenheit, die wir hatten, zu verlieren, als sie nie erlebt zu haben. Hätte ich Roman genauso erzogen, wenn ich gewusst hätte, dass er auf einem Weg, auf den ich ihn geführt hatte, sterben würde? Die Antwort ist klar, aber die Frage unfair. Wir kennen die Zukunft nicht. Es gab keinen einzigen Moment in Romans Erziehung, aus dem sich sein Tod herleiten ließe, keine Kette von Ereignissen, keine Ursache und Wirkung. Unfälle passieren. Die Zeit ist vergangen, und auch wenn diese Fragen mich nicht mehr beherrschen, bleiben sie.

Irgendwann unternahm ich den ersten Solo-Trip seit seinem Verschwinden. Ich war nie gern allein unterwegs, auch wenn ich über die Jahre immer mal wieder allein gereist bin. Im September 2017 fuhr ich nach Nuuk, in die Hauptstadt Grönlands, zu einem Symposium, bei dem Ganey und ich beide einen Vortrag über seine Forschungsarbeit hielten. Ich fuhr früher hin, nahm mein Packraft mit und ging ein paar Tage allein in die Wildnis.

Ich paddelte im Rhythmus der Gezeiten durch die Fjorde Grönlands, eine magische, karge Landschaft, die ich nie zuvor gesehen hatte. Schwärme von Eiderenten tauchten zusammen unter, wenn mein Boot ihnen zu nahekam. Am Himmel jagte ein Wanderfalke einen riesigen Seeadler, größer als jeder Raubvogel Alaskas. Eine lärmende Gruppe von acht jungen Raben folgte meinem Boot eine Stunde lang. Einer trug einen Seeigel im Schnabel. Der Vogel ließ den Stachelhäuter fallen, um das Gehäuse zu zerbrechen und das Innere zu fressen – und löste so das Rätsel, wie all die Seeigelschalen es so weit hoch in die Hügel geschafft hatten, über die ich zwei Tage gewandert war.

Grönland im September war etwas einsamer als die Arktis Alaskas, aber ich kam ganz gut voran und hatte in der unwirtlichen Tundra und den ruhigen Fjorden viel Zeit zum Nachdenken. Natürlich dachte ich oft an Roman. Er hatte es geliebt, in den Buchten des Prince William Sound in Alaska Seekajak zu fahren. Grönlands Fjorde und arktische Tundra hätten ihn sofort interessiert. Er hätte eine scharfsichtige Analyse angestellt, voller Vergleiche mit Gewässern in Alaska, die er kannte und liebte, sowohl als Abenteurer als auch als Wissenschaftler.

Es war jetzt leichter als in den vergangenen drei Jahren, ohne ihn an einem neuen Ort zu sein, aber es tat noch weh, so wie eine Wunde, die nicht heilt, berührungsempfindlich bleibt. Es gab so viel, was ich ihm erzählen wollte, von dem indigenen grönländischen Volk der Nuuk oder von den Raben, die mich verfolgten, oder den tausend anderen kleinen Details, die ich beobachtete.

Ich wünschte, ich könnte ihm einfach eine E-Mail schreiben, um die neuen Erkenntnisse, die ich auf der Konferenz über polare und arktische Mikroorganismen erfahren hatte, mit ihm zu teilen. Er hätte die roten Bakterien im Kern von Hagelkörnern faszinierend gefunden, über die Organismen, die in der Salzlauge des Packeises leben, gestaunt. Ein entscheidender Teil in Ganeys Experiment war Romans Idee gewesen. Und er war in der Mitte seines kurzen Lebens mit den Japanern, Jazz und mir auf dem Harding Icefield gewesen, um nach Rotem Schnee zu suchen.

Roman und ich standen uns so nahe. Während ich allein in einer Wildnis paddelte, die er geliebt hätte, stellte ich fest, dass ich langsam lernte, mit diesem chronischen Schmerz tief in meiner Seele zu leben. Als ich weiter in die Arktis hinein paddelte, drangen Gedanken an ihn in jede Ritze meines Lebens ein. Sie tun es immer noch, wo sie wie fallen gelassene Samen keimen und wachsen.

Dank

Eine Handvoll Autoren sind mir beim Organisieren meines Schreibens eine Hilfe von unschätzbarem Wert gewesen, allen voran Michael Wejchert bei mehreren Kapiteln in Teil I. Seine Fähigkeit, die Schätze in den Erinnerungen meines Bewusstseinsstroms zu bergen und zu ordnen, haben es mir möglich gemacht, lange zurückliegende Erlebnisse schlüssig, akkurat und wahrheitsgetreu niederzuschreiben. Er war ein exzellenter Berater und konstruktiver Lektor für Teil II. Unsere Diskussionen in meinem Büro ermutigten mich auf meinem Weg zu Teil III, von dem ich das meiste im Zuge der Ereignisse während meiner Aufenthalte in Costa Rica, Panama, Alaska und Washington, D. C., geschrieben habe. Ich danke dem jungen Autor für seine Empfehlungen. Er war der erste Leser und half mir mit seinem überaus scharfen Auge das zu sehen, was noch fehlte.

Die treibende Kraft hinter diesem Buch war von Beginn an David Roberts. Seit Jahrzehnten hat er mich ermuntert, meine Erinnerungen aufzuschreiben, doch erst als mein Sohn verschollen war, verspürte ich das Bedürfnis, eine Geschichte in Buchlänge zu erzählen. Es war reiner Zufall, als wir uns im März 2017 in Arizona in einem abgelegenen Canyon an der mexikanischen Grenze das erste Mal persönlich begegneten. Zuerst dachte ich, Roberts – gekleidet in Khaki-Shorts, Sonnenhut auf dem Kopf – sei einfach einer jener Wanderer, die es im Frühjahr zur Vogelbeobachtung in die Natur zog. Beim Näherkommen erkannte ich durch die Bäume, dass es tatsächlich er war. Zusammen mit seiner Frau Sharon balancierte er über Felsbrocken und war für ein weiteres seiner wunderbaren Bücher stromaufwärts auf Forschungsreise unterwegs.

Roberts lud Peggy und mich zum Abendessen in Tucson ein, später in die Airbnb-Unterkunft, die er und Sharon gemietet hatten. Bei einer Flasche Merlot überzeugte er mich, dass ich dieses Buch schreiben müsse. Angesichts der schicksalhaften Begegnung in einem Flussbett mitten in der Wüste drängte auch Peggy mich, das Projekt weiterzuverfolgen. Bald darauf begann ich ernsthaft mit dem Schreiben.

Danken möchte ich außerdem zwei Mitgliedern des Lehrkörpers der Alaska Pacific University, die einen frühen Entwurf gelesen haben: David Onofrychuk und Mei Mei Evans. Wie Michael hat mich David überaus sachkundig darin unterstützt, klarer und prägnanter zu schreiben, und mir Redundanzen und Abschweifungen aufgezeigt. Als Eltern und Autoren haben mich David und Mei Mei darüber hinaus gezwungen, mich mit dem Kern dieses Buchs auseinanderzusetzen. Ich kann mich glücklich schätzen, Kollegen wie sie zu haben, die sich die Zeit nehmen, um mir zu helfen.

Gordy Vernon ist ein weiterer Autor, den ich bewundere und respektiere. Während Michael in der Regel nach mehr Wörtern, mehr Sätzen, mehr Absätzen verlangte, wünschte sich Gordy weniger. Jon Krakauer bot seine Unterstützung an und gab Anregungen, was die Struktur betraf. Ich weiß seinen Rat zu schätzen. Michael, David, Gordy und Mei Mei, sie alle machten Vorschläge, die mich anfänglich irritierten, und das ließ ich sie auch wissen. Am Ende jedoch folgte ich (fast immer) ihren Empfehlungen. Vielleicht schulde ich ihnen ebenso sehr eine Entschuldigung wie meinen Dank.

Die Zusammenarbeit mit Peter Hubbard, meinem Lektor bei William Morrow, ist seit unserem ersten Treffen eine wahre Freude gewesen. Seine fünfzehn Jahre bei HarperCollins haben ihn mir zu einem einfühlsamen, hilfreichen und behutsamen Begleiter gemacht. Es wäre wunderbar, ein weiteres Mal mit ihm zu arbeiten. Nick Amphlett hat sich um die vielen notwendigen Details gekümmert. Ich bedanke mich für ihre Anstrengungen, die in die Veröffentlichung geflossen sind und so weit gingen, mir das redigierte Manuskript per Flugzeugabwurf in die Wildnis der Brooks Range zuzustellen.

Stuart Krichevsky ist weit über das hinausgegangen, was ich von einem Agenten erwarten würde. Mit seinem Team, zu dem auch Laura Usselman und Aemilia Phillips gehören, hat er mir geholfen, an einen Punkt zu kommen, an dem meine Notizbücher, Geschichten und Ideen zu diesem Buch wurden. Vor allem danke ich Stuart für das Vertrauen, das er mir nach den ersten frühen Texten weiterhin geschenkt hat.

Ohne Peggys Beistand wäre dieses Buch schlichtweg unmöglich gewesen. Sie hat mich nicht nur zum Schreiben ermutigt, sondern während der Dauer auch ihre Zeit geopfert, um mich mit aller Kraft zu unterstützen. Sie hat mich in den Monaten, in denen ich von morgens bis abends nichts anderes tat, als zu schreiben, buchstäblich umsorgt. Auch unsere Tochter Jazzy gab mir Halt. Ohne diese beiden wäre ich verloren.

Freunde und Familie, die erste Entwürfe gelesen, Tippfehler entdeckt, Anmerkungen gemacht und meine Erinnerungen nachkalibriert haben, waren: Peggy, Jazz, Steve und Maureen Haagenson, Linda Griffith, Tamara Dial, Lauren Cleaver, Thai Verzone, Brad Meiklejohn, Dick Griffith, Carl Tobin, Chris Flowers, Jon Underwood, Nancy Brady, Paul Twardock und Michael Martin.

Gewidmet ist dieses Buch der Familie, Freunden, Freunden von Freunden, ehemaligen und aktuellen Studenten der APU, Beamten der USA und Costa Ricas, Bekanntschaften, Schürfern, Rangern, Freiwilligen des Cruz Roja, dem OIJ, der US-Botschaft, dem FBI, TIJAT und seinen Vertragspartnern und sogar Fremden, die ihre Hilfe angeboten und uns körperlich, finanziell, emotional und seelisch unterstützt haben. Sie alle haben Peggy und mir geholfen, Roman zu finden.

DUMONT